エンタテインメントの科学

THE SCIENCE OF ENTERTAINMENT

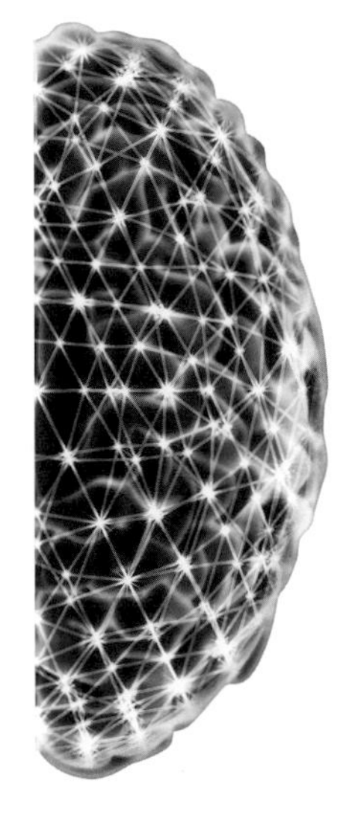

＜ 目　次 ＞

< 執筆者担当一覧 >

湯山茂徳：第 1 章、第 2 章　2.3.1、第 3 章、第 4 章、第 5 章

苧阪直行：第 2 章　2.1

明和政子：第 2 章　2.2 および 2.3.1

佐藤由香里：第 2 章　2.3

第 1 章

序　論
（エンタテインメントの原理）

1.1 はじめに

エンタテインメントと言うと、一体何を思い浮かべるであろう。普通は、日頃テレビやラジオ、あるいは劇場やスタジアムなどで観たり聞いたりする、歌、踊り、ドラマ、スポーツなどの娯楽活動を連想するのではなかろうか。しかし、もう一度その本質について考えてみるなら、エンタテインメントとは、単なる娯楽以上のものとして、何らかの行事（イベント）を実施し、それに伴って行われる芸術的、芸能的、あるいはスポーツなどのパフォーマンスやプレゼンテーションにより、多くの人々の心に直接訴えかけて感動を与え、共感と同調を呼び起し、希望を与え、生きる喜び、そして未来への夢と、生きていくための力を与えること、すなわち人々に幸福をもたらすことと定義出来るのではなかろうか。

一人の若き歌手、俳優、ダンサー、あるいはスポーツ選手のパフォーマンスが多くの人々に感動と共感を呼び起こし、その一言が老練な政治家の言葉に比べ、はるかに大きな影響力を人々の間に及ぼす可能性のあることは、あらためて言うまでもないことである。最近の事例を挙げるなら、未曾有の大震災における被災者の心の復興に、エンタテインメントが如何に大きな役割を果たしているかを見れば、その重要性がよく理解できる。

古来より、エンタテインメントの一つの形態である「祭り[(1)]」は、人々の生活に深く根ざしたものであり続け、政治自身が「祭り事」と呼ばれるように、政治と切り離すことが出来ないほど、強い関係にあった。宮中行事はその特別な事例であり、また茶事は戦国時代以降、今日に至るまで、政治的決断を下すための一つの場として、大きな役割を果たしてきた。

このようにエンタテインメントの持つ使命、役割は、極めて重要なものであるにもかかわらず、我が国においてこれを深く分析し、その実態、経営（マネジメント）、効果等を系統的に研究した事例はほとんど見られない。しかしながら、フランス、イギリス、イタリア、ドイツ、アメリカなどの主要先進国においては、エンタテインメントを広い意味の文化資産として捕らえ、国の文化、そして経済を支える重要なサービスビジネスの一環として、観光などのソフト産業を発展させる手段とみなし、社会的、国民的合意のもと、相当の経済的、経営的支援を与えているのが実態である。

元来エンタテインメント に求められるのは、新たなパターンやチャンスを見出して人々に提供する能力、人々の感情に訴え感動を生み出す能力、人々と対話し説得する能力、様々な概念を組み合わせ新しい構想を生み出す能力、他人と共感する能力、人間関係の機微を感じ取る能力、そして自ら喜びを見出しさらに他の人々が喜びを見つける手助けをする能力、などである。

エンタテインメントに深くかかわる基本要素として、コミュニケーション力が挙げられる。自分が感動しそれを他者に伝え、それを共有した者がさらに別の他者に伝えるという、感動と共感、そして同調の連鎖こそエンタテインメントが持つ本質である。

コミュニケーションには、個人：個人、個人：集団、個人：社会（大衆）など、様々な形式がある。両者の間に成り立つコミュニケーション（呼びかけと応答）が、エンタテインメント を構成する基本原理の一つであり、さらに様々な人間関係から成るマネジメントにおいて、最も重要な要素の一つとなる。

序論では、本書の導入部として、エンタテインメントの歴史、現状、原理、行為、などについて、具体的事例を挙げながら、できる限り平易な言葉を用い、科学的立場から考えることにする。

1.2 エンタテインメント性を表す擬態語

擬態語は擬音語と同じように、「感覚あるいは感性のことば」であり、「身体のことば」でもあるとされる[(2)]。擬態語は、事物のありさま、現象、動きや状態を描写的に表現したものであり、視覚や触覚、さらに身体のイメージとかかわることが多い。擬態表現に共通して見られるのは、それが視覚や触覚の感性を通して、自己の身体状況や自己意識に根差していることである。

日本語には、エンタテインメント性を表す擬態語として、様々なものがある。例えば、何かに引き付けられ、魅せられ、素晴らしいものを期待し、居ても立ってもいられないほど好ましい状態にあることを表現する言葉に、「ワクワク」、「ゾクゾク」、「ドキドキ」、「ウキウキ」、「ソワソワ」などがある。世界市場において、かつて日本製品が最強と言われた電気・電子工業品の分野で、日本企業の退潮が顕著である。その理由の一つとして、技術のみに走り、顧客が求めている感性や機能を忘れてしまった市場戦略の失敗が指摘されている。こうした現実を反省したためか、新製品を市場に投入する際に、様々な分野で「今度の新製品は、お客様のニーズに応え、ワクワク感、ゾクゾク感を十分感じさせるものです。」などのうたい文句が近年しばしば聞かれ、製品の持つエンタテインメント性を強調する場合がよく見られるようになった。

また、多少の心配や不安はあるが、全体としてそれを超え、好ましい何かが起こるのを期待している状態を表すものに、「ハラハラ」、「ヒヤヒヤ」、「オロオロ」などがある。不安や心配が現実のものになるなら、後述する負のエンタテインメントに転化してしまうが、現時点で多少不安があったとしても、その状況が把握でき、全体としては好ましく物事が進んでいる時に使用される。

「キラキラ」、「ギラギラ」、「イキイキ」、「ビシビシ（ビシバシ）」は、心の中における、力強い意思や意欲の状態を表している。例えば、「目がキラキラと輝く。」、「ギラギラした目で見つめる。」、「イキイキした感じがする。」、「ビシビシ訓練する。」などである。また、好ましい態度や雰囲気の存在に気付き、それに共感した時、「ピンピン」、「キュンキュン」、「ピョンピョン」などが使われる。「幸いなことに、今でもピンピンしている。」、「胸がキュンキュンする。」、「ピョンピョン超えていく。」などである。

「ドンドン（ガンガン、バンバン、ズンズン）」、「グングン」、「トントン」、「スイスイ」、「スラスラ」、「ホイホイ」、「ジャンジャン」、「ポンポン」などは、物事が順調で、好ましい方向に進んでいる状態を表す言葉として、日常的に使用されている。「ドンドン（トントン、スイスイ、ズンズン）進む。」、「グングン成長する。」、「スラスラ書ける。」、「ホイホイあげる（もらう）。」、「ジャンジャン食べる。」、「ポンポン飛び出す。」などの表現が代表的である。

食に関する表現には、「シャキシャキ」、「ホクホク」、「ホカホカ」、「サクサク」、「パリパリ」、「ジュージュー」、「グツグツ」、「トロトロ」、「ムシャムシャ」などがある。聞いただけで、いかにも美味そうな感じを醸し出す言葉である。

その他、心地よい雰囲気や状態を表すものには、「ポカポカ」、「サラサラ」、「フワフワ」、「スヤスヤ」などが挙げられる。そして、笑いに関する表現には、「ゲラゲラ」、「ニコニコ」、「クスクス」、「ニタニタ」、「ヘラヘラ」など、その状況に応じて様々なものがある。

また、少し後ろめたさがあるものの、物事がうまく進み、それによって相当の成果が期待できるような状態の時に、「シメシメ」、「コソコソ」が使用される。例えば、「シメシメうまくいった。」、「コソコソ計画を進める。」などである。

さらに、多人数がコミュニケーションを取りながら共感し、新しい価値を生むなどして全体的に物事がうまく進んでいる状態の時、「ワイワイ」、「ガヤガヤ」、「ワーワー」、「キャーキャー」と言う表現がある。第２次大戦後に設立され、急速な発展を遂げ、世界的大企業にまで成長した会社の経営法として、「ワイガヤ経営」がよく知られている。

一方、あまり好ましくない負のエンタテインメント状態を表す言葉として、「クヨクヨ」、「グズグズ」、「モタモタ」、「ダラダラ」、「イライラ」、「ズルズル」、「ゴタゴタ」、「ゴチャゴチャ」、「フラフラ」、「ヨロヨロ」、「ヨタヨタ」、「ドロドロ」、「メソメソ」、「ギャーギャー」、「シクシク」、「チクチク」、「キリキリ」、「ズキズキ」、「ガンガン」、「ヒリヒリ」、「ビクビク」、「ツンツン」、

「ヒョロヒョロ」、「ガクガク」、「チャラチャラ」、「チョロチョロ」、「ガタガタ」、「ベタベタ」、「ドタドタ」、「バタバタ」、「ドタバタ」、「ガリガリ」、「ブクブク」、「ムシムシ」などがある。はっきりせず混乱した状態や不安な気持ち、だらしなくみっともない様子、痛み、煩雑で不快な気持ちなどの表現に使用される。

こうした多様な擬態語は、自分の気持ち（感動）を相手に伝え、共感や同調を呼び起こす表現法、すなわちエンタテインメント性を、他者と共有するための手段として、日常的に使用されている。このように、豊かな擬態語表現を持つ言語を使用する人間は、ほとんど意識することなく、日常的に大小を問わず、様々なエンタテインメント イベントの中で暮らしていると言っても、過言ではないであろう。

1.3 エンタテインメントの歴史と現状

我々は現在、食（料理）、造形（絵画、彫刻、建築、庭園）、舞踊、音楽、文学、演劇、映画、スポーツなど、様々な分野のエンタテインメントを享受している。本項で、そのいくつかについて、歴史的な経緯と現状について、簡単にまとめてみる。なお、詳細については、参考文献として引用したそれぞれの専門書を参照されたい。

1.3.1 歴史

(1) 食

狩猟採集を主とする先史時代では、調理法などもまだあまり発達しておらず、人々は煮る、焼くなど比較的簡単な方法で調理された食物を食べていたと考えられる。しかし、最近になり、アイスマンと呼ばれる約5,300年前に死亡し、氷漬けの状態でミイラ化し、アルプス山中で発見された人間の胃内容物を分析したところ、当時すでに様々な肉類や、小麦から作られるパンを食べ、また調味料としてハーブを使っていたことが明らかになり、その食生活の豊かさについて特筆すべき発見があった。

ローマ時代になると、豊かな食生活は地位、そしてそれがもたらす豊かさの象徴と見なされるようになり、貴族階級はあらゆる贅沢な食物を取り寄せ、客らに振舞った。同じように、フランスのベルサイユ宮殿や、中国の宮廷でも豪華な晩餐会が繰り広げられ、今日のフランス料理や中国料理の元となる料理が調理された。こうした背景には、贅沢に物を食べること、あるいは食べる機会のあることが、権威や権力の象徴であり、その力を持つ者は、特別であることを示す必要があったためと考えられる。

一方、食材の種類や量が限られ、また宗教的背景から長い間獣肉の摂取が行われなかった日本では、ヨーロッパや中国の食文化とは全く異なる発展が見られた。量的に程よい分量が用意され、自然の食材をできる限り活かす形で調理され、姿形が美しく、料理ばかりかそれを盛る器や、周りの環境をも巻き込んで全体の雰囲気を醸成するという料理文化が発達した。今日こうした日本食が、自然食、健康食、そして日本文化の象徴（クールジャパン）として、世界中に広く受け入れられ、大きな反響を呼んでいることは、非常に興味深い。

和食の心（料理写真家川上陽子氏撮影）

⑵ 美術

絵画について言うなら、旧石器時代に現生人類が描いた、洞窟画があまりにも有名である。デッサンの力強さや配色の素晴らしさは、今日の絵画作品と比べても、決して見劣りしないほどである。古代絵画は、壁画の形で残るのが一般的である。エジプトの王墓に見られる壁画をはじめとして、古代ギリシャ、ローマ、インド、中国、南米、そして日本でも古墳の石室内に壁画が描かれた。これらの壁画は、国家的、あるいは宗教的儀式に用いられたとも考えられ、文字などが読めない一般大衆に物事を理解させるための、有力な方法であったと考えられている。後のルネッサンス時代に、ダヴィンチやミケランジェロも、現代にまで大きな影響を与える壁画の傑作を描いている。

やがて、時代の進展とともに、絵画は持ち運び可能な大きさの板、紙、あるいは布に描かれるのが一般的となる。例えば東洋では水墨画が中国で発達し、その後の日本絵画の基礎になった。またヨーロッパでは、ルネッサンス期に大いに発展した油彩画が広くいきわたるようになる。油彩画については、ルネッサンス時代にラファエロやダヴィンチなどの天才が現れ、また近世になると19～20世紀にかけてピカソをはじめとして、多くの天才たちが多数の優れた作品を残している。

葛飾北斎などに代表される江戸の浮世絵師達は、ヨーロッパ絵画にはない斬新な構図や色彩で注目を浴び、ジャポニズムを生むきっかけとなった。マネ、モネなどの印象派やゴッホ、そしてピカソなどの近代ヨーロッパ画家の制作活動に大きな影響を与えたことで知られている。

彫刻に関しては、ミロのヴィーナスに代表される古代ギリシャ時代に優れた作品が多く制作されたことがよく知られている。その後、ローマ時代になると、ギリシャ時代に見られた躍動感や力強さは失われてしまうが、やがてルネッサンス期に入ると再び盛況を迎え、ミケランジェロに代表される優れた芸術家が現れた。近世になると、ロダンなどにより、人物の外見ばかりか、内面の深遠さを映し出すような優れた作品が生み出された。

日本においては、仏師が制作した仏像が歴史的な彫刻芸術に相当する。既に奈良時代には、阿修羅像のように、極めて芸術性の高い作品が制作され、また鎌倉時代には、東大寺南大門に運慶・快慶作の金剛力士像が置かれ、これは後のミケランジェロによるダビデ像とも比較されるほど、優れた作品であることが知られている。

(3) 舞踊

歌や舞踊は、神事として行われる神楽・巫女舞があるように、古代から日本文化の根幹部分と強い関連がある。日本神話[(3)]でも、天照大神が天の岩戸に隠れた時に、岩戸の外で踊って騒ぎ、大神をようやく誘い出して光を取り戻すことができたと記されている。さらに、一説によれば、卑弥呼は祈祷を行う巫女的な存在であったとも言われる。

奈良時代には、東大寺の開眼供養で知られるように、歌や舞が国家的行事に、大きな役割をはたした。平安時代の終わりから鎌倉時代にかけて、白拍子と呼ばれる文化的素養の高い舞人（例えば祇王や静御前）が、宮廷や時の支配者と交流を持ち、多くの逸話を残している。

15世紀になると、田楽から影響を受けて形成された今日の能楽[(4)]を、観阿弥・世阿弥親子が確立し、その後武士の間で広く嗜まれ、今日に至っている。また、17世紀初めに阿国歌舞伎として始まった歌舞伎[(5)]は、元禄時代には上方、江戸（関東）で今日まで伝わる芸風の違いが確立され、庶民ばかりか武士階級にまで広く人気を集めるエンタテインメントとなった。

日本の舞踊[(6)]には、代表的なものとして、能における「舞」、その流れを引く「上方舞」

そして歌舞伎の「踊」がある。能や上方舞では舞踊のことを「舞」と言い、歌舞伎では「踊」と言う。能では、「地謡（伴奏の謡）あるいは囃子に連れて、すり足でゆったりと、あるいは急調子に袖をひるがえして、能舞台の空間をめぐる。舞は、ごく単純な、少数の動きの組み合わせ、繰り返しから出来ている。上方舞では、舞本来の機能はさらに世俗化され、京都祇園の奥座敷で、美しい女性の舞手が舞う。能舞台の厳粛荘厳さに比べれば、全く別世界のように思えるが、舞踊の原理から見れば、能と同じ舞である。

踊は、慶長年間に京都の四条河原で、出雲阿国が歌舞伎踊を始めたのが最初である。後に江戸で発達したため、江戸では舞踊のことを舞とは言わずに、踊と言うようになった。舞と踊の違いは、踊の動きが舞のように限定されているものではなく、自由な点にある。すなわち、様式から解放された自由さ、奔放さがその特徴である。

一方、舞と踊に対して異なる二つの意味を持つ「振」と言う言葉がある。一つは、「物真似、しぐさ」と言う意味で、舞踊で船頭や駕籠かきの物真似をし、あるいはタバコを吸い、手紙を書くなど具体的な仕草をすることを振と言う。もう一つの意味は、舞踊の動作の演出のことである。すべての舞踊には、其の動作を発明した人間（振付師）がいて、この人が振を付ける。「舞踊」と言う言葉は、西洋の「ダンス」に対応するものとして、明治時代に造られた新造語である。明治の新しい時代に、舞は関西、踊りは関東と別れていては、日本が単一国家、単一文化を作る上で不便であるため、こういう言葉が導入された。

西洋において、ダンスは芸術として、また人々の日々の楽しみとして広く親しまれている。バレエの起源(7)は、イタリアにある。16世紀に、フィレンツェからフランス王室に嫁いだカトリーヌ・ド・メディシスにより、バレエはフランスに移入された。ベルサイユ宮殿ではバレエが大いに好まれ、とりわけルイ14世は、自らも踊るほどに熱中し、バレエは興隆を極めた。基本的なバレエの様式や用語などが定められたのは、この頃とされる。やがて、フランス革命の後、19世紀に入るとロマンティックバレエが盛んに上演されたが、低俗化により自ら衰退してしまう。しかし、バレエの伝統は当時後発国であったロシアに受け継がれ、偉大なバレエ音楽作曲家のチャイコフスキーと、振付師プティパの功績により、19世紀末にクラシックバレエとして再興した。今日劇場で上演されるバレエの多くは、この伝統を引き継いだものである。

庶民が踊るダンスとして、ヨーロッパや南北アメリカに伝わる民族舞踊がある。各地で特有の楽器を使い、独特のリズムやメロディーに合わせて踊るもので、地方の伝統的な祭りなどの機会に、男女対になって踊ったり、輪を作って全員で踊ったり、様々な様式がある。家族や友人達が自ら踊り楽しむことを目的とするダンスと、パフォーマンスとして観客に見せることを主な目的にするダンスの、2種類に大きく分けられる。

現在日本で社交ダンスと呼ばれ、男女が対となって踊るダンスは、庶民のダンスを起源とするが、やがて宮廷に取り入れられて洗練され、ボールルーム（舞踏室）ダンスと呼ばれ、舞踏会で広く踊られるようになった。今日では、パートナーを自由に変え、また曲に応じて振付も自由に踊るソーシャル・スタイルと、曲目が指定され、また振付も定められた規則の下に行われる、競技ダンスとに区分けされ、特に競技ダンスはスポーツの一つとして、オリンピック種目化の運動が進められている。

社交ダンス

この他にも、20世紀半ば以降に、アメリカそしてキューバを中心とするカリブ海諸国で発達し、ラテン文化とアフリカ文化が融合して形成されたサルサや、ブラジルで発達したサンバ、アルゼンチンで生まれたタンゴなどのラテンダンス、さらにアメリカで発達したジャズ ダンスやヒップホップなど、様々な種類のダンスが世界で踊られている。これらのダンスは、軽快なリズムと心地よいメロディーを持つ曲で踊ることが多いため、年齢層を問わず、世界中で大きな人気を集めている。

（4）音楽

先史時代より、手や足、あるいは簡単な打楽器を打ち鳴らすリズムと、人の声を用いた音楽は存在したものと考えられる。リズム以外の音を出すことを目的に作られた最初の楽器として、現生人類がおよそ36,000年前に作ったとされる最古の笛がヨーロッパで発見されている。打楽器、人の声、笛、ハープなどを用いたモノフォニックな音楽は、紀元前2,000～3,000年前頃には、演奏されていたと推測されている。

今日、世界で聴かれる音楽の大部分が、西洋音楽の表記法に従い、五線紙に描かれた楽譜を基に演奏されている。音は、発生後直ちに消えてしまうため、録音技術が無かった時代の音楽を正確に再生することは、推測する以外、全く不可能である。五線譜の発明により、音高、各音の時間的長さ、およびリズムを正確に記録できるようになり、音の一過性と言う大問題をほぼ解決することができるようになった[8]。五線譜の元となる表記法は、すでにヨーロッパ中世において、グレゴリオ聖歌の演奏のために使われていた。それが、今日の形に統一されたのは、バロック音楽時代に入った、17世紀初頭のイタリアにおいてである。この時代には、現在オーケストラで見られる大部分の弦楽器、管楽器、そして打楽器の原型となる楽器が使われるようになった。

中世からルネサンス、そしてバロックへと続く西洋音楽を集大成したのが、17世紀末に生まれ、18世紀半ばにかけて活躍したJ.S.バッハである。彼は、それまでの音楽を全て取り入れ、さらにその類まれな才能により新たな音楽を創造して、西洋音楽をさらに高い境地へと導いた。今日まで続く音楽は、バッハとともに生まれ、全てがバッハに還ると言っても差し支えないとさえ考えられる。

バッハの時代であっても、音楽は、基本的に宮廷、あるいは教会で演奏されるものであった。しかし、ベートーベンの登場により、ようやく市民の手に届くものとなった。市民が楽しめるようになって以降、大編成のオーケストラが登場し、さらにオペラやバレエなどを上演するために、大規模な劇場が建設されるようになった。

20世紀に入ると、放送・録音技術の発達とともに、音楽はさらに大衆化が進んだ。アメリカでジャズが生まれ、さらにロックミュージックや、様々なポップミュージックが演奏されるようになった。今日、こうした音楽はまるで、生活の一部とも考えられるほど身近な存在となっている。

J. S. バッハの自筆譜

明治時代になるまで五線譜を持たなかった日本で、1200年以上もの長い伝統を保って演奏され続けている音楽がある。これは、雅楽と呼ばれ、日本古来の音楽と、唐時代に中国や朝鮮から入った音楽を融合させたもので、宮内庁楽部が演奏する。古来の楽器を用い、古来の演奏法により、1200年前の音楽を再現しようとする世界で唯一の楽団であり、ユネスコの世界無形文化遺産にも指定されている。

⑸ 文学

文学における詩の世界では、既に古代ギリシャ時代初期にホメーロス叙事詩としてイーリアス、オデッセイアが、またインドには、マハーバーラタ、ラーマーヤナの長編叙事詩がある。古代中国では、前漢の時代に漢詩の原型となる五言詩が生まれ、唐時代には李白、杜甫、王維、韓愈、白居易などの詩人が歴出し、黄金時代を迎えた。漢詩は、以後今日に至るまで、日本文学に多大な影響を与えている。

日本では、7世紀後半から9世紀初頭にかけて万葉集が編纂され、今日でも日本人の心の故郷として親しまれている。平安時代には和歌の伝統が築かれ、古今和歌集、新古今和歌集などが編纂された。また、江戸時代になると芭蕉により、俳句が完成された。俳句は今日においても多数の愛好家が存在し、その影響は海外にまで広まり、外国語による俳句の試みさえ行われている。明治以降になると、欧米の詩に触発されて近代詩が書かれるようになり、また多くの歌曲に対して優れた詩が提供されるようになった。

源氏物語は、紫式部が平安時代中期に書いた恋愛物語で、日本のみならず、世界的評価の高い、優れた古代長編小説の代表である。登場人物の多様さ、そして物語性の豊かさから、多くの人々に古くから好まれ、現代語訳や外国語訳もあり、現代人にとっても、読み応えのある文学作品である。

近代小説の起源は、西欧（フランス）にあるとされる。18世紀以降のフランスやイギリスなどでは、中産階級の勃興により、識字率の高い、比較的裕福な人たちが多く存在するようになった。小説は、こうした読者層の要求に合わせて発展したと考えられている。やがて、イギリスで起こった産業革命により印刷術が発達し、さらに言論、出版の自由が社会的に保障されるようになって以降、次第に中産階級、労働者階級にも浸透していくことになる。

日本で小説が生まれたのは、明治維新後、文明開化による西欧文明の輸入と近代国家の建設が進められ、西欧近代小説の理念が輸入されてからである。言文一致運動に大きな影響を受けた二葉亭四迷が「浮雲」を発表したことにより、近代日本文学が成立したとされている。以後今日に至るまで、多数の小説が発表され、芥川賞や直木賞に代表される文学賞により、毎年優れた作品が表彰されている。また、1901年以降、文学の分野で理念をもって創作し、最も傑出した作品を創作した人物に、ノーベル文学賞が与えられている。これまでに、日本人として、川端康成（1968年）と大江健三郎（1994年）の2名が、受賞している。

(6) 演劇

現代にまでつながる西洋演劇の歴史は、紀元前数世紀に遡る古代ギリシャのディオニュソス劇場における、悲劇[9]、および喜劇の上演に始まる。古代ギリシャ都市国家のアテナイは、政治、文化、軍事の中心地であり、ディオニュソス神（東方のアジアから、ぶどうの栽培とぶどう酒の醸造技術を携えてギリシャに渡来し、オリュンポスの神々の仲間入りをした酒神）の祭りである春三月の大ディオニュシア祭の祭礼行事の一環として、国家主催の競演会が行われていた。劇場では、悲劇や喜劇が上演され、文化的一体感を醸成するために、アテナイは植民地や同盟国にこの祭りを積極的に広めた。古代ギリシャ演劇は、その後の西洋文明全体に大きな影響を与え続けた。

日本では、15世紀初めに、観阿弥・世阿弥親子により能楽[4]が確立され、武士、及び公家階級の間で広く受け入れられるようになった。室町幕府第3代将軍足利義満は、京都の今熊野において、観阿弥と世阿弥による猿楽（明治時代以降能楽と呼ばれる）を鑑賞し、その芸に感銘を受け、親子の結崎座（後に観世座と呼ばれる）を庇護するようになった。こうして、彼らは足利義満という庇護者、そして武家社会という観客を手に入れることとなった。また、京都の公家社会との接点も生まれ、これら上流階級の文化を取り入れることで、猿楽はさらに洗練されていった。その後、戦国時代の信長[10]や秀吉、そして家康から続く徳川将軍家も、猿楽の庇護者となり、歴代の観世大夫たちは、時の権力と結びつきながら、猿楽を発展させ、現在に至る能の様式を完成させた。

17世紀には、イギリスにおいてシェークスピア劇が、またフランスにおいてコメディーフランセーズに繋がるモリエールによる喜劇が、そして日本において歌舞伎が登場した。世界的によく知られるこれらの演劇が、ほとんど同じ時期にその基礎を確立させたことは、文化史的に見て非常に興味深いことである。

ヨーロッパのオペラ[11]、日本の人形浄瑠璃[12]（文楽）、中国の京劇は、いずれも舞台上で衣装を着けた出演者（人間あるいは人形）が演技を行う点で演劇と共通しているが、台詞だけではなく、大半の部分が歌唱で進められることを特徴としている。

オペラは17世紀初頭にイタリアで始まり、その後もイタリアオペラが主流を占めたが、18世紀の後半にはモーツァルトが、今日でも頻繁に上演される名曲「魔笛」を作曲し、ドイツオペラの礎を成した。

18世紀には人形浄瑠璃や京劇の名作が現れ、今日鑑賞される作品の基礎となった。20世紀には、旧世界（ヨーロッパ）の社会的、宗教的なしがらみを逃れて新大陸に渡ったアメリカ人が、オペレッタから、自由な歌唱とダンスが一体化し様々なショー的要素を取り入れたミュージカル[13]を生み出し、今日広く上演されている。これにより、かつては貴族のものであったオペラが、一般市民のものとなった。

明治時代になると、日本国外の演劇事情を知った知識人などから、歌舞伎の内容が文明国にふさわしくないという批判が上がるようになり、歌舞伎様式の改良運動が起こった。これは明治政府の目指す目的とも重なり、政治家を巻き込んだ運動となった。これによる成果の一つとして、現在につながる歌舞伎座の開場がある。また、新派と呼ばれる、日本の新しい演劇形式が成立した。一方、歌舞伎（旧劇）や新派の商業主義を批判し、ヨーロッパ流の近代的な演劇を範とし、芸術志向的な演劇を目指した新劇が生まれた。これらは、今日見られる日本の演劇状況に、直接的、及び間接的に大きく関連している。

(7) 映画

19世紀末にフランスで発明された映画は、およそ30年に渡るサイレント時代を経て、トーキー技術が開発され、1930年代には現在につながる原型が確立された。時の政治権力は、映画の持つ影響力に気が付き、プロパガンダの手段として使うようにもなった。第一次世界大戦において、アメリカやドイツでプロパガンダ作品が制作された。また、革命後のソ連やナチス時代のドイツでは、政治目的を達成するための手段として、映画が盛んに利用された。

1930年代の末には、今日においてもアメリカで最も人気の高い映画（毎年全米で視聴される回数が最も多い作品）として知られる「風と共に去りぬ」、と「オズの魔法使い」が、総天然色技術により制作された。この時代は、まさに第2次世界大戦開始の直前に当たり、世界の政治や経済の中心は、未だヨーロッパにあると考えられていた。しかし、これほど芸術性が高く、想像力、構成力があり、さらに未来への影響力を持つ映画が、最新のカラー技術を基にアメリカで制作されたことは、近い将来アメリカの時代が到来することを、十分に予感させるものであった。第2次大戦終了後には、アメリカ映画の黄金時代が到来する。ハリウッドを中心に多くの大作が作られ、世界中に配給されることにより、アメリカ文化・文明を世界に広めるための、先導役を務めることになった。一方、1950年代には、黒沢、小津らの日本人監督が名作品を数多く制作し、日本における映画文化の高さを、世界中に示すことになった。

戦後の映画作品として有名なものに、「第３の男」がある。占領下にあるウィーンを舞台に繰り広げられる、ミステリー仕立ての作品であるが、その後の東西冷戦の幕開けを暗示する様々な場面がある。また、ベルリンの壁が設置され、実際に冷戦が始まると、一方の主役であるソ連を悪役に仕立てた娯楽大作「007 シリーズ」が制作され、世界中で大人気を博した。アメリカがベトナム戦争に苦しんだ時代には、戦争に従軍した元兵士たちの悩みや苦しみを取り上げた名作が作られている。このように、映画には時代の状況や雰囲気、そして人々の心を映し出す鏡としての機能が備わっている。

現在では、最新のディジタル映像・音声技術が取り入れられ、実写では決して得ることができないようなダイナミックな映像·音声を取り込んだ娯楽大作が制作されている。一方、制作者の考えや主張をメッセージとして発信することを主目的とする芸術作品としての映画制作もあり、その活動は多方面に渡っている。

(8) スポーツ

スポーツの起源をたどれば、古代ギリシャで行われたオリンピックや、古代ローマで行われた闘技会などに行きつくと考えられる。古代オリンピック[14]は、ギリシャのオリンピアで４年に１回行われた当時最大級の競技会である。宗教に関連した祭典であり、国と言う枠を超えて、全ギリシャ世界から選手が参加する、全ギリシャを挙げての祭りと言う意義を持っていた。神への捧げもの、そして重要な宗教的行事として、紀元前８世紀から紀元後４世紀に至るまで、途絶えることなく４年に一度開催され続けた。第一回大会は、紀元前 776 年に行われたと伝えられるが、確証が得られているわけではない。古代オリンピックは、人々の共同参加によって、分立するポリスを統合する、精神的支柱の役割を担う競技会であった。

ポリス間で争いの絶えなかった古代ギリシャでは、オリンピック開催に際して、参加者が無事に開催地に行き着いて祭典に参加できるように、休戦協定を結ぶことが必要不可欠であった。オリンピック開催を伝える主催国からの休戦使節が到着し、開催日が伝えられ、休戦が宣言されると、各ポリスは順次休戦期間に入った。町には喝采が溢れ、施設は客人としてポリスが主催する公式の宴に招待された。休戦中は、戦闘行為が休止されることはもちろん、死刑判決の延期など、社会不穏をもたらすあらゆる要素が遠ざけられ、選手をはじめとする参加者が、ポリスからポリスへと自由に往来することが可能になった。もし休戦協定に違反した場合には、罰金が課せられたり、オリンピックへの参加が禁止されたりするなど、厳しい罰則が適用された。競技として、短、中、長距離走のほか、円盤投げ、やり投げなどの投てき競技、レスリング、ボクシングなどの格闘技、そして戦車競走などがあった。

近代オリンピックは、古代オリンピックを元に、19世紀末にフランスのクーベルタン男爵によって提唱されて始まった。アマチュアリズムを基本とし、古代における平和の祭典復興を目指したものであるが、常に国際政治の影響を強く受けてきた。近年になり、オリンピックが巨大化するに伴い、財政負担が大きな問題となり、1970年代以降開催を希望する都市数は減少し、毎回1～2都市だけという状態が続いた。

1984年のロサンゼルス大会は、画期的な大会となり、オリンピックをショービジネス化することにより、大幅な黒字を計上した。以後、この大会を参考にして、オリンピックをアマチュアによる参加型スポーツエンタテインメントから、観るためのエンタテインメントへの方向転換がなされた。現在では、プロ選手の参加が認められており、スポーツビジネスとして成功が見込まれることから、エンタテインメント イベントとしての価値が高く評価され、開催を希望する都市数が増えている。

日本が初めてオリンピックに参加したのは、第5回ストックホルム大会（団長：嘉納治五郎）である。日本を発祥地とするオリンピックの競技種目には、1964年の東京大会から採用された柔道と、2000年シドニー大会から取り入れられた自転車競技の一部（ケイリン）がある。

スポーツ（バスケットボール）の楽しみ

ローマ時代に建設された闘技場において行われる闘牛
（南仏ニームにて1977年9月撮影）

現在のスポーツイベントは、スタジアムやアリーナにおいて、多くの観衆の前で行われる。その原型は、古代ギリシャのオリンピックやローマの闘技会[15][16]にあると言ってよいであろう。ローマ帝国の領土内には、各地に円形闘技場(代表的なものは、ローマのコロセウム)が作られ、多くの闘技会が開催された。そこで繰り返されたのは、しばしば一方が死に至る、激しい戦いであった。今日のスポーツでは、戦いにより命にかかわるような事態が起こらないように、厳格な規則が定められている。

人間と様々な動物との戦いは、見世物の一つとして、ローマ時代に頻繁に行われた。こうしたローマ時代の闘技会に、比較的近い形態を残しているものとして、スペインの闘牛が挙げられる。今日でも、地中海沿岸地方にローマ時代から存在する都市（例えば南仏のアルルやニーム）では、ローマ時代に建設された円形闘技場を利用して、闘牛の興業がしばしば行われている。また、古代ギリシャ、ローマ時代を通じて行われた戦車競走は、形を変え、現在ではインディ500やF1のような、自動車レースに名残をとどめている。

現在世界で最も人気の高い近代スポーツは、ワールドカップが行われるサッカー（フットボール)、バスケットボール、野球など、チームで行う球技である。いずれもがイギリス、もしくはアメリカというアングロ・サクソン系国家を発祥の地としている。

日本には、格闘技として古代から相撲[17]がある。その記録は、5世紀末から6世紀の古墳から埴輪の形で出土し、宗教的、あるいは政治的行事に関連する、葬送儀礼に結び付けられるとされる。日本書記[3]には、第十一代垂仁天皇七年の時代に、当麻蹶速と野見宿禰が天覧相撲を行い、宿禰が相手の脇骨を砕いて打ち倒した後に、さらに腰を踏みつけ、死に至らしめて勝利し、褒賞として蹶速の土地が与えられたとの記述がある。このように、古代の相撲は、ローマ時代の闘技試合のように、極めて激しい戦いであったと推察される。

奈良時代になると、相撲節という宮中行事として催されるようになり、やがて平安時代には技術的にも安定し、現代に近い規則が定められ、格闘競技として成立したと考えられている。この行事は、12世紀にいったん廃止されるが、相撲は武家社会に根づき、武士たちの屋敷で行われるようになった。

現在見られるような相撲興行が現れるのは、江戸時代である。今日まで引き継がれる大相撲は、神社仏閣の再興や造営の費用を捻出するために行われた勧進相撲に端を発している。長く平和が続いた江戸時代には、相撲興行がたいへん華美になり，賭け事などの対象になったため，しばしば倹約令などにより興行が制限された。1648年には幕府によって江戸における勧進相撲禁令が出され、1684年まで行われなくなった。この時期は、大坂や京都など上方でも、勧進相撲の空白期となる。しかし、村方（地方）においては神社などの行事と結び付き、祭礼の相撲として継続されたと推察されている。

庶民の娯楽として江戸歳時記の中にも確固たる根を下ろしつつあった相撲興行を、一気に空前の興隆へ導いたのは、寛政三年（1791年）の6月、江戸城吹上苑において行われた、第11代将軍徳川家斉の上覧相撲であった。これにより、勧進興業を取り仕切る相撲年寄たちを中心とする相撲集団が、相撲と言う技芸を担う正当な存在として、幕府から明確に認知されることになった。江戸時代後期（文化・文政期）になると、庶民のエンタテインメントとして、歌舞伎や人形浄瑠璃などと並んで、相撲は大いに人気が高まった。歌舞伎役者とともに力士（相撲取り）は、庶民の人気を集め、錦絵の恰好のモデルとなり、有名絵師による作品が、多数残されている。

1.3.2 エンタテインメントと階級制

エンタテインメント イベントは、階級制と密接な関係がある。ヨーロッパにおいて、エンタテインメントの多くは、当初富と権力を持つ特権階級（貴族や宗教関係者）のものであった。例えば、音楽、バレエ、オペラの鑑賞、美術作品の取得、建築・庭園の造築などは、一部の例外を除いて、貴族あるいは教会の専有物であった。一般民衆にとってこれらを鑑賞する機会は、ほとんどなく、特別な国家的、宗教的催事の際に限られた。やがて産業革命により、富裕市民が現れるようになると、エンタテインメントはそうした富裕層に広まり、さらに19世紀に市民社会が形成されるとともに、一般市民もそれに直接触れ、関与することができるようになる。20世紀以降は、録音・録画技術、そして放送技術の発達により、誰でもがエンタテインメントを楽しめるようになり、その多くが大衆のものとなった。

同じように、最初は貴族のものであった余暇（例えば避暑）は、やがて19世紀にヨーロッパで富裕市民のものとなり、さらに今日ではごく一般市民がバカンスとして楽しんでいる。この習慣は、明治時代に来日した外国人外交官や富裕商人などによって日本に持ち込まれ、箱根、日光、軽井沢、六甲山など、現在でも有名な観光地が開拓された。現在では、一般市民が、休暇を楽しみ、遊びに行く避暑地として利用している。

日本の春を彩る花見は、源氏物語に叙述されるように、既に平安時代に貴族（公家）の間で行われ、「花宴の節」として宮中行事にも取り入れられていた。こうした風習は、徐々にではあるが庶民の間にも広まり、鎌倉時代には「花宴」が地方でも行われていたことが「徒然草」に記されている。花見を政治的に最大限利用したのが、豊臣秀吉である。死が間近に迫っていることを知った秀吉は、戦国時代を終わらせ、自分が天下人になったことを広く世に知らしめ、また統治における秩序の在り方を示すために、醍醐の花見を行った。花見に向かう長大な行列から始まり、宴席の席順に至るまで、全て政治的配慮のもとに宴は催された。このように、秀吉による醍醐の花見や、ローマ時代の闘技会の例に示されるように、エンタテインメント イベントは、しばしば政治目的のために利用されている（エンタテイメントと政治との関係については、本書の「3.2 政治（祭り事）とエンタテインメント」で詳細に検討される。）。花見が一般化し、真の意味で庶民化したのは、江戸時代に入ってからである。江戸の各地に花見の名所が築かれ、今日につながる花見の伝統が、こうして始まった。

支配者の権威の象徴として、古墳時代から鷹狩が行われたことが、出土する鷹匠の埴輪により明らかにされている[18]。日本書記[3]に、仁徳天皇の時代に鷹狩が行われたとの記述がある。百済王の王族である酒君に、鷹を訓練させ放つと、たちまち数十の雉を得た。こうして鷹甘部が定められたと記している。奈良時代から平安時代には、天皇や貴族の嗜みとされ、律令国家体制のもと地方諸国の貢鷹制度が整備され、中央貴族、国司、郡司等の養鷹を介する社会的結合が進められた。9世紀初め（弘仁9年（818年）5月）に、嵯峨天皇は「新修鷹経」三巻を撰し、世に広めるべく鷹所に下賜した[19]。その内容は、鷹の種類、形態、飼養・調教、そして鷹狩りの方法や鷹の病、およびその療法までを体系的にまとめたもので、鷹・鷹狩りに関する総合的辞典とも言えるものであった。鷹狩はその後鎌倉、室町、戦国時代を通して武士に引き継がれ、武家の伝統の一つとなった。

江戸幕府を開いた徳川家康はとりわけ鷹狩を好み奨励したため、代々の将軍家をはじめ、大名各家の行事として継続して行われるようになった[20]。諸藩から幕府へ献上された鷹の一部は、大名などへの下賜品とされた。この下賜儀礼は、将軍家と大名の絆を深めるために利用された。将軍家から鷹を下賜される大名家は家筋が限られた。なぜなら、鷹は将軍の御恩の証として大名家に与えられたからである。このように、近世において鷹狩りは単に娯楽（エンタテインメント）としてだけでなく、政治的儀礼としての色彩が強かった。明治以降、こうした狩りの伝統は宮内庁に継承され、鴨場における猟が宮中行事となり、各国外交使節団の長（大使）や賓客を接遇（エンタテインメント）する場として提供されている。

猟は、マタギなど地方の職猟師たちにより、様々な形で受け継がれてきた。しかし、その技術的困難さ、銃砲取扱い上の規制、猟場の問題などにより、現時点で魚釣りのように一般化し、庶民の誰もが楽しめるエンタテインメントとしての発展は見られない。

現在多くの人が楽しむ漁の一つに、鮎釣りがある。この釣りは、もともとは金沢藩前田家の家臣が、鍛錬のために行ってきたものと伝えられている。その伝統が代々引き継がれ、昭和に入り市民層が拡大し、「友釣り」と言う釣り技法の発達とともに、爆発的に広まった。現在では、毎年何十万もの人々が、鮎釣りを楽しんでいる。漁の解禁日到来とともに多数の釣り人が清流に入り、竿を立てる様子は、夏の到来を告げる風物詩として、毎年新聞や雑誌、テレビなどで報道されている。

1.3.3 エンタテインメントの現状

我々が日々経験する伝統的なエンタテインメント イベントには、正月、節分、花見、節句、七夕、お盆、月見、彼岸、七五三、大晦日など、日本古来の神事、中国から伝来した習慣、仏教に由来する催事、さらに奈良、平安時代に宮中行事として成立した祭事に由来するものが多い。また、村や町など各地方で行われる祭りや、近世以降ある程度の市民社会が形成される過程で発展した芝居見物や相撲見物などの伝統が、現在でも引き継がれている。これらに加え、バレンタインデー、ハロウィン、クリスマスなど20世紀後半以降になると、西洋から伝わった風習まで取り入れ、エンタテインメント イベントとして楽しまれている。

20世紀以降、最初は映画、続いてラジオやテレビの発達により、様々なイベントが身近なものとなって大衆化し、日々の生活にまでエンタテインメントが入り込むようになった。また、ここ30年あまりの間に、新たにコンピュータ ゲームが登場し、エンタテインメントは多人数のものから、個人単位で可能になるという大きな変化があった。さらに、過去10年を見るなら、コンピュータ社会は、SNS（ソーシャル ネットワーキング サービス）化が急速に進み、ネットワークを通じて個人と個人、あるいは個人と大衆が簡単に結びつけられるという新たな展開を迎えた。これにより、FacebookやSNSゲームなど、以前には全く存在しなかったコミュニケーション手段、すなわちエンタテインメント手段を手に入れることができるようになった。

現在我々は、多くのエンタテインメントを享受する機会に恵まれている。伝統的なイベント、テレビなどのマスメディアを通じた方法、そして新たに登場したSNSによるものなどである。こうした様々な機会の中から、どれを取り出し、どのように利用していくかは、ひとえに個人の選択の問題である。将来の社会をどうするのか、また人々がどのように共生していくのかは、様々なエンタテインメント機会の捉え方や行動に依存している。未来社会を決めるのは、こうした様々な機会をどのように選択して行くのか、現在を生きる各個人の知恵にかかっている。

1.4 人間のコミュニケーション

1.4.1 コミュニケーションとエンタテインメント

人間の脳には、左側頭葉の聴覚連合野に、ウエルニッケ野と呼ばれ抽象的な概念、意味、言語などを理解し、意味の創造や意味づけを行う機能を担う領域がある(21)。人間に最も近いとされる類人猿は、この機能をほとんど持たず、あったとしても、極めて未発達な状態でしか見られないとされる。したがって、抽象的に考えることや、言語を扱うことは、人間のみが持つ特殊な能力である。

人間が持つもう一つの特徴は、その模倣能力である。一人の賢い人間が始めた新しい有意義な行動や新たに獲得した知識は、言語というコミュニケーション手段を通じてすぐに同じ社会集団の仲間や、家族、親類、そして子孫に伝えられ、模倣･学習を通じて共有･蓄積される。こうした行動により、人間の子どもは、他人の視点で考えたり、他人の視点で周囲を観察したりできるようになり、一人の人間として、社会に参加するようになる(22)。何世代にもわたり継続的に行われてきた知識、情報の共有・蓄積、そしてそこから生まれる行動予測能力こそ、人間のみが創造することのできた文明・文化の根源と考えられる。

人間が持つ創造性と模倣・学習性は、言語というコミュニケーション能力に依存したものである。これは、約 700 万年前に同じ祖先から分岐し、生物学的に見ると人間に最も近く、遺伝子的には 98.8%の DNA が人間と同一とされる類人猿のチンパンジーでも、ほとんど持たない特殊な能力である。もちろん他の動物でも、鳴き声を使ってコミュニケーションを行う。しかし、こうした行動は、身に迫る危機や求愛の行動を本能的に伝えているに過ぎない。一方人間は、現時点で持つ心の状態（感情）という具体的な事柄から、将来の計画といった抽象的な内容まで、言語を使って他者に伝えることができる。このような高度なコミュニケーション能力なしには、人間が築いた文明社会の発展は、あり得なかったと考えられている。

エンタテインメントは、人間のみが持つ高度なコミュニケーション手段（言語）に基づく情報のやり取りや共有に強く関連し、そこから引き起こされる感動、共感などの心理作用のことである。言語は、コミュニケーションに用いられる記号の体系のことを言うが、狭義には音声による音声言語を意味し、広義には、聴覚表現（音楽）、視覚表現（絵画、彫刻、映像など）、体動表現（身振り、手振りなど）、目つきや表情、さらにこれら様々な表現の組み合わせ（歌、舞踊、演劇、映画）など、人間が持つコミュニケーション手段全体のことを表す。したがって、エンタテインメントとは、人間の存在そのものを特徴づける、人間独特のコミュニケーション法の一つと言うことができる。

1.4.2 集団の規模とコミュニケーション

サルの社会において、日本猿の場合、構成員の最大数はせいぜい数十頭程度、類人猿のチンパンジーでもやはり数十頭、また同ゴリラなら数頭～数十頭程度であることが知られている。したがって、一般的なサル社会では、せいぜい数十程度の構成員に対するコミュニケーション手段があれば、集団を安定的に保ち、機能的に行動するのに十分と考えられる。これに比べ人間の社会は、数十名で構成される血縁集団から、人口十億を超える超巨大国家に至るまで、極めて大きな幅を持つ。有史以前における初期の人間社会は、数家族、すなわち数十名程度の血縁でつながる構成員から成る血縁社会に近いものであったと考えてよいであろう。やがて、農業そして工業の発達による人口増加に伴い、社会の構成員数は拡大を続け、それに対応して様々なコミュニケーション手段が発達してきた。

ここで、人間社会（集団）の構成員数と、コミュニケーション手段との関係について考察してみよう。構成員数を分析するうえで、合理的に説明するための目安となる、典型的な例がある。例えば、機能性と、指揮系統の明確さが必須とされる軍隊（陸軍）における伝統的な人員の構成単位である。最小単位は分隊（班）で、下士官の指揮のもと 10 名前後の隊員で構成される。次に下級将校（尉官）の指揮のもと、小隊（40 名程度）、中隊（160 ～ 200 名）、下位佐官に指揮される大隊（400 ～ 800 名）、上位佐官が指揮する連隊（2,000 ～ 3,000 名程度）、将官の指揮に従う旅団（3,000 ～ 6,000 名程度）、さらに師団（6,000 ～ 20,000 名）、続いて軍団（数万～十万名）と言うように、機能の拡大に対応して、構成員数が増加して行く。有事には、最大限の合理性と機能性を発揮できるように、これら大小の集団が、互いに有機的なコミュニケーションシステムを構築して行動する。

これを一般社会の集団規模と比べると、分隊は家族に、小隊は血縁集団に、大隊以降は見掛け上、村落、町、市、郡、県などの規模に匹敵する。また企業と比べるなら、零細企業（従業員数 10 名以下）、小企業、中企業、大企業、巨大企業の分類と対比させても、大きな齟齬はないと考えられる。

1.4.3 演説によるコミュニケーション

集団の大きさが10名程度までなら、全ての構成員が知り合いであり、その間で極めて親密な関係を容易に築くことができる。この場合、双方向のコミュニケーションは、音声言語を用いた会話で簡単に成立する。しかし、数十名を超えると、互いに認知不能な個体同士の関係が必ず発生することが知られており、より高度なコミュニケーション手段を用いないと、意思を伝えることが困難になる。その解決法の一つとして、身振り、手振りや目つき、表情などを交えた演説がある。これにより、演説者はおそらく数百人程度の聴衆と向き合い、肉声で直接意思を伝えることができる。また、19世紀末に発明された技術、例えば拡声器を使うなら、数千～数万人の人々と、対話をすることができる。さらに、ラジオ、テレビ、インターネットなどの媒体を使えば、その場にいない人を含め、地球上に存在するすべての人々に、直接話しかけることができるようになる。

古代から現在に至るまで、優れた演説をすることができる能力は、指導者にとって欠くことのできない資質であり続けている。我々が知る、史上極めて有名な演説として、アメリカ大統領のリンカーン、ケネディー、そして公民権運動の指導者キング牧師の演説がある。いずれも、人々に対して、今後国や社会が進むべき方向を明確に示し、共に歩み、社会造りをしていこうと呼びかける名演説であった。

リンカーンのゲティスバーグにおける演説「人民の人民による人民のための政治・・・」、ケネディーの就任演説「世界の市民同胞の皆さん、米国があなたのために何をするかを問うのではなく、われわれが人類の自由のために、一緒に何ができるかを問うてほしい。・・・」、そしてキング牧師による演説「私には夢がある。・・・」は、史上最も有名な演説として、今日でもよく引用される。これらは、その後のアメリカ、そして世界を変えた歴史的演説としてよく知られている。

演説とは異なるが、最高指導者の意思をはっきり国民に伝えるために行われたものとして、第2次世界大戦終了時における、天皇の玉音放送がある。これはいわゆる詔であり、政治演説ではなかった。しかし、ある意味でそれ以上の効果を発揮した。この放送なしでは、日本は戦争を終わらせることができなかったのである。

近年の歴史を見ても、有力な政治家はいずれも、良きにつけ悪しきにつけ、名演説家であった。第2次大戦時の指導者であるチャーチル、ルーズベルト、ヒトラー、スターリン、そして中国革命を指導し、世界最大の超巨大国家を作り上げた毛は、いずれも歴史に残る演説家である。この中で、ヒトラーとスターリンは、独裁者として悪名高いが、少なくとも人々の心を鼓舞し、一定の方向に導く演出者として、特殊な能力を持っていたことは間違いないであろう。とりわけヒトラーに関しては、映画「独裁者」におけるチャップリンの名演技により、その本質と特徴が、人々の間に余すところなく、広く知られている。

演説は、様々な形で人々の心に影響を及ぼし、社会の雰囲気を変えてしまうことのできるエンタテインメント イベントとも考えられる。今日における、最も重要な政治演説の一つは、アメリカ大統領が毎年行う、一般教書演説であろう。アメリカの置かれた現状と政治課題を知るために、世界中の人々が耳目を集中させている。

1.4.4 文字によるコミュニケーション

人間の双方向コミュニケーションは、個人や家族、そして様々な集団（地域、企業、国など社会性を持つ集まり）の間で、日常的に行われる。個人対個人、そして個人対小さな集団（家族、地域、企業内など）の間では、通常の会話で、ほとんど用が事足りてしまう。しかし、音声言語による伝承は、伝承の回数が増えるとともに正確さが失われ、信頼性が低下することから、記録可能な方法でその問題を取り除く必要がある。文字の発明は、音声言語が持つこうした欠点を補い、時間と空間を超えて情報を伝達・共有する手段として画期的なものであった。ラジオやテレビが発明される以前は、過去のことを知り、現在を未来に伝え、また距離の隔たった地域同士で正確に情報を交換し共有する手段は、文字以外に存在しなかった。

当初、文字を用いたコミュニケーションが利用できたのは、高度な教育を受けられる特権階級に属する人々のみであった。しかし、グーテンベルクによる活版印刷の発明により、15世紀半ばには大量の受け手へ、情報の同時発信が可能になった。さらに、17世紀半ばになると、世界最初の新聞が現在のドイツ（ライプツィヒ）で創刊され、それ以降、ヨーロッパ各地で日刊新聞が創刊されるようになった。

1.4.5 マスメディア

欧米や日本では、18世紀末に始まった産業革命により19世紀には産業が大いに発達した。やがて市民社会が形成されるようになり、都市人口の増加と、初等教育の普及による識字率の上昇に伴い、書籍、新聞の大衆化が進み、マスメディアとして機能し始めた。また、1920年に世界最初のラジオ局がアメリカで開局し、ラジオ放送が始まった。さらに、

1940年代初頭に本格的なテレビ放送が始まり、20世紀半ばまでには今日みられるマスメディアの基盤が整えられた。

エンタテインメントの一般化、大衆化は、マスメディアの発達と強く関連する。マスメディアにより、誰もがほぼ同時に情報を共有できるため、ある名歌手、名優、名選手が大人気を博した場合、多くの人々の共感や感動が、連鎖的、爆発的に広がるという現象が発生する。こうして、20世紀には、音楽界、舞踊界、美術界、映画界、スポーツ界、科学界などに、スーパースターが誕生するようになった。

マスメディアにおいて、情報は出し手から受け手（大衆）へと一方向的に流れる。したがって、大衆はスーパースターを、新聞誌上で、劇場で、スクリーン上で、あるいはスタジアムで遠くから眺める以外に、触れ合う機会は基本的に存在しない。それゆえ、スーパースター達は、ある意味で神秘のベールに包まれ、遠くから眺める憧れの対象となる。

20世紀末に登場したインターネットは、情報伝達の双方向性という点で、従来のマスメディアとは、全く性質の異なる媒体である。20世紀のスーパースターが、遠くから眺める憧れの対象であったのと異なり、人々が身近に感じ、接することのできるエンタテイナーを利用すれば、双方向性の特徴を利用し、参加型、触れ合い型、自主選択型のエンタテインメント イベントを企画することができる。従来のマスメディアを活用すると同時に、多くのファンが同時進行的に参加でき、また触れ合う機会を作り出す握手会や総選挙などのイベントを継続的に行うAKB48の成功は、まさにインターネット型社会が生んだ、情報や知識伝達の双方向性に基づく、新しいエンタテインメント イベントの在り方を提示していると考えられる。

1.5　エンタテインメントの原理

1.5.1　エンタテインメントの特徴

エンタテインメントは、人間（現世人類：ホモサピエンス）のみが持つ、特殊なコミュニケーション能力に基盤を置いている。人間に最も近いとされるチンパンジーは、突然起こった興味ある出来事に反応して感動を示すことはあるが、それを他の個体に伝え、共有するようなことはしないと言われている。ある事象で起こった感動を多くの人に伝えて共有し、共感する行為は、人間が本質的に備えている、基本的な特質や機能に関連したものであり、人種や社会的な環境（貧富や文化的背景など）に影響されない側面を持つ。

エンタテインメントは、一般的に喜び、楽しみなど、好ましい状況下における感情的状態を意味することがほとんどである。しかし、不安、恐怖、苦しみ、悲しみなど、本来好ましくない(不快) とされる状況で起こる感情(後にこれを負のエンタテインメントと定義)に関連するエンタテインメントも多くあり、多種多様である。

エンタテインメントを、その特徴から分類するなら、大きく分けて次の2種類にまとめられる。

①人間が動物であることに起因するもの、すなわち他の動物でも同様の行動原理が働くもの

a. 食（生命維持）に関するもの

b. 生殖（種の継続）に関するもの

c. 戦い（個の生命や種の存続）に関するもの

② 他の動物と異なり、人間のみが創造した文明や文化に関連するもの

a. 美の認識と評価

b. 自由な表現

c. 学習と教育

d. 価値創造

e. 共感

f. 挑戦

g. 発展

h. 晴れ舞台

上述の①について、説明は容易であろう。動物は、食物を摂取しない限り、生命を維持することができない。したがって、食物採集・摂取に関連する行為そのものが人間を含む動物にとって、必要不可欠なものである。また、生命が持つ最大の目的は、個および種の存続と、継続である。人間を見ても、恋愛・性愛、そして戦い（スポーツ、その他の勝負事）が、エンタテインメントとして、如何に多くの部分を占めているかを見れば、このことがよく理解できる。

②は、人間の祖先が、数万年前にアフリカを出発して世界中に広がり、その地で様々な文明・文化を創造したことに深く関連する。すなわち、人間が発展を遂げる過程で、必然的に必要とされる能力として、築かれ備わってきたものと考えられる。

このように、心の状態を映し出す鏡として、エンタテインメントには、人間が動物として持つ本能的な行動に起因するものと、人間が現在に至る進化の過程と密接に関連付けられるものがある。その働きを知るためには、脳科学、心理学、文化人類学、教育学、認

知科学など、広い学術領域に渡る総合的な分析が必要になる。

1.5.2 エンタテインメントの用語

エンタテインメントに関する理解をより深め、明瞭化するために、本書で用いるエンタテインメントの用語を、以下のごとく定めることにする。

・エンタテインメント力
・エンタテインメント エネルギー
・正のエンタテインメント
・負のエンタテインメント
・エンタテインメント数直線
・エンタテインメント購買力
・サイバーエンタテインメント

(1) エンタテインメント力

エンタテインメント力とは、快感、幸福感、満足感、安心感、共有感など、エンタテインメントの基本となる感情や感動を引き出したり、引き起こしたりすることのできる能力（働きかけの力）のことを言う。わかりやすい例として、赤ちゃんの持つ、特殊な能力が挙げられる。赤ちゃんが一人いるだけで、周囲の人々（特に大人）が注意を向け、可愛いと思

赤ちゃんのエンタテインメント力

い、自然に楽しくまた嬉しく感ずることは、誰もが認めることであろう。こうした力は、赤ちゃん時代なら誰でも当たり前に持つ、基本的なエンタテイメント力と考えられる。

人間の赤ちゃんは、他の動物に比べあまりに未成熟な状態で生まれるので、大人の世話を受けなければ生きていくことができない。生き残るためには、大人の注意を引き付けることが絶対的な必要条件であり、そのための戦略として、エンタテインメント力が使われると考えられている(22)。しかし、乳児期から幼年期、少年期、青年期へと成長を続ける過程で、エンタテインメント力はだんだん失われていく。そうであっても、幼児には、相当の力が残っている。とりわけまだ若い3歳児などは、いまだに夢・想像と現実の区別がつかない、成長途上の段階にあり、実質的に想像の世界に住んでいるため、こうしたエンタテインメント力をかなり強く保持していると言ってもよいであろう(23)。多くの舞台人が、幼児と一緒に舞台に立つことを望まない。なぜなら、幼児は舞台上で観客の注意と関心を、いともた易く奪ってしまうからである。

普通の人間なら、大人になった時点で、幼い時に持っていたエンタテインメント力は、ほとんど失われてしまう。しかし、非常にまれに、人々の注意を自然に惹き、注目を集めることができる、特殊な才能を持つ人が存在する。観阿弥とともに、現代に続く能の創始者とされる世阿弥は、能の理論書「風姿花伝」の中で、「人が持つ能の位は、その人に生来備わった品格であり、もともと備わっていなければ身に付けることは難しい。ただし、稽古に励むことによって、隠れていた位が自然ににじみ出てくることがある。」と言っている。優れた才能を天性から持つ人が、そのエンタテインメント力に日々磨きをかけ、研鑽を続けることにより、真のエンタテイナーとなり、さらに幸運に恵まれた場合に、人々を魅了し続けるスーパースターが、初めて誕生すると考えられる。

エンタテイナーが持つエンタテインメント力は、その人が持つ、カリスマ性、存在感、品格などが強く影響し、おおむね、対象となる仕事をした時に支払われる、金銭の額で評価可能である。すなわち、その人気や評判に基づき、出演料、講演料、原稿料、契約金などの形で反映・評価されるのである。

(2) エンタテインメント エネルギー

エンタテインメント エネルギーは、エンタテインメント力によって励起された個人、グループ、コミュニティー、社会などの感動や共感が、実際に積極的な行動を起こし、また起こすための引き金となって生ずる、総合的な熱気・熱狂など、自発的行動の発信・発散作用と定義される。これによって、人々は、希望、生きる喜び、そして未来への夢と、生きていくための力（意欲）を得ることが出来る。化石燃料や太陽エネルギーなどのように、熱や電気の形で実体化されるハードエネルギーと異なり、人間の脳内で発生・成長し、外部に拡散して消費される、ソフトエネルギーと見なされ、幸福感の醸成に深く関係する。

エンタテイメントエネルギーの特徴は、エンタテイメント力の入力によって生まれ、励起された感動や共感が、人々に共有されることにより、さらに成長し続けるという、連鎖反応を起こすことである。例えば、素晴らしい演奏や演技、あるいは作品を鑑賞することで引き起こされた感動や、お笑い芸によって生まれた笑いは、同席する隣人に伝染し[24]、互いに反響し合ってますます増幅・拡大することが知られている。こうした現象そのものが、エンタテインメント エネルギーの発生、拡散過程を示している。

エンタテイメントエネルギーの大きさを、数値化することは難しい。しかし、簡易的には、励起された感動、共感、あるいは共有の数で評価可能と考えられる。すなわち、音楽、舞踊、美術（絵画や彫刻）、演劇、映画、お笑い、スポーツなどのエンタテインメント イベントなら観客動員数が、Facebook なら「いいね」、「コメント」、あるいは「シェア」の数が、You Tube なら再生回数が、着メロなら配信数が、SNS ゲームなら参加者数が、また書籍、CD、DVD なら販売数やレンタル数が評価基準になる。さらに、当然のことながら、テレビ番組の場合視聴率が、またライブイベントなら観客の拍手や歓声の大きさが、引き起こされたエンタテインメント エネルギーの大きさを表すことになる。

(3) 正と負のエンタテインメント

正のエンタテインメントとは、快感を生じさせる気持ちの良いもの、楽しいもの、嬉しいものなどに対応し、普通の言葉で言うなら、「起こって欲しい事柄」ということができる。一方、負のエンタテインメントは、その逆に「起こって欲しくない事柄」、すなわち、不快や不安、苦しみ、恐怖、危険、危機など、人間が心配や不満を感ずる事象に対応する。具体的には、死、病、飢餓、犯罪、災害、事故、戦争、暴力、いじめなど、心の中で忌み嫌っているものと言うことができる。

ただし、負のエンタテインメントは、場合により正のエンタテイメントに転化する。例えば、悪事を働くこと、すなわち犯罪は、古くから歌舞伎や映画の主要な題材として扱われている。悪役のいない物語は、まるで調味料の入らない料理にも等しく、悪の存在そのものが、エンタテインメント性を際立たせる本質的な要素として働いている。このように、正と負は表裏一体のものであり、一方のみが存在することはあり得ない。負の力が強ければ強いほど、その転化の結果として得られる正の力が強くなる。これは本来生物が、負の力に打ち勝たなければ存続できないという、生存競争の基本的ルールに強く関連しているためと考えられる。

(4) エンタテインメント数直線

エンタテインメント数直線は、正と負の感情が拮抗する点を0と置いて原点に定め、正のエンタテインメントを正方向の大きさで、負のエンタテインメントを負方向の大きさで表した仮想の数直線である。原点の位置は、各個人の感覚や経験、あるいは文化的背景、社会的背景、宗教的背景などで変化し、上述したように正と負が入れ替わる場合がある。

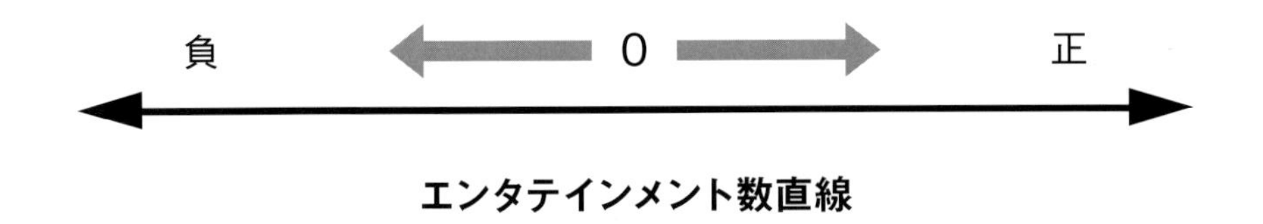

エンタテインメント数直線

一般的には、正義あるいは快に関するものが正の、また非正義や不快に関連するものが負のエンタテインメントに対応するが、正義の概念や定義は、個人や社会の感覚、経験、歴史、文化的あるいは宗教的背景で変化するので、一義的に定義することは困難である。

(5) エンタテインメント購買力

エンタテインメント購買力とは、エンタテインメントを購入する能力のことを言う。一般的には、金銭でエンタテインメントを購入する際の、経済的な能力を意味する。ただし、エンタテインメントの価値基準は、各個人で異なり、ある人にとって極めて価値の高いものであっても、別の人にとって全く無価値な場合や、その逆がある。

(6) サイバーエンタテインメント

サイバー空間とは、コンピュータや、コンピュータが形成するネットワークの中に広がるデータ領域で、多数の利用者が自由に情報を交換･交流できる仮想的な空間のことをいう。1990年代から始まったインターネット、SNS技術の発達とともに、サイバー空間上で、様々なエンタテインメントが創成された。例えば、Web検索エンジン、You Tube、Facebook、各種SNSゲームが提供するサービス、そして音声合成ソフトウェアから発展し、架空の存在であるバーチャルアイドルの初音ミクなどである。これらが提供するエンタテインメントを総称して、サイバーエンタテインメントと呼ぶことにする。なお、これに関しては、本書の「4.2　サイバーエンタテインメント」において、詳細に説明する。

1.5.3　エンタテインメントの起源

標準的な英語・仏語辞書によれば、entertainment の動詞形 entertain の起源は、ラテン語に基礎を置く古期フランス語にあり、その語源が entrer（中に入る）+ tenir（保持する、掴む）であることから、「中に入ってその状態を維持する。」と言う本来的な意味を持つ。したがって、エンタテインメント（entertainment）には、「人の心の中に入り込み、注意を引き付け、心を鷲掴みにして放さず、その状態を維持することによって起こる感動や共感などの応答を生むこと」と言う意味を、本質的に持つと言っても差し支えないと考えられる。

人類の歴史の中で、エンタテインメントは一体いつ生まれたものであろうか。人間に最も近いとされるチンパンジーは、人間に似た遊びの行動をとるとも言われるが、人間が示すようなエンタテインメント性を持つ行動様式を持たないことは明らかである。したがって、人間が人間としての心（文化）を持ち始めた時点をもって、エンタテインメントの始まり（起源）と言うことができるであろう。

狩猟採集の時代なら、大猟（漁）に恵まれ、明日の食糧に当面心配しなくてよい時に、また農耕時代なら豊作に恵まれ、豊かさを感じた時に人々は祭りを行い、御馳走を食べ、酒を飲み、歌ったり踊ったりして喜びを分かち合ったに違いない。これこそ、一般的なエンタテインメントの始まりとも言える。

家族や血縁、さらに地縁関係にある者にとって、新たな仲間の誕生は、間違いなく最大の喜び（エンタテインメント）であり、祝いの対象である。さらに、人間が死を悼み、死者を弔い始めるようになった時に、人間としての心が芽生えたと考えることもできる。これを認めるなら、人間が死者を弔う儀式（葬式）を始めるようになって、エンタテインメントが始まったということもできる。これこそ、祭りの原型と言えるのかもしれない。

赤ちゃんや幼児が持つエンタテインメント力は、その起源や原点を探るうえで、大きな手掛かりを与えてくれる。赤ちゃんは、自らが持つ能力を最大限利用し、人間としての心を育み成長させる。また、幼児は日々の様々な遊びを通じて社会の一員として生きていけるように教育・訓練され、成長する。いずれにも当てはまることは、エンタテインメントと言う共通項が、本人のみならず周囲の者たちを巻き込みながら、発展し続けるということである。

赤ちゃんは、様々な方法で自ら周囲に対して働きかけを行うが、基本的にはまだ世話を受ける存在である。それが3歳程度になると、既に人間の心が芽生えてはいるものの、まだ半分は想像の世界に住み、現実を明確に識別できる状態にない、すなわちファンタジーの世界に住むとされる。やがて、ほぼ4歳以降になると、自分と他者の心の差を理解できるようになり、遊びの中で序列をつけたり、小集団を作ったりして、権力を行使し始めるようになる。

幼稚園で実践される幼児の遊びには、踊り、歌、劇、水遊び、森歩き、虫探し、粘土遊び、描画、工作、想像遊びなど、大人が通常楽しむエンタテインメントの基本要素が、ほとんど取り込まれている。それゆえ、エンタテインメントの起源が、こうした遊びと強く関連していると言っても、決して過言ではない。「梁塵秘抄」では、「人はまさに遊ぶために生まれてきた。」と記している。子どもは遊びの天才であり、大人もまた遊びの天才なのである。一見無駄とも思える遊び[25]の大好きな人間が、エンタテインメントを好むことは、至極当たり前のことであろう。

エンタテインメントの原点が、人間としての心の芽生えにあるとするなら、それは赤ちゃんが、どのように心を発達させていくかに強く関連する。また、幼児たちの遊びの中に、大人の行うエンタテインメントとの共通点が多く認められることから、我々がいつも享受するエンタテインメントの起源は、子ども時代の遊びに強く関連していると考えて、差し支えないであろう。エンタテインメントの起源、そして遊びとエンタテインメントとの関係については、本書の第2章で詳細に考察する。

子ども達の川遊び

1.5.4 脳科学とエンタテインメント

脳科学の分野では、快感が期待されると、脳内にモノアミンの一種である神経伝達物質のドーパミンが急速に分泌されることが明らかにされている[26][27]。ドーパミンは、人間の意欲と密接に関連し、学習の強化因子として働く脳内の報酬効果物質とされる。人間にとって、自分自身に良いことをした時に、その報酬として快感を得られることは、生存にとって極めて有利で、自然なことである。したがって、ドーパミンに関連して引き起こされる快感こそが、エンタテインメントの根源とも考えられる。

薬物中毒は、ドーパミンの作用と、深く関連することが知られている。コカイン、ヘロイン、大麻、覚醒剤などの薬物は、ドーパミンの強化作用を促す物質とされ、本来自然状態で存在するドーパミンを、不正常な形で誘発するため、脳内に大きな快感を生じさせ、それが習慣化することによって依存症を起こすと考えられている。

一方、ドーパミンが少なくなると、パーキンソン病を発症し、立ち上がって歩こうと思っても、身体がすくんでしまい、どういう順番に筋肉を動かしていいかわからなくなったり、身体が震えたり、運動そのものができなくなったりする。さらに、物覚えが悪く、忘れっぽくなり、万事に対して反応が鈍くなって集中力や注意力も失われ、無力感、無気力の症状が現れるようになる。

逆に、ドーパミンが多くなりすぎると、別の問題が発生する。幻覚が起こったり、発話や運動を制御できなくなり、不必要と知りながら同じ行動を反復する強迫神経症を発症したりする。様々な症状を見せる統合失調症は、ドーパミン作用の調整不良に起因しているという仮説がある。

下垂体後葉ホルモンのオキシトシンは、出産時に母親の体内で大量に分泌されて子宮収縮を促し、分娩を促進する作用のあることが知られている。また、赤ちゃんへの授乳時に分泌され、射乳を誘引する。一方、脳内で恐怖心を鎮め、快感をもたらす作用のあることが最近明らかにされている。また、男女間の性行為や、愛情確認、そして家族愛などにも深く関わり、パートナーとの絆の形成に、強く関連することが知られている。さらに、人同士の触れ合いにより分泌が促され、人々の間に共感を生んで信頼感を醸成し、幸福感を高める作用のあることが、近年明らかにされている。エンタテイメントは、人々の共感、共有、同調そしてその連鎖によって引き起こされる、人間独特のコミュニケーション法の一つである。したがって、人間同士の絆を強め、共感を誘発して幸福感をもたらす作用のあるオキシトシンは、エンタテインメントに大きく関連するホルモンと考えられる。

近年、fMRI（機能的核磁気共鳴画像）装置を利用して脳の血流量変化を検出し、脳機能の画像処理を行うことにより、人間の経済活動における決断と、脳内活動との関連付けを分析する、神経経済学と呼ばれる分野が発展している(28)。経済活動は、本来合理的なものであり、合理的な経済主体の最適化行動（期待）は、マクロ、ミクロを問わず現代経済学が仮定する基本要件とされる。しかし、現実問題として、例えば、当然崩壊することが予想されるバブル景気下における過剰投資、その逆に行き過ぎた投資の抑制など、合理的には説明不可能な行動が、実経済でしばしば見られる。このように、実際の経済活動を決定する基本的動機が、合理的な判断ではなく、情動や推測に関連する可能性のあることが指摘されている。

自然科学の分野で、数学や物理（ニュートン力学の範囲）なら、理論に基づく数式（公式）を適用すれば、入力に対する応答は、一義的に求められる。しかし、経済学においては、数式に媒介変数（パラメータ）を導入する必要があり、その導入の仕方により、得られる解答は様々な形に変化する。パラメータは、人間の心の動きに関連し、不確定な要素を含んでいることが想定される。したがって、人間の経済活動は、何らかの形で心的要因となるエンタテインメント性の影響を受け、不確定性を含むものと考えられる。

fMRIは、消費者の深層心理を探り、どのようにしたら人々から共感が得られ、消費行動を引き起こすことができるかを調査するマーケッティング手法として、使われようとしている。すなわち、「気持ちいい」、「好き」、「嫌い」、「欲しい」というようなエンタテインメントの感情を、脳のどの部分が感じて行動に関与するかを、客観的データとして取り出すことにより、消費者が意識しない本音（深層心理）を浮き彫りにし、新製品の開発やデザインの決定に利用しようというわけである。この手法は、消費者が望む自動車の乗り心地の調査や、将来のヒット曲の予想などを目的として、マーケッティングに取り入れられている。

脳科学的方法によるエンタテインメントの分析や評価については、本書の「2.1　エンタテインメントの脳科学」で詳細に説明される。

1.5.5　エンタテインメントの基本行為

エンタテインメントの基本行為とは、いったい何であろう。本書の1.5.1において、エンタテインメントは、①人間が動物であることに起因するもの、すなわち他の動物でも同様の行動原理が働くもの、そして②他の動物と異なり、人間のみが創造した文明や文化に関連するもの、の2種に区別されることを示した。本節では、エンタテインメントの様々な行為を取り上げて詳細に分類し、その背景について説明する。

(1) 人間が動物であることに起因する行為

a. 食（生命維持）に関するもの

・父親（狩人）が狩りに出かけ、愛する人（家族や仲間）のために獲物を獲る行為
・母親が赤ちゃんにミルクをあげる行為
・美味しいものを食べる行為
・愛する人や親しい人（家族や友人）のために料理を作る行為
・愛する人や親しい人と飲食する行為
・御馳走を皆で食べる行為（祭り）
・富（余剰な食料や、それと交換可能な金銭や財）を勝ち取り、蓄える行為

人間が生物である以上、食物を取らなければ生きていけない。したがって、言うまでもなく食物の採取は、人間が生命を維持していくうえで、もっとも重要な行為の一つである。現生人類は、およそ20～30万年前に登場したと言われる。登場以来そのほとんど（おそらく95%以上）の期間で、狩猟により食物を得てきたと考えても言い過ぎではないであろう。なぜなら、農耕に基盤を置いた世界の4大文明であっても、その歴史はせいぜい数千年であり、日本で農耕が始まったのは、弥生時代に入った後の、およそ二千年前だからである。

狩猟の一種に、釣りがある。筆者はその中でも渓流釣りを趣味の一つとしている。それゆえ、狩猟のエンタテインメント性については、よく理解しているつもりである。渓流釣りは河川の上流域で行われ、本流と呼ばれる水量の豊かな流ればかりか、支流のいわゆる歩くのも困難な沢に入り、獲物を求めて遡行する釣りである。これは、かつて我々の祖先が獲物を追い求め、何日にも渡り、命がけで狩猟を行ったことと、類似性が非常に高い行動である。

釣りの醍醐味は、運よく獲物を釣り上げることができた時に、ほとんど口では言い表せないほどの感動、快感、嬉しさが得られることである。それこそ、言葉にできない喜びで頭の中がいっぱいになり、しばらくはその感動に浸り、他の考えなど思い浮かばないほどである。このように、食糧獲得の行為が成功した時に、快感、喜びと言う形で得られる脳内報酬は極めて大きい。それは、自分のみならず、家族や仲間のために、少なくとも

秋田県中部山中における渓流釣り、
湯山茂徳（2005年8月）

今日、そしてもしかしたら明日の糧を得て不安を解消できたことに対して、自分自身に与えられる褒美であり、究極のエンタテインメントなのであろう。

上の写真は、筆者が秋田県の山中で釣りをしている姿を撮ったものである。また、下の写真 は、筆者が釣り上げた渓流魚（イワナ）を見せている姿である。大物を釣り上げた喜びが満ち溢れていることがよく観察できる。数万年前に、我々の祖先達も、きっと同じ気持ちで狩猟を行い、成功で得られるエンタテインメントを、同じ様に楽しんだことは、想像に難くない。

新潟県北部山中で釣った43cmの
大イワナ、湯山茂徳（2007年5月）

食に関連する行為は、エンタテインメントの最も主要な部分を成す。母親が、まだ何もできない赤ちゃんにミルクをあげる行為は、まさに人類が種を存続させるために、絶対的に必要なものである。美味しいものを一人で食べるのもよいし、家族や親しい仲間と一緒に食べれば、その楽しさは倍増する。我々は何かめでたいことがあれば必ず、たとえ何もなくても理由をつけて「祭り」を企画し、御馳走を食べる。やはり食こそが「生きる」ことの基本なのである。

食に関連してさらに言うなら、古代人にとっても、現代人にとっても、より多くの富（余剰の食糧、あるいはそれに交換可能な金銭や財）を支配できれば、食をはじめとして、生きるために必要な、あらゆる物や機会をより多く手に入れることが可能になる。したがって、富を勝ち取り、蓄える行為も必然的に重要なエンタテインメント行為の一つとなる。

b. 生殖（種の継続）に関するもの

・異性を愛し、また愛される（恋愛）行為

　文学：万葉集、源氏物語、ロマンス

　映画：悲恋物語（Waterloo Bridge、君の名は、慕情、ラブストーリー（ある愛の詩））

　演劇：ロミオとジュリエット

　オペラ：蝶々夫人

　バレエ：白鳥の湖

　ミュージカル：ウェストサイド物語（現代版ロミオとジュリエット）

　能、歌舞伎：娘道成寺

　文楽：曽根崎心中、

　歌曲：おわら風の盆恋歌

・性愛の行為

　浮世絵（春画）：海外で芸術作品として高い評価（ゴッホ、モネなど印象派画家への影響、ピカソが所蔵、作品への影響）

　文学：好色一代男（井原西鶴）

人類として、種の継続が最大の命題である以上、男女の恋愛は必要不可欠なものと考えられる。それゆえ、人間は恋愛物語が好きである。とりわけ主人公となるヒーロー、あるいはヒロインのどちらか、あるいはその両方とも最終的に死んでしまうという、悲恋物語を好む傾向がある。古今東西、どの世界でも悲恋は小説、演劇、舞踊、また映画の題材として広く取り入れられてきた。ハッピーエンドでは終わらない、主人公の死と言う「負のエンタテインメント」が、物語性を高め、読者や観客のエンタテイメント感覚をより強く刺激し、感動や共感を引き出すための要素として、重要な役割を担っている。

性愛は、種の継続に対してより直接的な行為であり、やはりエンタテインメントの重要な部分を形成している。江戸時代の有名な浮世絵師達によって描かれた「春画」は、倫理的問題から、長い間母国の日本において、公的な場所での鑑賞は基本的に不可能な状態となっていた。しかしながら、欧米諸国では芸術作品と見なされ、美術全集として出版され、また有力な美術館や博物館で、しばしば展示会が開催されている。近年、ようやく日本においても、春画をテーマにした美術展が開催されるようになり、芸術としての評価が定まりつつある。

c. 戦い（個の生命や種の存続）に関するもの

・闘争し、また闘争を見る行為

　ローマの闘技会（コロセウム、アリーナ）、闘牛、相撲、格闘技、各種スポーツ、武道、戦争映画

・勝負に勝つ行為

　将棋、囲碁、麻雀、様々な競争、賭けごと、株取引、先物取引

・他人の不幸や失敗を喜ぶ行為

生物は、生き残るために常に生存競争（戦い）に直面している。万物の長と見なされる人間であっても、決してその真理から逃れることはできない。戦いは、人間が生まれてこの世を去るまで、常に乗り越えなければならない試練である。

戦いは、人間が生れ落ちてすぐに始まる。生まれたばかりの赤ちゃんは、親の愛情を得るために、生来身に着けた最善の戦略を用いて注意を引こうとする。さらに、幼児期を迎え、社会生活に加わるようになると、また別の新たな敵に遭遇し、戦いに勝ち残らなければ生きていけない。学校、ビジネス、社会、全てが程度の差こそあれ、ある意味で戦いの場である。

結果の先行きが見えない戦いは、人間にとって大きな不安材料であり、負のエンタテインメントの重要な要素である。しかし、だからこそ戦い（勝負）に勝てた時の喜びは大きく、得られる感動は忘れられないものになる。それゆえ、スポーツや賭け事など、勝負に関する様々なゲームは筋書きの無いドラマとなり、人間にとって大きなエンタテインメントの機会を与えている。我々は、しばしば他人の不幸や失敗を目にした時に、喜びや快感を感ずることがある。こうした喜びや快感は、生存競争に直接的、あるいは間接的に関連したものと考えることが出来る。

（2）文明や文化に関連する行為

a. 美の認識と評価

・美しいものを創作し、演じ、鑑賞する行為（芸術、芸能）
・美しいものを手に入れる行為（芸術作品）
・美しいものを身につける行為（ブランド品：ファッション製品、高級車、宝石、高級腕時計）
・自分が美しくなる行為（美容、化粧、整髪、ファッション）
・美しい光（花火、イルミネーション）を見る行為
・良い匂いを嗅ぐ行為（香道）
・美に関する感性や知識を磨き、深める行為（芸術作品の鑑賞）

古より美について、いろいろな議論が行われている。美の感覚や意識には、個人差はもとより、社会的背景、歴史的背景、宗教的背景などにより価値観に違いが生ずるため、広大な奥行きと広がりがある。唯一明確に言えるのは、美を造り、鑑賞し、評価できる生物は、地球上に人間しか存在しないということである。個々の対象物について美を説明することは難しいが、それを鑑賞した人間が、大きな感動や共感を覚えることは、間違いない事実である。それゆえ、美とは「エンタテインメント力を持つ人間の創造物」と言えるのかもしれない。

人間の祖先は、いったいいつから美を意識するようになったのであろうか。ある報告によると、ネアンデルタール人が、亡骸に副葬品として花を手向けた事実が、遺跡の発掘で明らかになっている。美と言う特別な価値を持つ花を添えて使者を弔うことは、人間の尊厳を認め、悲しみを表す行為として、既に認識されていたのかもしれない。また、ラスコーやアルタミラで発見された、旧石器時代の現世人類が描いた洞窟画の素晴らしさは、それが現代にも通ずる芸術作品とも感じられ、彼らの持つ優れた美的感覚を証明している。

東京のダンススタジオで行われたダンスパフォーマンス前の準備（2012 年 3 月）

前頁の写真は、東京のダンススタジオで、パフォーマンス準備のために、女性ダンサーを囲んで、整髪作業が行われている様子である。整髪と言う美を創造付加する行為に対する熱意や喜びは、人種、年齢、文化、地域の違いに関わらず、共通している。美を愛でる心は、人類が生まれて以来決して絶えること無く育んできた、最も人間的な特質・特徴の一つである。

b. 自由な表現

・自分を表現する行為（音楽、舞踊、演劇、絵画、彫刻、映像）
・他の人々に、自分を知ってもらう行為
・他の人々に賞賛される行為

人間は、他の動物と異なり、自分の意志や感情を他人に伝えるために、様々な方法で複雑なコミュニケーションを行うことができる。それには、音声言語、音楽、舞踊、絵画、造形、映像、そしてそれらの組み合わせなど、ありとあらゆる手段を用いている。こうした自由な表現の創造こそ、エンタテインメントの基本要素であり、芸術を生むための基礎になると思われる。

さらに、自分が創造したものを他人に見てもらい、評価・賞賛されることは、人間にとり、大きな喜びである。評価・賞賛により、脳内の報酬系をつかさどる部分に大きな働きかけが行われ、エンタテインメント エネルギーを呼び起こす重要なきっかけになると考えられる。

c. 教育と学習

・教え育てる行為 (教育)
・自分が成長するのを自覚する (学習) 行為

人間は、教え、学ぶことが非常に好きである。既に赤ちゃんの時から、周囲の大人は共に遊びながらいろいろなことを赤ちゃんに教え、成長していく過程で、うまく社会生活ができるように育てようとする。また、赤ちゃんの方も、ありとあらゆる方法で親や、周りにいる人の注意を引き、学ぼうとする。

やがて、子どもが社会に入り、学校に通うようになると、教育の場は学校が大きな比重を占めるようになる。学校教育における大きな問題は、生徒にとり教育内容の全てが、いつも正のエンタテインメントであるとは限らないという点である。しかし、教育を実践していくうえで、負のエンタテインメントを感じさせる場合があることは、避けて通れない。既に本書で、負のエンタテインメントは、正に転化できる可能性のあることを示している。負の要素の中に如何に正の要素を見出し、正のエンタテインメントに転化させながら教育を実施して行くかが重要であり、忍耐強く弛まない努力を継続していくしか、この問題を解決する方法はないように思われる。これに関しては、本書の「3.3　教育におけるエンタテインメントの役割」でさらに考える。

親が子供の成長を感ずる時、そして先生が生徒の成長を知った時に得られる喜びはたいへんなものである。生徒の成長と成功を見て「先生冥利に尽きる。」という言葉が用いられる。これこそ教える側の最大のエンタテインメントを表している。

学ぶことの喜びには、自分で自分を教育し、高みに導くという自己啓発作業も含まれる。自分が成長を続け、より多くの成果が目に見えるようになり、成果を確信できるようになることは、本人の脳内で自己報酬機能が作動し、大きなエンタテインメントになると考えらえる。

d. 価値創造

・笑う行為（ギリシャ喜劇、笑い奉納、狂言、コメディーフランセーズ、チャップリンの喜劇、寅さん、落語、漫才、道化師）
・運動（体を使い動かす）して健康を保つ行為
・自然と遊ぶ行為（登山、川遊び、海水浴）
・ポップカルチャー（マンガ、アニメーション、ポップミュージックなど）
・幻想したり、夢を見たりする行為（ディズニーランド、テーマパーク）
・整理・整頓し、清潔にする行為
・希望を持つ行為
・希望を持たせる行為
・病を癒す行為
・欲しいものを手に入れる行為（買い物）
・心地よい環境に暮らす行為
　建築、庭園、家具・調度：桂離宮、修学院離宮、都市空間、都市設計
・リラックスする行為（ストレスフリー、風呂：ローマの浴場、温泉）
・悪をはたらく行為（悪役、Who's Bad?（M. Jackson）、悪魔、魔女、犯罪小説）

・人を裁き、罰する行為
・人を苦しめる（虐待する）行為（サディズム）
・人に苦しめられる（虐待される）行為（マゾヒズム）
・珍しいものや不思議なものを見る行為（サーカス、曲芸、大道芸、奇術（手品）、観光）
・恐怖を味わう行為（お化け屋敷、怪談、ホラー映画、スリラー映画）
・変身する行為（化粧、仮装（ハロウィン、仮面舞踏会、コスプレ））

人間は、実在する物あるいは抽象的な概念を問わず、周囲に存在するありとあらゆる物や考えに対して、新たな価値を見出し、意味づけを行うという方法で、価値創造をすることが得意である。ポジティブな情動的コミュニケーションの一つとされる笑い(24)は、その一例と考えられる。姿かたちがおかしいと言って笑い、色が変だと言って笑い、大きさが違うと言って笑い、考えがおかしいと言って笑い、失敗したと言って笑い、面白いことをしたと言って笑う。他と違う予想外の何か新しいものを見つけると、あるいは、たとえそれが予想に近い物であっても、その価値を評価し、感動・共感して笑うという行為が発生し、他の人々にも伝染する。

いわゆる噺家は、こうした笑いの基（ネタ）を探し出したり作ったりして、言葉で他人を笑わせる名人である。普通の人が気づかない仕草や、所作、動作、あるいは言葉の表現を見つけ、それを基に他人の注意を引き付け、その面白さに共感させることで笑わせる。

人間は時には猛威を振るい、多大な被害を与える自然の中に入り込んで自分が同化することを楽しみ、体を動かして運動することにも、多くの価値を与えている。さらに、子どもから大人まで、夢の世界で遊ぶことが大好きである。ディズニーランドをはじめとするテーマパークの盛況ぶりが、それを示している。また、生活の豊かさが十分高まれば、より心地よい快適な環境で暮らすことに多くの価値を置くことは、当然のことであろう。

心地よい空間

一方、悪は、基本的に負のエンタテインメントに関連する。しかし、悪の行為を想像したり、演じたり、語ったり、聞いたり、見たりすることは、その価値を認め、正のエンタテインメントへ導くための大切な機会となる。

e. 共感

・妊婦が胎内にいる赤ちゃんの存在を感じ、心を通わせる行為
・赤ちゃんや幼児と心を通じ、一緒に遊ぶ行為
・幼く、可愛らしいものを愛でる行為
・愛する人や親しい人（家族や友人）を気遣い、愛する行為
・愛する人や親しい人と時を過ごす行為
・動物を愛玩し、共に遊ぶ行為（ペット、動物園）
・他の人々を幸福にする行為
・他の人々と幸福を分かち合い、共有する行為
・苦しみや困難、不幸を分かち合い、共有する行為（思いやり）
・悲しみに浸る行為
・涙を流す行為（笑いと同じように、他の人々にも伝染する。）
・絆を保ち、分かち合う行為
・弱き者、不幸な者に同情し、助ける行為
・驚いたり、驚かせたりする行為
・勇気を持ち、勇気を示す行為
・贈答したり、されたりする行為（プレゼント交換）
・自然に入り、親しみ、抱かれる行為
・生と死
・笑う行為

人間は、一人で生きていくことはできない。最も身近な存在として家族が、そして友人が、また職場の仲間が、あるいは社会を共に構成する知人や他人がいる。複数の人間が共生していくには、当然のことながら、心をまとめ平安に保つための共感が必要である。家族であれば無償の愛が、友人であれば友情が、仲間であれば心遣いが、社会であれば文化的通念や常識がその支えとなる。共感は、人間同士にある互いの距離感によって、その表れ方は様々である。

無償の愛、そして友情

赤ちゃんや幼児などは、本質的に誰にでも愛される存在である。それは家族など、ごく親密な者のみにあてはまるわけではなく、周囲にいるほとんどすべての人が、同じような気持ちを持つような社会的反応である。彼らは、単に家族のみならず、社会を構成するすべての人々にとっても、かけがえのない存在であり宝なのである。

人間は幸福、不幸、困難、悲しみ、苦しみなどを他の人と共有し、共感することに多くのエンタテインメント性を感じている。これは、映画や小説などの芸術作品としてばかりでなく、ボランティアなど様々な社会活動に、具体的な形で現れている。また、贈り物を贈るのも、貰うのも嫌いな人はいない。自然の中に入り、自然と共感することも幸福感を感ずる一時である。さらに、生は当たり前のこととし、死をもエンタテイメントの主な対象・題材として、多くの芸術作品がある。

前項で、笑いは人間の価値創造行為と深く関わっていることを述べた。さらに、笑いや微笑は、情から意への展開と密接に関係しており、面白いという心の状態の意図的、あるいは意志的表出であり、自己と他者の共感状態の反映と考えられている。笑いとエンタテインメントについて、本書の「2.1　エンタテインメントの脳科学」において、詳細な説明がなされる。

f. 挑戦

・冒険し、危険を冒す行為

大航海時代（コロンブス）、ベンチャー企業、バンジージャンプ、スカイダイビング、ロッククライミング、株取引

・より速く、より高く、より遠く、より美しくあるべく挑戦する行為（スポーツ）

・何かを探し、見つけ、追いかけ、捕まえる行為（鬼ごっこ、狩り、釣り、研究、研鑽）

・新しいことに挑戦する行為（技術開発、宇宙開発、深海開発）
・物を製作する行為（職人）
・仕事を成し遂げる行為
・困難を克服する行為
・好奇心を満たす行為
・未知のものを知り、不思議を解く行為（観光：旅行、オーロラ見物、サファリツアー、イルカ発見ツアー、SF 小説、科学研究）

挑戦し、何かを新たにやり遂げることは、最も人間らしい行為の一つである。人間が冒険をせず、あるがままの自然をただ受け入れるだけの存在であったなら、今日の文明は生まれなかったであろう。もしコロンブスが 500 年以上前に、未知の世界に向かって冒険し、旅立たなかったとしたら、今日の世界は全く別の姿をしていたであろう。

ビジネスの世界、芸術の世界、科学の世界、そして誰もの人生そのものが未知への挑戦の連続であり、人間はそれを最高のエンタテインメントの一つとして毎日を生きている。小惑星探査機はやぶさの無事な帰還を、ハラハラしながら祈り、イプシロンロケットの打ち上げを、今か今かとワクワクしながら待ち侘びる、何十万、何百万人もの人々の上気した顔が思い浮かぶ。

g. 発展
・火（灯）を使う行為
　暖炉、囲炉裏、炬燵、炉端焼き、バーベキュー、キャンプファイア、火起こし、火祭り（どんど焼き）、花火、イルミネーション
・人や物などとの様々な出会い（観光）
・真実を知ること（不思議を解き明かすこと）
・科学や技術の研究と開発

人間の文明は、（科学的）知識に基づく技術の導入、そしてそれに対応して発達した社会制度との相互作用として発展してきた。技術的発展の第一歩は、化学の火（第一の火）の利用である。火の発見は、単なる偶然の産物なのかもしれない。しかし、これにより人間は初めて自然のエネルギー循環から独立した形で、自らの意思に基づきエネルギーを利用できるようになった。

最近、原人ホモ・エレクトスが、およそ100万年前に、人類として初めて火を使用したという学説が発表された。以来、火を囲んで人付合いすることが、人間として最も重要な特徴であるという研究成果が報告されている。

灯（火）を源とする花火やイルミネーションは、美の形態の一つとして、多くの人々が感動するエンタテインメントである。また、子どもにとって火を起こすことは、たいへん大きな興味をそそる遊びであるとされる(25)。やはり人類発展の契機となった火は、現代人にとっても大きな魅力なのであろう。

新しい技術の発展は、今日においても人間にとり、重要なエンタテインメントを提供している。新たに開発された製品（例えばスマートフォン）が発売されれば、多くの人が行列して買い求めようとする。新技術の開発は、誰もが飛びつく魅力を秘めている。また人間は、自分にとって良い影響を与え、好ましいと思える人に出会えれば、ワクワク胸が躍る。このように、物や人との新たな出会いは、誰にとっても大きな喜びとなり、重要なエンタテインメントの要素である。

化学の火に比べ、原子の火（第２の火）が用いられるようになったのは、つい最近（数十年前）のことである。原子の火の利用はまだ日が浅く、人類にとって経験が不十分な点や、生物そして環境に及ぼす影響について未知の部分が多く、その利用を今後どのようにするべきかについて、様々な考えがある。特に、2011年3月11日に起こった東日本大震災で発生した原子力発電所の事故は、原子の火の利用について、世界中で大きな議論を巻き起こす契機となった。これに関しては、本書の「3.5　負のエンタテインメントへの対応」において、考察することにする。

h. 晴れ舞台

・新たな生命の誕生を待ちわび、また誕生を祝う行為
・愛する者の成長を見守る行為（誕生日、七五三、桃の節句、端午の節句）
・人生の区切りに関連する行為（入学式、卒業式、入社式、結婚式、銀婚式、金婚式、還暦、喜寿、米寿、葬式）
・叙勲、園遊会招待、ノーベル賞

人間の一生には、様々な区切りとともに、人生儀礼とも言える晴れ舞台が用意されている。晴れ舞台とは、普通の人にとって普段は起こらない、衆人の注目を浴びる機会のことである。晴れ舞台は、本人のみならず、周りにいる多くの人を巻き込んで、エンタテインメ

ントを提供する。

誕生は、新しい家族の一員を待ちわびる一家の注目を集める、人生最初の晴れ舞台である。さらに、成長とともに節目には必ず祝い事が待っている。そして、皆の注目を浴びる最後の晴れ舞台が、葬式である。本人がたとえこの世にいなくとも、皆が別れを告げに来る最後の儀式だからである。このように、人間は生を受けてから、絶え間なく様々な晴れ舞台を経験しながら人生を歩んでいく。晴れ舞台には、いつも贈答やご馳走が付き物であり、関係者をもてなすエンタテインメントの大切な機会となる。

叙勲や園遊会への招待は、功成り名を遂げた人々にとって、その成功を称える最高の晴れ舞台である。とりわけノーベル賞は、科学者、文学者、そして経済学者にとって、人類の発展に対する寄与を世界が評価したことを示す、最高の栄誉となる.

(3) 社会性を持つエンタテインメント

・国威や権威の発揚を感じ、同化する行為

安土城、大阪城、江戸城、久能山（日光）東照宮、ベルサイユ宮殿、故宮紫禁城、ホワイトハウス、赤の広場、軍事パレード、観閲式、出初め式、オリンピック、ワールドカップ

・モニュメントや名所を見る行為

ピラミッド、パルテノン神殿、秦始皇帝稜、コロセウム、仁徳天皇稜、凱旋門、エッフェル塔、エンパイアステートビル、スカイツリー

・宗教的高揚感を感ずる行為

富士山、東大寺、式年遷宮、お伊勢参り、バチカン宮殿、ノートルダム寺院、メッカ巡礼、ガンジス川の沐浴

・権力を持ち、行使する行為

個人、法人、政府などにおける経営（マネジメント）、すなわち予算、人事、運営などに関する決定権の行使

人間はこの世界で、一人で生きられるわけではない。必ず何らかの社会に属し、その社会が定める制度に従い、生きていかなければならない。地球上に存在するありとあらゆる文明で、為政者の権威を示し、人々の不安を和らげ、社会の安定を保つ目的で、様々な象徴的巨大建造物が造られ、また国家的な行事や儀式が行われている。こうした建造物や行事、儀式は、人々に希望や満足感を与えるエンタテインメントとして受け入れられ、

秩序だった政治を遂行していくうえで、必要欠くべからざるものである。政治（祭り事）にとって、人々の歓心と関心を得ることは、たいへん重要なことである。したがって、政治とエンタテインメントは、切っても切れない縁にある。両者の関係については、本書の「第3章　エンタテインメントの社会貢献」において、詳細に取り上げている。

過去に政治的、あるいは宗教的建造物であったとしても、今日では多くの人々の興味を集める名所になっているものが多い。例えば、ピラミッド、パルテノン神殿、コロセウムなどはそのいい例で、毎年多数の観光客が訪れる名所として知られている。世界の経済・文化的中心として活動する大都市には、その象徴となる、（高さを誇る）観光名所が必ず存在し、エンタテインメントを提供している。例えばパリならエッフェル塔、ニューヨークならエンパイアステートビル、そして東京なら新名所のスカイツリーということになるであろう。

人間の心に及ぼす宗教の力は計り知れない。人々は宗教の原理となる教義に傾倒するばかりか、様々な宗教的儀式や建造物に心を奪われ、感動する。こうした行為は外観上、エンタテインメント的要素が強く見られるが、長い歴史が示しているように、宗教の持つ深遠さは、「エンタテインメント」の一語で説明できるほど、簡単なものではないように思われる。

人間にとって、最大のエンタテインメントの一つに、「権力を持ち、それを行使すること」が入るのを、忘れてはならない。ここで言う権力とは、属する組織における、人事権、予算権、そして運営（経営）全体に関する決定権のことである。こうした権力を使うことができるのは、それを任された一握りの指導者に限られる。個人の場合なら、そうした権利を自分自身のために使用できる立場にある人（例えば自由業や自営業）、企業のような法人の場合なら経営者、政府の場合なら選挙によって選ばれた政治家、および政府などの公的部門に勤務し、権力の行使を預託された一部の公務員ということになるであろう。

権力を持ち、それを行使できる力を有することは、それが使用できる人間にとって、この上ないエンタテインメントである。一度そうした立場に立った者にとって、その力を失うことの辛さや恐ろしさ、そして残念さは、説明できないほどであろう。もちろんこうした権力には、正ばかりか、負のエンタテインメントが必ず付随するので、そこで味わう辛さや苦しさもひとしおである。そうであっても、一度経営者や政治家になって大きな権力を持った者が、その地位を容易に諦め、進んでそれを譲り渡すという話しを聞くことはほとんどない。経営的見識を既に失っているのが誰の目にも明らかであるにもかかわらず、経営の第一線から退かず、老害を与え続ける経営者の話しや、賞味期限が切れ、退かなければならない時期をとうに過ぎているにもかかわらず、その地位にしがみついて政治を停滞させる首相の逸話などに事欠かない。

1.5.6 負のエンタテインメントの特徴

負のエンタテインメントとして、不安、病、飢餓、危機、災害、戦争、犯罪、暴力、いじめ、恨み、死など、さまざまなものがある。悪は、基本的に負のエンタテインメントに関連する。しかし、悪の行為を想像したり、演じたり、語ったり、聞いたり、見たりすることは、その価値を認め、正のエンタテインメントへと導くための主要素となる。なぜなら、悪との戦いそして勝利、あるいは悪から正への更正などの行為により、悪はエンタテインメント数直線上で、負の座標から正の座標へと転換し、その行為自身が正のエンタテインメントに転化することができるからである。悪役スター、悪役レスラー、悪魔物語、犯罪小説などに登場する悪は、それに相対する正義の存在により、多くの人々から愛されるようになり、負から正に転化するエンタテインメントの典型となる。

大地震、大洪水、巨大テロなどの大災害（負のエンタテインメント事象）が起きた時、人々の間には集団パニックが生じ、誰もが他の人を踏みつけにして生き延びようとすると一般的に信じられている。例えば、近くはニューオーリンズ水害、ハイチ地震時などの大災害後に、暴動、略奪、レイプなどが発生し、社会秩序が乱れた例をメディアが報道している。これに対して、東日本大震災の際には、甚大な被害にもかかわらず、社会的秩序を保って互いに助け合う日本人の姿を、海外メディアが大きく伝え、世界中の人々から多くの賞賛を得た。

大災害は、それ自体は不幸なものであるが、災害後直ちに被害者の間に相互扶助的な共同体が形成され、時にはパラダイスにもなりうるという説がある[29]。例えば、サンフランシスコ大地震、第一次大戦中のカナダハリファックス港で起きた貨物船爆発事故、第二次大戦中のロンドン大空襲、メキシコ大地震、ニューヨーク9・11テロ事件、ニューオーリンズ水害などの災害を生き延びた人々へのインタビューや、回想録を丹念に分析することにより、こうした「災害ユートピア」存在の事実が明らかにされている。いずれの災害においても、被災者や救援に駆け付けた人たちの間で、相互扶助的な共同体が自然発生的に生まれた。命令も組織的な管理もなく、人々はその瞬間の要求に対応し、突然、コミュニティーや道路の指揮を執り始めた。大災害から続く数週間には、愛と友情が非常に大切であり、長年の心配事や長期的プランは完全に意味を失った。人生は現在あるその場に止め置かれ、本質的に重要でない多くの事柄は、全てそぎ落とされたのである。

このように、災害が起きると、見知らぬ人同士が友人になり、力を合わせて惜しげもなく物を分け合い、自分に求められる新しい役割を見出す。個人とグループの価値観、目的が一時的に合致し、被災者の間に正常な状況のもとでは、めったに得られない帰属感と一体感が生まれる。危険や喪失、欠乏を広く共有することで、生き抜いた者たちの間に親密な連帯感が生まれ、それが社会的孤立を乗り越えさせ、親しいコミュニケーションや表現への経路を提供して、物理的また心理的な援助と安心感の大きな源となる。これは大災害による危険や喪失、恐怖心という負のエンタテインメントが、実際に災害に遭うと、具体的に克服して行かなければならない対象になり、その過程で正のエンタテインメントに転化したものと見なすことができる。

1.6 エンタテインメントと芸術

エンタテインメントには、変化する部分と変化しない部分がある。エンタテインメントには、必ず流行が存在し、時代と共に内容と対象が変化して行く。一方、クラシック音楽や美術作品のように、何百年たったとしても、価値が変化せず、おそらく永遠に人間を感動させ続けるという、本質的に普遍的な側面も持っている。

エンタテインメントには、いとも簡単に国境を越えてしまう力がある。例えば、ビートルズ、マイケルジャクソン、レディーガガ、ハリウッド俳優達などのように、有名なエンタテイナーは、国境など全く存在しないかのように、世界的な名声を得てスーパースターになる。また、「イェスタデイ」や「北国の春」などの名曲と呼ばれる歌曲、「風と共に去りぬ」、「羅生門」などの映画作品は、言葉の壁や文化の壁を、容易に乗り越えて人々を感動させるほど大きな力を持つ。さらに、Cool Japan（アニメーション、ファッション、漫画、寿司、・・・・）や韓流、フランス料理、イタリア料理、日本料理、中華料理などの文化様式や伝統も、人間の感動を引き出し、共有するに足る価値を本質的に持つ限り、世界中で影響力を発揮して、人々の心に変化を生み出す力を秘めている。

日本においては、これまでエンタテインメントと芸術を、意識的にせよ、あるいは無意識的にせよ、区別して扱ってきたように考えられる。エンタテインメントは一般的な娯楽に対応し、楽しむことが目的であるのに対し、芸術とは、「美に基本を置き、人間の文化的活動が創造した、最も秀逸かつ神聖な産物であり、社会的に大きな価値を持つ高尚なものである。」というような感覚を持って使用されてきたように思われる。

「芸術」と言う言葉は、西洋語の「Art」に対応する訳語である。Artの語源は、ラテン語 art-, ars「わざ・(職人的な) 技術」にある。標準的な英和辞典を参考にすると、現代において、「Art」が持つ本来の意味、すなわち定義は:

1. 芸術:美術 (絵画、彫刻、陶芸、デザイン)、広義では文学、音楽、演劇、舞踊、書、生け花、建築、庭園なども含む。
2. (新聞・雑誌などの) 図版、さしえ、イラスト
3. 技術、技芸、芸、技能 (医術、建築術、戦術、武術、手芸、家庭的技芸 (料理、裁縫、家政))
4. 人工 (技巧、わざとらしさ、作為、熟練、腕、術、わざ、術策、手練、手管)
5. 学問の科目、(大学の) 教養科目、一般教育科目 (中世では文法、論理学、修辞学、数学、音楽、天文学:現代では語学、文学、哲学、歴史学、論理学、科学など)

とあり、決して日本語で一般的に連想される芸術 (文学、音楽、絵画、彫刻、陶芸、舞踊、演劇、建築など) と一致するわけではない。Artは、日本語で表す上述の芸術以外に、技術や科学など、人間が関与して人工的に創造したものすべてを包括した意味を持っている。それゆえ、芸術と科学に極めて秀でた才能を持ったレオナルド・ダ・ヴィンチこそが、真の意味でArtに通じた天才と呼ばれるにふさわしい存在であると考えられる。

こうした事実を踏まえ、本章では、「エンタテインメント」と「芸術」に関して、以下の如く考えることにする。すなわち、芸術とは、「美に基本を置き、時代を超越した普遍性を持ち、新たに創造した物や価値を人々、そして社会に問いかけ、その厳しい評価に耐え、時代を超えて人間を感動させ、心に変化を起こさせる力を持つもの」であり、他方エンタテインメントは、「芸術的要素にその根幹を置き、芸術と共通の価値観や様態を多く共有するが、より娯楽性が高く、時代の背景や風潮に強く影響され、流行に左右されるもの」ということになる。

心の中に引き起こされた感動や共感で表されるエンタテインメント事象そのものは、通常なら瞬時、もしくは極めて短い時間に消費され、そのまま消えてしまう運命にある。たとえその一部が、記憶として長期に保存される場合があったとしても、それが起こった現場で得た感動の大きさや臨場感をそのまま維持することは、現実的にほとんど不可能である。したがって、エンタテインメントそのものは、人間の心で生ずる、流動的で不確定な現象と捉える必要があろう。

しかし、エンタテインメントに関わる人間の創造物の中に、過去や未来など時間、そして地域、宗教、あるいは文化的背景などのコンテクストに影響されず、時空を超越し、多

くの人々の心に直接働きかけ、いつでもエンタテインメント事象を引き起こすことが出来る特別なものが存在する。これこそ、人類が作り上げた貴重な資産と見なし得るものであり、一時の流行に左右されず、時空を超えて価値を維持し、感動や共感を生み出しながら、人々の心に大きな影響を及ぼし続ける、芸術と呼ばれるにふさわしいものなのかもしれない。

1.7 エンタテイメントビジネス

エンタテインメントビジネスとは、もし何らかの不安や不幸を感じている人がいたら、エンタテインメントを提供して、その人を幸福に導くビジネスと考えられる。また、少しだけ幸福に思っている人がいたら、もっと幸福感を与えてくれるビジネスでもある。すなわち、簡単に言えば、人々を幸福にするための、エンタテインメント コンテンツを提供するビジネスと言うことができる。

観客が鑑賞するに足るエンタテインメントを提供するには、それを創造することができる専門家（プロフェッショナル）が必要である。そして、プロフェッショナルには、

①エンタテインメントに必要な、新たな価値を創造する独創性

②エンタテインメントを創造する技術力

③過去、現在を網羅して付加価値を創成すると同時に、未来への夢を先取りし、継承・継続できる能力

④他者に対する働きかけ、動機付けの能力

⑤負のエンタテインメントを、正のエンタテインメントに転換することができるリーダーシップやカリスマ性

⑥コミュニケーション力（発信し、また受信する能力）

などが要求される。

エンタテインメントには、娯楽的要素が多く含まれることから、その成否や良否の評価には、時代的背景や、個人、あるいは社会の嗜好性が強く反映される。また、エンタテインメントは、人間のみが持つ、働きかけと受け入れ、そして共有・同調の連鎖から成る独特のコミュニケーションの方法である。したがって、プロフェッショナルは、当然のことながら、人を引き付ける魅力（エンタテインメント力）や、社会の嗜好、時代が求める背景を自ら評価できる能力を持たなければならない。

現在我々が住む世界において、エンタテインメント ビジネスは、下記のように区分けされる。

①プロフェッショナルが、創作・創造した作品の対価として金銭を顧客から直接受け取るビジネス：
特別な才能を持った個人、あるいはそうした個人を支援するグループによって行われる、例えば、音楽家、画家、彫刻家、陶芸家、舞踊家、俳優、文芸作家、建築家、工芸家、デザイナー、料理人などの個人事業、もしくは音楽制作、映画制作、舞台制作などの制作ビジネス

②プロフェショナルと顧客のインターフェース（仲介者）として機能し、プロフェッショナルが創作・創造した作品や、それに関連して販売される商品を顧客に提供するビジネス：
プロダクションビジネス、作品配給ビジネス、ショービジネス

③スポーツビジネス：
プロフェッショナルが行うスポーツを観戦する機会、およびアマチュアがスポーツを楽しむ機会やそれに付随して販売される商品を提供するビジネス

④アマチュア愛好家が、対象となるエンタテインメントに、主体的に参加できる機会を与え、同時にそれに付随する商品を提供して金銭を受け取るビジネス：
音楽教室、絵画教室、陶芸教室、ダンス教室、演劇教室、華道教室、茶道教室、俳句教室、書道教室、料理教室、将棋教室、囲碁教室、工芸教室や、スポーツ教室など、各種教室ビジネス

⑤必需品以上の付加価値を創成・創作・創造し、その対価として金銭を受け取るビジネス：
ブランドビジネス、高級車ビジネスなど

⑥普通にはない、趣向を凝らしたエンタテインメントの機会を顧客に提供するビジネス：
観光、テーマパークなどのビジネス

⑦サイバー空間におけるインターネットやSNSなどの新しいコミュニケーション手段を用いて、個人、及び多くの人が交流できる環境を整え、感動や価値観を共有するサイバーエンタテインメントを提供するビジネス：
Facebook、You Tube、SNSゲームなどの各種交流サイトビジネス、初音ミクなどのバーチャルアイドルビジネス

このように、エンタテインメントビジネスは、サービス業の中で既に主要な一角を占め、さらにその重要性が増しつつある。他方、現代のビジネス環境において、エンタテインメ

ント分野以外のビジネスであっても、エンタテインメントの本質を理解しなければ、成功しない場合の多いことが明らかになりつつある。

例えば、かつて世界最強を誇った電子工業品の分野において、世界市場における日本企業の退潮が著しい。主な失敗原因の一つとして、技術をあまりに重要視し過ぎることにより、自己のエンタテインメント感を満足させるだけの自己満足に陥り、顧客の求めるエンタテインメント性を、無視したことが指摘されている。すなわち顧客が求めているものが、触れて心地好いという感性や、使いやすさや見た目の良さと言う感覚に基づく、エンタテインメント性（ワクワク感やゾクゾク感）であることを見逃してしまい、高度な技術さえあれば、顧客の満足感を高めることができると誤解してしまったことが主な失敗原因の一つであると考えられている。

現在、エンタテインメントに関連するビジネスは、従来からある垣根を越え、ますます広がりを見せようとしている。かつて、特権階級の所有物であったエンタテインメントの機会が、一般市民へ浸透する時に、大きなビジネスチャンスがあった。現在では、情報と言う誰もが比較的簡単に共有できるコンテンツに、どれだけ新しい価値を付加して魅力を高め、活用できるかが勝負の分かれ目となる。人々をワクワク、ドキドキさせ、面白いと思わせる新たな価値を提案できる能力こそ、エンタテインメントビジネス成功の鍵である。このことを十分に理解し、全く新しいシステムを、創成する時に大きなビジネスチャンスが存在する。

本書の「4.2　サイバーエンタテインメント」で詳細に述べられているように、サイバー空間内で行われる、音楽・映像配信ビジネス、SNSゲーム、Facebook、You Tubeなどのサイバーエンタテインメントは、中でも代表的な成功例であろう。また、300年の長き伝統を持つにもかかわらず、限られた人達のために存在してきた京都の舞妓システムを、サイバー空間の夢世界と、実空間の触れ合い（例えば握手会）をうまく組み合わせることにより大衆化することで大成功へと導いたAKB48の物語は、未来のエンタテインメントの在り方を示す、新しいビジネスモデルを提示している。

1.8　エンタテインメントとクリエイティブ・サービス

エンタテインメント に求められるのは、新たなパターンやチャンスを見出して人々に提供する能力、人々の感情に訴え感動を生み出す能力、人々と対話し説得する能力、様々な概念を組み合わせ新しい構想を生み出す能力、他人と共感する能力、人間関係の機微を感じ取る能力、そして自ら喜びを見出しさらに他の人々が喜びを見つける手助けをする能力などである。それ故、多くの人々の心に直接訴えかけて感動を与え、行動を起こさせる力を持つエンタテインメントは、有力なコンテンツ（サービスそのものの機能）を提供するクリエイティブ・サービス[30]の一形態と捉えることが出来る。

20世紀後半の世界を席巻し、産業を支えた日本の製造業が大きな困難に直面し、転機を迎えている。その原因の一つとして、過去の成功体験にこだわり、それから容易に脱することが出来ないために生じた、産業構造の根本的変革、および産業戦略の見直しに対する致命的な遅れが指摘されている。これは、自己満足のために技術のみを重視しすぎ、顧客の求める使いやすさ、デザインなどのエンタテインメント性を無視し、独善的な殻に閉じこもり、いわゆる技術のガラパゴス化を自ら招いてしまったことと無縁ではない。

かつて日本には、イノベーションを創造し続け、常に新しい生活様式を提案することにより、消費者の心を掴むことのできる企業があった。しかし、20世紀に大きな成功を勝ち取った日本企業の多くが、21世紀に入り増々グローバル化するビジネスの世界で、人間特有のコミュニケーション手段であるエンタテインメントの重要性を、認識することが出来なかったのである。

21世紀において、経済のグローバル化、そして続いて起こる異なる地域間の経済的富の平準化は、ますます加速されると考えられる。20世紀に大きな問題となった、富める国（先進国）とそうでない国（開発途上国）との格差是正の圧力は、グローバル競争の中でますます大きなものとなり、地球全体を巻き込む動きになることは間違いない。現在、日本をはじめ、主要先進国における産業構造の変化とともに、ビジネスのグローバル化が急速に進んでいる。こうした中で、我が国の経済成長にとって、サービス分野での生産性向上が不可欠と考えられる。しかしながら、この分野における我が国の生産性は、欧米諸国と比べ、低い水準にとどまっているのが現状である。

こうした背景の基、京都大学経営管理大学院において、「ものづくり」の側面だけでなく、製品・サービスの供給と消費を取り巻く「ひとづくり（人材育成）」、そして「ことづくり（シナリオ・ビジネスモデル開発）」が、今後ますます重要視される傾向にあると捉え、製品価値の低下に晒されないサービス創出発想の必要性を認識した教育の充実が図られている。例えば、サービス・イノベーションというテーマに対して、個別事例を基本に、文理横断的・統合的に捉えなおし、経営学、情報学、心理学、経済学、工学、芸術などを超えた、サービスの本質を統合的なフレームワークに位置づけるための試みが行われている。ここでは、流通、飲食、運輸、教育、ホテル、医療、広告、ITサービス、建設・

土木、文化・芸術、公共サービスなどの各業界に個別に潜在化しているサービスのイノベーション事例について、文理の各分野の知識を動員して再検討することで、より広範かつ統合的な理解を深める取り組みが実施されている。例えば、「老舗、食、伝統芸能、クールジャパンなど、日本固有のコンテクスト（サービスが提供される場や、生産者と消費者が互いに暗黙的に共有する知識）を源とする高度な付加価値創出サービス」を日本型クリエイティブ サービスと規定し、その価値創出デザインに関して議論され、導出された理論を基に、様々な提案がなされ、教材[31][32]が作成されている。

我国には、知的財産基本法（平成十四年法律第百二十二号）の基本理念に基づき、コンテンツの創造、保護及び活用を促進し、国民生活の向上及び国民経済の健全な発展に寄与することを目的とするコンテンツの創造、保護及び活用の促進に関する法律（平成十六年六月四日法律第八十一号）が制定されている。これによると、「コンテンツとは、映画、音楽、演劇、文芸、写真、漫画、アニメーション、コンピュータゲームその他の文字、図形、色彩、音声、動作若しくは映像若しくはこれらを組み合わせたもの又はこれらに係る情報を、電子計算機を介して提供するためのプログラム（電子計算機に対する指令であって、前述の結果を得ることができるように組み合わせたものをいう。）であって、人間の創造的活動により生み出されるもののうち、教養又は娯楽の範囲に属するものをいう。」とある。

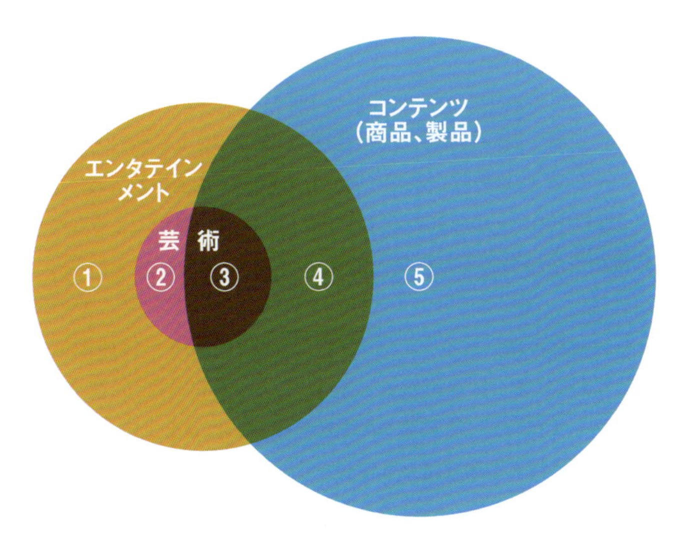

エンタテインメント、芸術、そしてコンテンツの関係

ここで、「教養又は娯楽」は、本書で言う「エンタテインメントと芸術」の範疇に入ると見なされる。したがって、コンテンツとエンタテインメント、そして芸術の関係を分り易く解説するために、前頁の模式図が提案される。なお、「コンテンツ」を一般化して考えるために、図中においてコンテンツには、前述の定義に与えられたもののほかに、芸術的な作品や工芸品などのように、目に見え触れたりすることが出来る物体として実現されている事物や、「教養や娯楽」に直接関わらない「考え方」や「経験」、「方法」などのソフトウェア製品も含めてある。さらに、具体性を持たせるために、ここでは既に市場に出回り、商品・製品化され市場価値を持つものを、コンテンツの対象としている。

この図で領域①は、例えば「親子の愛、美しい星空、澄んだ空気、赤ちゃんや幼児が持つエンタテインメント力」などのように、エンタテインメントであるが具体的なコンテンツになっていないものを示している。また領域②は、価値の評価が定まっておらず、価格のつかない芸術作品、例えばモジリアニやゴッホなど、死後初めて価値を見出された美術作品であって、作家が存命中には、まだ価値が見出されていなかった作品、あるいは浮世絵のように江戸時代末期に欧米に持ち込まれ、母国ではほとんど無価値であったにも関わらず、海外において芸術として評価されたものなど、芸術であるがまだ商品化されていないものに該当する。さらに、領域③は既に真の芸術として認知され、市場で売買されているもの、領域④は、芸術以外の、例えばスポーツ、お笑い、大道芸、芸能などエンタテインメントコンテンツとして商品化されているものに相当する。そして、領域⑤は見掛け上エンタテインメントに関連しないサービス製品や商品（例えば、科学技術やビジネス関連の様々なソフトウェアアプリケーションやツールなど）を示している。

日本には、長い伝統と高い技術力という高度なコンテクストに裏打ちされた、数多くのコンテンツが存在する。これらは、戦略さえ正しければ、世界市場に打って出ても十分な競争力を持ち、世界中の人々から求められ、愛される価値を発揮できるものである。今後日本が、高品質な生活に裏打ちされた先進文化国として国際社会で発展していくためには、古より独自に持つ、様々なジャンルの技術や文化を深く掘り下げ、その価値について分析し、融合し、また再結合するなどして、新たな価値を創造し付加価値を高める以外に方法はないと考えられる。日本が先進工業国としてのみならず、先進文化国として、高品質で豊かな生活を提供することにより世界から尊敬と賞賛を受ける国となるためには、文化を尊び、付加価値創成と高度化を重要視するクリエイティブ・サービス産業の中でも、主要な一分野であるエンタテインメント産業を、効率的に育成していくことが何にも増して重要と考えられる。

1.9 おわりに

エンタテインメントは、人間のみが有する特殊なコミュニケーション能力に基づき、人間の存在そのものに強く関わっている。毎日の生活において、エンタテインメントが、知らず知らずの内にその一部となり、様々な形で提供されている。一つは、個人に直結する、日々のエンタテインメントである。もう一つは、プロフェッショナルが創作した夢や想像・幻想（ファンタジー）の世界を、舞台空間を通して個人、あるいは社会がメッセージとして受け取り、感動を共有するという、舞台上で行われるエンタテインメントである。

日々のエンタテインメントは、我々が日常生活において、様々な晴れ舞台として、いつも経験している。家族、友人、コミュニティーなどと、喜びや楽しみを共有し合い、共生する中で、自然に生まれるものである。それには、妊娠、出産、卒乳、歩行開始、おしゃべり開始、七五三、誕生日、入園式、卒園式、入学式、卒業式、入社式、結婚式、銀婚式、金婚式、還暦、喜寿、米寿などの祝い事、そして人生最後の晴れ舞台となる葬式がある。また、家族、友人、そして同僚などの仲間達との食事会、飲み会、歓迎会、壮行会、習い事の発表会、スポーツイベント、さらに色々な祭りへの参加など、様々なイベントが毎日のように繰り広げられる。

一方、夢・想像世界のエンタテインメントは、選ばれたプロフェッショナルが、全精力を傾けて創作・創造した特別な価値を持つ作品を、そのためにしつらえた舞台の上で、多くの人々に提供し、普段なら得られない感動を共有するものである。

プロフェッショナルは、与えられた舞台空間の中で最大の力を発揮し、日頃鍛え上げた能力を活かし、自分の思いやメッセージを観客に伝えようとする。音楽家、舞踊家、俳優達にとって、まさに何千人もの観客を前にして舞台に立ち、演じ、対話することは、何にも勝る最大の喜びであろう。画家や彫刻家には展示会の場が、料理人には料亭やレストラン、あるいは時によっては小さな料理屋さえもが舞台となる。スポーツ選手にとって、スタジアムやアリーナが、また将棋や囲碁の棋士たちにとっては、勝負の場こそが大舞台である。文芸作家にとって、出版物こそが活躍の舞台であり、法律家にとっては裁判の場が、教育者には生徒が育つのを見ることが、そして科学者や技術者にとっては、社会や自然について、新しい科学的事実や真理を見つけて人々に伝え、人間に役立ちそうな技術を開発し、人々と共有するための挑戦を続けることがエンタテインメントである。また、ビジネスマンにとっては、これまでにやり遂げたビジネス上の成果を報告し、未来の発展について自分の考えを発表して評価されることが活躍の場であり、重要なエンタテインメントの舞台であろう。さらに、多くの人々にとり、富を勝ち取り、蓄えることが大きな喜びであり、エンタテインメントであることを忘れてはならない。

エンタテインメントを語る上で、負のエンタテインメントを無視することはできない。物理の法則は、人間が住む時間・空間（地球上）において、過去には決して戻れないこと、また未来は不確定なものであり、正確に予測することは不可能で、せいぜい理論や経験に基づいて推測する以外に、未来を知る方法はないことを教えている。

人類は地球上に誕生して以来、常に飢餓や天災などの脅威、あるいは自らの社会が生み出す様々な問題に起因する、将来への不安、そして過去への不満と隣り合わせに生きてきた。したがって、生存とは、人間の力ではどうすることもできない自然や、個人の力ではどうすることもできない社会制度の中で、明日をも知れない不安や変えられない過去を常に抱えながら生き長らえ、暮らしていくことに他ならない。このように、人間を含めた生物にとって生存とは、日常的に起こる負のエンタテインメントの中で、様々な障害や競走を乗り越えて生き残ることを基本原則としている。それゆえ、人間はこうした負のエンタテインメントに打ち勝ち、それを一時的にせよ忘れるための道具として、正のエンタテインメントを生み出し、発展させてきたと言えるのかもしれない。

人間が存在する限り、エンタテインメントに、終わりはない。なぜなら、人間にとって、不安の種が、尽きることは決してないからである。正と負のエンタテインメントは、互いに対極に位置するが、表裏一体のものでもある。普段は、無意識のうちに忘れようとしている負のエンタテインメントがあるからこそ、人間は正のエンタテインメントを創造し、評価し、味わい、楽しむことができるのでは無かろうか。我々が日頃考え、感じるエンタテインメントとは、無意識下で負のエンタテインメントを、正のエンタテインメントに転化する行為に他ならない。エンタテインメントのプロフェッショナルは、人々が経験する負のエンタテインメントを、正に転換できる特殊な能力を持つ人達である。歴史が証明しているように、生きていくことの不安と自らが戦いながら、優れた作品を生み出し続けた芸術家は数多い。

人間の本質は、自然から与えられた地球という時間・空間の中で、成長・進化・発展し続けることと考えられる。そのために必要な道具として生まれたのが、正と負のエンタテインメントである。両者は、まるでアクセルとブレーキのような関係を築いている。両方が無ければ、発展という道を走る車は、方向性を失い、やがては目標を見失ってしまうか、道を外して崖から転落してしまうことになるであろう。仮に正のエンタテインメントしか存在しない世界を考えるなら、それはちょうど快楽のみを求め続ける薬物中毒に陥ってしまった事態が想像される。これに似た状況は、本書の「3.2　政治（祭り事）とエンタテインメント」で触れられるように、ローマ時代の「パンとサーカス」で表される、専制政治の一形態（愚民政策）として実際に存在した。負のエンタテインメントは、それを乗り越えて飛躍し、新たに大きな正のエンタテインメントに到達するために、必要欠くべからざる跳躍台として機能している。

エンタテインメントは、かつてそのほとんどが、特権階級に属するものであった。現在、エンタテインメントを生む源泉の多くが、サイバー空間で誰でも比較的容易に入手できる情報と言うコンテンツになっている。したがって、こうしたサイバー空間において、人類史上初めて、特権階級や指導者階級以外の人々が、エンタテインメントという人間の築き上げる遺産の創生に、最初から直接関与できる機会を与えられたと言ってもよい状態にある。

しかし、エンタテインメントが、発展し続けるサイバー空間のみに存在するようになることは、決してあり得ないであろう。本書でこれまで述べているように、我々が住む実空間における、人と人との心の触れ合いや感動、共感、同調そしてその連鎖こそが、人間が本来築き上げてきたエンタテインメントの本質である。サイバーエンタテインメントは、誕生して日が浅く、人間の心や行動にどのような影響を及ぼすか、まだ不明な点が多い。これについては、本書の「4.2　サイバーエンタテインメント」において考えを述べることにする。

エンタテインメントこそ、人間が生きていくための力を与えてくれる原動力である。実空間にせよ、サイバー空間にせよ、誰もが等しくエンタテインメントの機会を享受でき、健全な形で人類の成長と発展に貢献可能な、エンタテインメント社会の構築が強く望まれる。

＜ 参 考 文 献 ＞

(1) 柳田国男：日本の祭、角川文庫17792、株式会社 角川学芸出版、昭和44年8月20日改訂初版発行

(2) 苧坂直行編著：感性のことばを研究する（擬音語・擬態語に読む心のありか）、株式会社 新曜社、1999年7月22日発行

(3) 宇治谷 孟：日本書記（上）全現代語訳、講談社学術文庫833、株式会社講談社、1988年6月10日発行

(4) 表 章、天野文雄：岩波講座 能・狂言、I 能楽の歴史、株式会社 岩波書店、1987年3月27日発行

(5) 歌舞伎学会編：歌舞伎の歴史（新しい視点と展望）、雄山閣出版株式会社、平成10年12月5日発行

(6) 渡部 保：日本の舞踊、岩波新書 175、株式会社 岩波書店、1991年6月20日発行

(7) Marie-Francoise Christout: Histoire du ballet, Paris, P.U.F., coll. Que sais-je ? 481, 1966.
（マリ・フランソワーズ・クリストゥ（佐藤俊子 訳）：バレエの歴史、株式会社 白水社、1970年11月5日発行）

(8) 三枝成彰：驚天動地のクラシック、株式会社キノブックス、2014年12月25日発行

(9) 丹下和彦：ギリシア悲劇（人間の深奥を見る）、中公新書1933、中央公論新社、2008年2月25日発行

(10) 太田牛一著、中川太古訳：現代語訳 信長公記、新人物文庫 952、株式会社KADOKAWA、2013年10月13日発行

(11) 岡村喬生：オペラの時代に（歴史と名作を楽しむ）、新潮選書、株式会社新潮社、1998年7月30日発行

(12) 倉田善弘：文楽の歴史、岩波現代文庫／学術295、株式会社 岩波書店、2013年6月14日発行

(13) 井上一馬：ブロードウェイ・ミュージカル、文春新書044、株式会社 文芸春秋、平成11年5月20日発行

(14) 桜井万里子、橋場弦 編著：古代オリンピック、岩波新書901、株式会社 岩波書店、2004年7月21日発行

(15) Stephen Wisdom and Angus McBride: Warrior 39 Gladiators 100 BC-AD200, Osprey Publishing Ltd., Elms Court, Chapel Way, Botley, Oxford, OX2 9LP, UK., 2001
（ステファン・ウィズダム著、アンガス・マックブラト／彩色画（斉藤潤子訳）：グラディエイター（古代ローマ 剣闘士の世界）、株式会社 新紀元社、2002年7月15日発行）

(16) 木村凌二：帝国を魅せる剣闘士（血と汗のローマ社会史）、株式会社 山川出版社、2011年10月20日発行

(17) 新田一郎：相撲の歴史、講談社学術文庫2001、株式会社講談社、2010年7月12日発行

(18) オクマン山古墳出土埴輪 鷹匠（太田市指定重要文化財／太田市教育委員会、新田荘歴史資料館に展示）

(19) 秋吉正博：日本古代養鷹の研究、株式会社 思文閣出版、2004年2月25日発行

(20) 根崎光男：将軍の鷹狩り、同成社、1999年8月5日発行

(21) Neil R. Carlson: Chapter 14, Physiology of Behavior 10th Edition, Pearson Education Inc., 2010
（泰羅雅登、中村克樹 監訳：第14章　コミュニケーション、カールソン 神経科学テキスト - 脳と行動 -、丸善株式会社、平成22年7月9日発行）

(22) 明和政子：心が芽ばえるとき－コミュニケーションの誕生と進化－、
NTT出版株式会社、2006年10月27日発行
(23) 佐藤由香里：本書「2.3.2　幼稚園で活動する幼児の姿」
(24) 苧坂直行：笑いと微笑みの脳科学、第3章 感情・情動、意思決定と脳科学、
作業療法ジャーナル、Vol. 45、No. 7(2011)、pp. 717-724.
(25) 亀井伸孝編著：遊びの人類学ことはじめ、株式会社 昭和堂、2009年6月30日発行
(26) Neil R. Carlson: Chapter 4, Physiology of Behavior 10th Edition, Pearson Education Inc., 2010
(泰羅雅登、中村克樹 監訳：第4章　精神薬理学、カールソン 神経科学テキスト－脳と行動－、
丸善株式会社、平成22年7月9日発行)
(27) 池田和隆：第4章 快情動と依存、精神の脳科学(甘利俊一監修、加藤忠志編)、
財団法人 東京大学出版会、2008年3月12日発行
(28) Paul W. Glimcher: Decisions, Uncertainty, and the Brain, The Science of Neuroeconomics,
The MIT Press, 2003
(P. W. グリムシャー：神経経済学入門(不確実な状況で脳はどう意思決定するのか)、宮下英三(訳)、
生産性出版、2008年7月30日発行)
(29) 小林潔司、鄭 蝦榮：第二章 災害の壁－安全・安心とコミュニケーション、
巨大災害と人間の安全保障、清野純史編著、株式会社 芙蓉書房出版、2013年1月31日発行
(30) 小林潔司、原 良憲、山内 裕 編：日本型クリエイティブ・サービスの時代
(「おもてなし」への科学的接近)、株式会社日本評論社、2014年10月20日発行
(31) 湯山茂徳 編著：エンタテインメント ビジネス マネジメント講義録
(京都大学経営管理大学院)、株式会社 朝日出版社、2015年1月20日発行
(32) 湯山茂徳 編著(三枝成彰、渡辺 謙、吉田 都、吉田 類、澄川喜一 共著)：
エンタテインメント ビジネス マネジメント講義録II 芸術・観光編(京都大学経営管理大学院)、
株式会社 朝日出版社、2017年1月10日発行

第 2 章

エンタテインメントの
科学

2.1　エンタテインメントの脳科学

2.1.1　社会脳とエンタテインメント

近年、認知脳科学は知の研究から情の研究へ、さらに意の研究へと展開しつつある。これは脳科学が生物的な生存のための脳研究、つまり生物脳の研究から社会的な生存のための研究、すなわち社会脳の新たな研究領域に移りつつあることを示している[(1)]。社会脳は人類が共同体を形成したときから、社会を維持し発展させることで進化を遂げてきたのであり、その意味で、最も歴史の古い協調のための脳の領域の一つであるといえる。豊かな社会性を育む一方では、競争も生みだす社会脳の仕組みの解明は、エンタテインメントの科学にとって重要である。エンタテインメントは芸術、芸能あるいはスポーツを通してこころに共感を呼び起こし、生きてゆくための力を与える存在と考えることができる。その中核となる作用の一つが、自己と他者のあいだにはたらく共感という社会脳に固有のこころのはたらきである。そして共感は、さらに利他行動など、ヒトの社会集団にのみに認められる固有の、集団の生存と維持にもかかわるこころの機能にも進展すると考えられる。エンタテインメントも、社会集団の安定化と発展にも資する事象ととらえることができよう。このような文脈の中でエンタテインメントが社会脳とどうかかわるかについて考えてみたい。ここでは、エンタテインメントは他者との共感や感動を基礎とし、脳内の報酬系がその仲介をしていると想定してみる。そして、広く共感とかかわる芸術から芸能まで、さらに日常的な生活においてはユーモアやジョークの理解もエンタテインメントに属するものと考えたい。とくに本章では笑いや微笑みとエンタテインメントのかかわりを考えてみることにする。

2.1.2　笑いとエンタテインメント

古来よりアリストテレスをはじめとする哲学者たちは、笑いは人間に固有のものであると考えてきた。その固有性の一つに、笑いの創造的な側面がある。たとえば、ケストラー[(2)]は、笑いやユーモアを生みだす過程は芸術的な創造や科学的な発見とも関係があり、それは異次元結合という共通性をもつと述べている。これは、双方ともに見かけ上両立しないものの見方の転換が求められるからであろうと考えられる。結果が予測や期待と異なった場合にも、見方の転換が求められる。異次元結合によって、この転換がうまくいったときに創造に伴う喜びがエンタテインメントとして経験される。ジョークや落語におけるオチの理解やユーモアの理解にも同様のことがいえるだろう。また、新聞の4コマ漫画は本邦独自のスタイルであるが、これも4コマがそれぞれもっている起承転結と対応した視点の構造転換がおもしろさを生み出すフレームになっているのである。一見関連のない概念間に面白い共通性を見出すしなやかな思考は、ユーモアのある発話や発想など、いわゆる収束的思考に対する発散的思考ともかかわると思われる。エンタテインメントは芸術やユーモアの理解と、このような創造性においてかかわるのであろう。ユーモアやジョークの理解と、それに随伴する笑いや微笑みといった情動の表出は、脳の報酬系のはたらきと密接にかかわり、同時に報酬系は芸術の理解にもあてはまると考えられる。

2.1.3 笑いと呼吸

ここで、ユーモアやジョークの結果もたらされる、笑いについて考えてみたい。まず笑いとは何かである。笑いと呼吸のかかわりについて考えてみると、呼吸は空気を吐くことと、吸うことの繰り返しであり、自然環境との相互作用から生まれ、われわれの生命を育んでいる。呼吸といえば、阿吽（あうん）の呼吸という表現が思い浮かぶ。阿と吽はそれぞれ、口を開くことと閉じることを意味し、ここから、2人で何か一つのことをする場合、うまくタイミングが合うことや、気持ちが一致していることを息が合っているという意味で阿吽の呼吸と表現するのである。劇場や寄席で演者と聴衆のあいだに笑いが生まれるとき、この呼吸が、つまり共感が共有されていると考えることができる。母が子守唄をこどもに聞かせると、呼吸は次第に緩やかになり、吸気相はメロディーの上昇に、呼気相は下降に一致するようになるという[(3)]。呼吸がこころを通い合わせるはたらきをもっていることは疑いないであろう。呼吸は命のリズムでありまた、他者とのかかわり合いのリズムなのであり、呼吸の延長上に笑いや微笑が生まれるのである。演者と聴衆のあいだで、両者の身体とこころのリズムが同調して波長が合ってくれば阿吽の呼吸に近づき、そこから笑いが生まれるのである。

一方、笑い顔はポジティブな情動的コミュニケーションを担い、共感的な絆をむすぶこころのはたらきを担うところにその特徴がある。笑顔は人間関係をなめらかにする潤滑剤であり、共感を通して相互理解を深めることができる。最も一般的なコミュニケーションは会話であるが、会話中に話者はほぼ3秒おきに数ミリ秒の間を入れるが、この間に次の3秒の統語法や語彙を予測するのである。一方、受け手は聴いた3秒の話を統合し、意味づける[4]。この同調された理解をもたらす過程にもエンタテインメントを含む評価が含まれる。

笑い顔という視覚情報は、笑い声という聴覚情報を伴うことも多い。笑い声は呼吸のうち空気を吐き出す過程で横隔膜によって生みだされる（空気を吸うときに笑ったらとても苦しいに違いない）が、進化論的な考え方では笑いの音声が言語を生むもとになったという笑いの言語起源説もある。呼吸が発話の起源だとすれば、ヒトの進化のごく初期の集団社会で、まず笑いが他者との情動的コミュニケーションの手段として発生し、その後社会集団が大きくなるにつれて知的コミュニケーションの手段として言語が発生したと考えることもできる[5]。もし、笑いが言葉の原初のかたちでもあるとすれば、笑いは言語によるコミュニケーションの最も原初的なかたちであるともいえよう。知的コミュニケーションの手段としての言語はその後、エンタテインメントにも欠かせない媒体となってゆくのである。言語の発生はさておいて、以上の呼吸の説明だけでは、笑いの原因の一つの説明にしかならない。次に、文化的なあるいは健康とのかかわりについて考えてみたい。

2.1.4 笑いの文化と健康

笑いと文化、さらに健康との関係をわが国と古代ギリシャの場合についてみてみたい。

まず、本邦では神社の神事や祭礼に伴う笑いは神に奉納すべきものとされており、祭りとエンタテインメントは深くかかわっている。笑いは、呼吸という人が生きる生命の根源に関わり、呼吸が自然の生命ともつながることから、必然的に神事ともかかわることになるのである。笑い奉納の神事は豊作への祈願や厄逃れ祈願として全国各地に認められる。防府の小俣八幡宮の笑い講は、約800年前から伝わる祭で、氏子が集まって今年の豊作を喜び次の年の豊作を祈念し、最後に今年の苦難を忘れるため3度大声で笑い合うといわれる。その他、熱田神宮の笑酔人神事や和歌山の丹生神社の笑い祭など多くの笑いの神事がある。

一方、古代ギリシャには、医学の神であるアスクレピオスを祭ったアスクレピオス神殿をもつ遺跡が多い。古代都市エピダウロスの遺跡にもやはり、アスクレピオス神殿がある。この神殿はいわば古代の病院であり、この神殿を中心として治療施設のほかに宿泊所や浴場が整えられている。患者は神殿に参篭して治療を受けたという。神殿を中心とした遺跡群のなかで、興味深いのは野外劇場や音楽堂が付属していることである。劇場や音楽堂は医神アスクレピオスを祭った宗教施設でありながら、健康な人も集うヘルスセンターでもあり、湯治場のような役割を担っていたように思われる。神殿を中心とする劇場や音楽堂は、古代ギリシャ人のエンタテインメントの場でもあったようである。

この療養所で人々は、ギリシャ喜劇を楽しんで笑い、精神の座でもあり、笑いの座でもあり、さらに呼吸の座でもある横隔膜（dia-phragm）を強化することで鋭気を養ったのだろう。喜劇が笑いのエンタテインメントを誘い、病を癒すのに役割を果たしたものと想像される。ちなみに、diaphragm は「横隔膜 phragm を介して dia-」という意味であるので、もともと精神のはたらきとしての呼吸を含意しているところが面白い。アリストテレスの「詩学」によれば、笑いによって感情のカタルシス（浄化）がおこなわれるという考えがあったようでもある。笑いの心理効果としてカタルシス以外にも、緊張の緩和、気分がほぐれるなど、笑いと健康のかかわりがすでに指摘されていたようである。

アリストテレスは「動物論」で人以外に笑う動物はいないと述べている。また古来より、笑いは血流を改善し、消化を助け、うつ状態を妨げ、からだの機能一般を高める、つまり健康にとってよい効果をもつといわれてきた。ユーモアが心臓血管系、免疫系や内分泌系のはたらきをある程度、改善する効果をもつことは事実である。この見方は最近も笑いやユーモアが、鎮痛作用をもつエンドルフィン、免疫効果のあるサイトカインやナチュラルキラー細胞、さらに免疫グロブリンの活動を高めるという見方を生みだしている。笑いやユーモアが健康に影響する原因の一つは、陽気さが導くポジティブな情動が、自律神経系や内分泌系を通して全身に影響を及ぼすためであろうと推定されている。

2.1.5 エンタテインメントと創造性

この他、踊りや動きの音楽ともいうべきダンスも、集団において同期行動を生むことでグループを統一化する作用があり、ここからもエンタテインメントが生まれる[(6)]。脳は適応上、有意味な行動をすることに対して自己報酬をもって報いる性質をもつことがエンタテインメントの基礎になっているように考えられるし、エンタテインメントによる知的ひらめきが報酬経験を導くとも考えられる。このような文脈から、詩の韻律[7]や音楽のテンポやリズム[8]もエンタテインメントに影響し、したがって脳の報酬系を満たす。とくに、行進曲やコーラスのリズムは聴衆に調和的、協力的行為を介して結合を促進する作用がある。知的ひらめきや創造性と芸術については、ロシアの抽象画家マーレヴィッチが絵画芸術における創造性を、脳の中枢間の協調の変化に依存すると述べているが[9]、これは、エンタテインメントが脳の五感の協調と融合をもとにしていることを示唆している。色彩の領域が接触するところ（面の境界）に線ができ、両側にコントラストが生じるが、この脳内検出メカニズムも fMRI によって次第に明らかにされつつあり[10]、色彩美によるエンタテインメントがここから生まれる。われわれの脳は、やや異なる処理を担う、左右半球から成っているが、この半球間の融合から生まれる創造的エンタテインメントもある。最も単純な左右半球の共同作業による芸術的創造性は視覚芸術に於いては両眼によるステレオ視（立体視）であり、音楽芸術に於いては両耳ステレオ聴（立体聴）にその基礎が認められる。

エンタテインメントとしての笑いやその他の芸術活動が創造性とどのように結びつくかについてはさらなる科学的研究が必要である。

2.1.6 人間はなぜ笑うのか

科学的な解明がなされていない多くの未知の現象があるが、なぜ人間は笑うのかという問題もその一つである。なぜ笑うのかと問われると、多くの人は「おもしろい」からとか「おかしい」からと答える。では、おもしろいとか、おかしいというこころの状態は、どこからくるのであろうか。その科学的説明を求められると、意外に難しい。おもしろいというこころの状態は、たとえば落語を聞くときに、あるいはユーモアやジョークを楽しむときにも感じられる。筆者は、おもしろいと感じるこころを一種の報酬を受け取った状態だと考えている。この見方によれば、落語、ユーモアやジョークを受け入れるときには、報酬を期待するこころが準備されているとも考えることができる。おもしろさの背後には、喜びあるいは共感という報酬が隠されており、そこに至るには広い意味での一種の問題解決過程が含まれていると考えられるのである。自明のことと思っている「笑い」は、実は不思議に彩られた現象なのである。

2.1.7 おかしさの起源

さて、おかしいとはどのようなこころの状態をさすのであろうか。おかしい（可笑しい）ということばは「をかし」に由来するという。平安朝から現代まで、をかしは日本人の美意識を表すことばとして使われてきた。たとえば、枕草子では「雨などふるもをかし」のように「をかし」はこころが引かれるという意味で用いられている。また、祭りの様子を描いた箇所には「過ぐるほど、頭一ところにゆるぎあひ、刺櫛も落ち、用意せねば、折れなどして笑ふも、またをかし」いう記述もある。こちらの「をかし」には、鉢合わせし櫛を落としてしまうというこっけいさを表わすと同時に、ふつうとはちがっていて、変だと感じるこころの状態も表している点で興味深い。現代でも、「機械の調子がおかしい」という場合、意味は一つだが、「あの子どもはおかしい」という場合、「変っている」と「おもしろい」という二つの意味が重なることから多義的（あいまい）となる。ユーモアやジョークの理解はあいまい性を解くという楽しみ－つまり問題解決（オチの理解）の一面もあわせもっているといえる。この意味であいまい性を解くという問題解決の妙味は、それが意識的であっても無意識であってもエンタテインメントと密接にかかわっていることをここで指摘しておきたい。

2.1.8 子どもの笑い

ユーモアやジョークの理解はあいまい性を解く過程とかかわるが、これを子どもの発達から見てみたい。7、8歳の子どもは、この年齢でようやくあいまい性や多義性がユーモアと関係があることに気づくようになるという。この年齢以降になると、たとえばナゾナゾ課題をだしても、答えが真面目なものとジョークになっているものの区別ができるようになるという。つまり、ユーモアが二つの意味を合わせもっていることばの多義性から生まれることが理解できるようになるのである。「なぜ砂漠ではいつも時計をもっていなければならないの？」というナゾナゾ（原文は英文）に対して、「時計にはスプリングがあるから」という答えの場合、スプリングには泉と時計を動かすネジの二つの意味があることに気づいている場合にこのジョークを理解でき、また楽しめるからである[11]。小学校の1、2年生は前頭葉がようやく成熟しはじめ、それに応じてワーキングメモリ容量も増加し、うそをついたり他者のこころを想像したりすることができるようになる年齢である。このころに多義性からユーモアを取り出せる能力が芽を出しはじめ、2つの課題を同時に処理できるワーキングメモリ[12]がようやくはたらきだすと考えられる。この種のナゾナゾ遊びは、12歳以上になってもっと深いユーモアやジョークの理解ができるようになると飽きられてしまうことから、7、8歳からこの年齢までの子どもに限って、ことばの音韻や単語の多義性に由来するナゾナゾを好むものと考えられる。ここにも創造的な探求のこころのはたらきと、エンタテインメントの発達的な起源の一端が認められる。

2.1.9 共感ということ

冒頭で述べたように、エンタテインメントとかかわる笑いや微笑は、情から意への展開と密接に関係している。笑いはおもしろいというこころの状態の、意図的あるいは意思的表出であり、これを観察することで、他者が愉快で楽しい心的状態にあることを察する。共に落語を聞いたり、演劇を鑑賞しているときの笑いであれば、自己と他者は落語や演劇の内容に対して共感あるいは共振状態にあることに気づくのである。この研究の延長上に笑い、そして芸術や美を理解するこころの解明の道筋がみえてくるのである。

社会は自己と多数の他者からなるが、社会脳の研究が不可欠であるのは、自己と他者の間を結ぶこころのきずなを探求する手立てとなるからである。きずなには笑いのようなポジティブなものから、泣きのようなネガティブなものまでさまざまであるが、どちらの場合も共感を導く。ところで、落語や漫才の会場で大勢の人々が一斉に笑うと、面白くもないのにつられて笑ってしまったりすることもある。これは、笑いが伝染すること、つまり集団の笑いというのがあり、きわめて社会的な現象であることを示している。テレビのクイズ番組などで、背景に笑い声が入ると視聴者がつられて笑うのも同じ現象である。この伝染はなかば無意識であり、すばやく伝播してゆく特徴をもつ。ベルグソンは、観客席がぎっしり詰まっていればいるほど劇場で笑いが広がると述べている[13]。人間が進化の過程で身につけた原初的で自動的な社会適応のかたちなのであろう。この伝染性はネガティブな場合にもあてはまる。悲しいという感情を共有している場面で一人がすすり泣くと、それにつられて多くの人々が泣いてしまうという伝染のはたらきをもっているという点で、笑いと泣きは共通点をもっているのである。次にユーモアやジョークの基礎にはワーキングメモリが必要なことをみてみたい。

2.1.10 ワーキングメモリの役割

ユーモアやジョークの理解にはワーキングメモリが必要で、言語性ユーモアの場合は注意の転換、マンガなどの非言語性ユーモアの場合は注意の焦点の移動や視覚探索が重要だと指摘されている[14]。ユーモアにはこころを開放し精神を高揚させる作用があり、問題を解決に導く力も内在させている。「あのひとはおかしい」という場合、前後の文脈によって「おもしろい人」と「ふつうと違う人」という二つの認識があるといえる。文脈によって現状を的確に把握するのは、ワーキングメモリのはたらきがポイントとなる。マンガやユーモアの理解に、なぜワーキングメモリが必要なのかをペンシルバニア大学の心理学者サルスの笑いのモデルを例に考えてみたい[15]。モデルは古典的な笑いの問題解決の情報処理理論で、ジョークとマンガの例で示される。

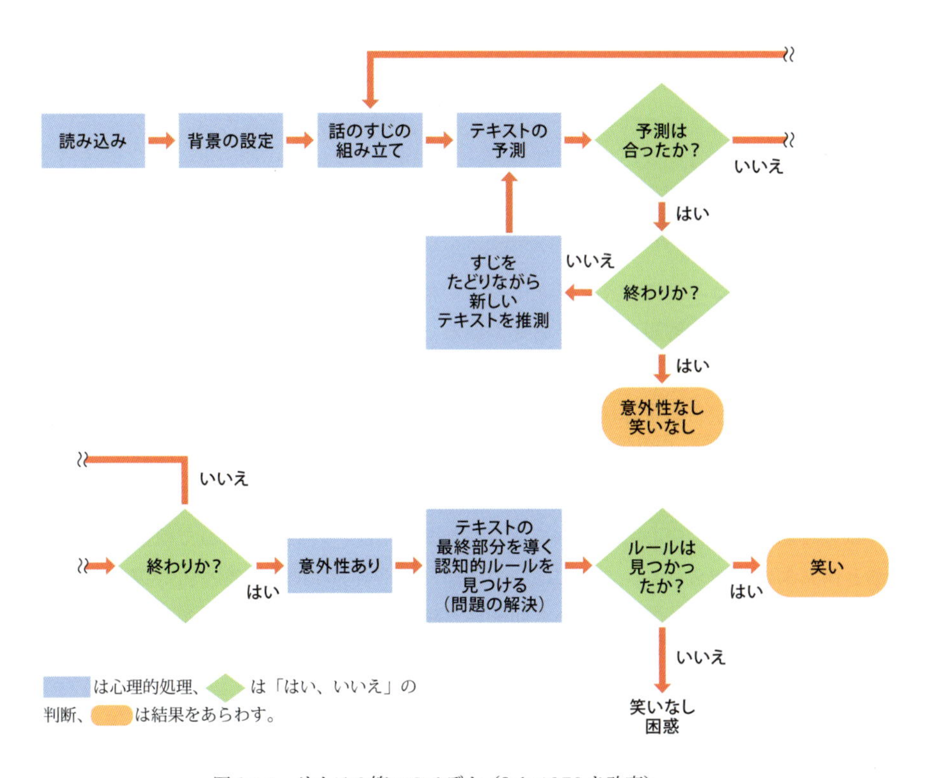

図 2.1.1　サルスの笑いのモデル（Suls,1972 を改変）

この情報処理モデル（図2.1.1）では、読み込み、保持、比較処理という情報処理過程が想定されている。ジョークやマンガの聞き手や読み手の予測は、結末部分や最後のコマのセリフで裏切られる(不一致との遭遇)。これが第1段階の認知過程である。第2の段階では、聞き手や読み手はある認知的法則をみつけることで、問題の解決をはかろうとする。ジョークからオチを生み出す根拠であり、予測とのズレを説明するルールである。第2段階では冗談の主要部分にそってオチを導く認知的なルールを見つけだし、不一致部分を解消する。このように、2つのプロセスを想定するサルスのモデルは、2段階モデルとよばれている。ジョークやマンガがおもしろいと感じられるのは、2段階のプロセスの結果なのだというのがサルスの言いたいことである。第2段階を問題解決過程ととらえる点に、この理論の特徴がある。

サルスのモデルの第1段階では情報の不一致（オチ）に不意に出くわし、第2段階では冗談の主要部分にそってオチを導く認知的なルールを見つけ出すことが求められる。さて、知情意のなかで知は相互理解という意識的で合理的な問題解決をはかるのに対して、情意は相互共感という無意識的なかたちで合意を得ることも多いと考えられる。次に、このような共感を生む脳の仕組みについて考えてみたい。

2.1.11 脳の仕組み

本節は脳科学とエンタテインメントのかかわりをみるのが目的であるので、脳の仕組みについて一通り解説しておく必要がある。とくに笑いとかかわる脳の仕組みを中心に述べてみたい。

ヒトの大脳は左右の半球にわかれ、脳梁と呼ばれる神経束でつながれている。脳の表面は厚さ2-3mmの新皮質でおおわれており、脳のシワは隆起部である脳回と陥没部である脳溝からなり、前頭葉、後頭葉、頭頂葉と側頭葉の4領域（図2.1.2）にわけることができる。中心溝によって前頭葉と頭頂葉が、外側溝によって前頭葉、頭頂葉と側頭葉が区切られる。さらに、脳の内部には系統発生的にはやや古い辺縁系があり、ここに愉快な気持ちとかかわる報酬系と結びついた大脳基底核（線条体、側坐核などを含む）や好嫌に関与する扁桃体などがあり、前頭葉と相互作用し合うことで笑いの情動的側面とかかわっている。

脳の4領域のうち前頭葉を中心とする領域に、ジョークやユーモアの理解にかかわる言語処理の領域があり、またワーキングメモリの坐もある。さらに運動性言語野として知られるブローカ野がある。ワーキングメモリは情報の一時的な保持や処理をおこない、新たな環境への創造的適応や行動のプランを立てたり、問題解決に資する生きた記憶のシステムをさす[12]。後頭葉には顔の処理を行う紡錘状回や舌状回があり、笑い顔の認識を行うほか、身体的しぐさ、さらに空間的バランスなど美的感性とかかわる処理に、頭頂葉はさまざまな注意や志向的な意識とかかわる処理に、また側頭葉は視線認識、意図の生成、笑い声を聞く聴覚野や言語理解とかかわるウェルニッケ野を含む高次な社会脳にかかわる処理に関係している。一方、笑いの快感や報酬系とかかわる中脳辺縁系を含む大脳基底核は、脳の深部に位置している。また、外側面に対して脳の内側面には自己や他者のこころの状態を推定するはたらきをもつ内側前頭前野などと呼ばれる領域が含まれている。図 2.1.2 には特に笑いとかかわる脳内ネットワークの概略を示した。大脳基底核や内側前頭前野は内側面にあるので外側面からは見えないので、図では破線でその概略を示した。

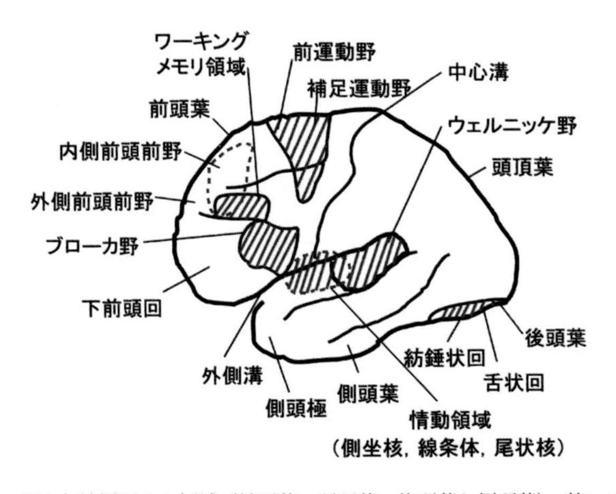

図 2.1.2　脳の左外側面の 4 領域（前頭葉、頭頂葉、後頭葉と側頭葉）。笑いにかかわる諸領域を外側面（実線領域）と内側面（破線領域）で示す（苧阪、2010 を改変）

前頭葉の前方領域は前頭前野と呼ばれ、外側および内側領域にわかれるが、外側を中心とした領域はワーキングメモリのはたらきと、内側領域は自己や他者の情動的理解とかかわるといわれる。能の仕組みは一般に、さまざまな処理の目的のモードによって、多様な脳内領域が協調する脳内ネットワークによって担われていることに注意する必要がある。

2.1.12 ミラーニューロン

笑いの伝染に見られるように、集団的環境のなかでは、同じものの見方に共感する結果、同じ情動が次々と伝染してゆき連帯感を生み出し、人々のこころに次々と反映されてゆくのである。最近の認知脳科学研究の進展の中で注目すべき発見がある。それは、ミラーニューロンの発見である[16]。

中心溝から前部の前頭葉領域は前運動野や補足運動野と呼ばれ、運動や意図的行為のプランをつくりそれを実行するという役割をもっているが、とくに前運動野の腹側は、ミラーニューロン（物まねニューロン）がはたらく領域だといわれる。ミラーニューロンは、自分で目標指向的な動作を行ったときにも、他者がそれと同じ意図のもとで同じ動作をしているのを観察しているときにも、まるで鏡のように同じ活動をするニューロン群である。ヒトは動作であれ、言葉であれ他者の模倣によって成長するという側面をもっているが、その模倣を担う脳内メカニズムの候補なのである。新生児の微笑はミラーニューロンの活動の最初の現れとも言われるが、笑いの伝染がミラーニューロンとかかわるのかどうかは、現在はよくわかっていない。しかし、共感の脳内メカニズムとかかわることは間違いないだろう。また、ミラーニューロンは、言語の獲得と関連するという論議もある。左半球の発話にかかわるブローカ野があるが、ここがミラーニューロンの領域の近傍となっている点も興味深い。

2.1.13 社会脳の仕組み

人間は、他者集団との関係性のなかで生きてゆかねばならないから、社会脳の役割は大きい。喜怒哀楽といった情の世界のいずれもがエンタテインメントとかかわるが、笑いや微笑みは、他者との関係を共感・協調モードに維持するはたらきも併せもっている。さて、社会脳の話題に戻ろう。こころは環境との相互作用のなかではたらいているが、環境には自然環境だけでなく、社会という環境もある。社会という環境のもとで人間の脳は、自己と他者の関係性のなかでその進化をとげてきた。社会脳といっても脳のある特定の領域にそのようなはたらきをする領域があるということではない。たとえば、笑うという機能は、複数の異なるはたらきをもつ脳領域ネットワークが協調的にはたらく結果、引き出されるのである。むろん、このネットワークが作動するまでには、ジョークの知的な理解、そこから導かれる情動的なおかしさがそれぞれのネットワークで処理される必要がある。打ち寄せる波が次々とその姿を変えるように知は情の波へ、情は意の波に徐々にその姿を変えるのである。エンタテインメントのネットワークがその重みづけを変化させながら笑いという身体現象に移行し、それが脳内報酬となって我々のこころにフィードバックされるのであろう。脳の中で、自己と他者をつなぐネットワークは、人と人を結ぶ共感のネットワークに変わるのであり、これがより強いエンタテインメント性をもたらすのであろう。社会とのかかわりを保つための協同したネットワークのはたらきが､社会脳の本質なのである。また、社会脳は災害からの立ち直りを生むレジリエンス（協調による精神的復元力）を高めることにも役立っている。

2.1.14 笑いのモジュール

1998年に笑いのモジュール（笑いを導く脳の機能領域）が治療の過程で、偶然に見出された。米国の神経外科医フリードたちは、16歳女性のてんかん患者の病巣を確定するために、左前頭葉の多くの場所に電気刺激を与えた。病巣の位置の確定は治療に必要なので、このような調べ方がされるのである。患者は単語や、文を読んだり、指をいろいろな方向に動かすような作業をおこなうことを求められ、その作業中に脳の表面に弱い電気刺激を与えた結果、前部の補足運動野への刺激が、笑いを誘発させることがわかったのである[17]。刺激がこの位置にくると、患者は周りに立っている人々を見るだけでおかしいと感じて笑ったという｡刺激する電流が少ないと微笑みが、増加するにつれて活性化の領域は広がり、バカ笑いになったという（図2.1.3では笑いを誘発する領域を点で示す)。さらに、この領域は前部帯状回ともつながり、笑いが腹側線条体から中脳を経由するドーパミンを介した報酬ネットワークのはたらきとも結びつくこともわかってきている。

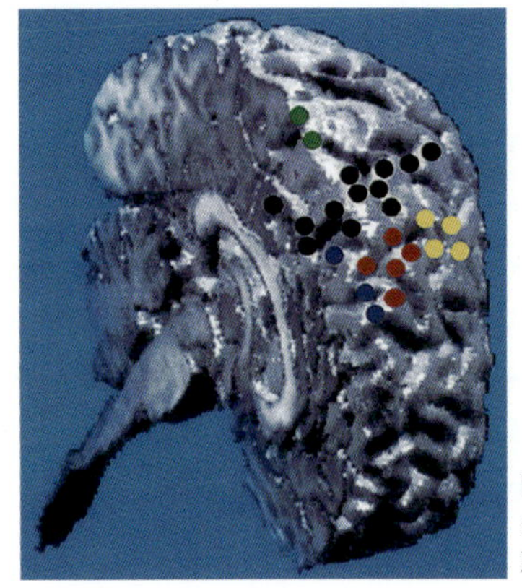

図2.1.3　笑い発作の脳領域。16歳のテンカン患者A. K.の脳の左半球MRI画像。黒の点が補足運動野に対応。弱い電気刺激を与えると、笑いが生じた (Fried et al., 1998)。

2.1.15 笑いと報酬系

笑いとそれを誘うジョークやユーモアの認知についての脳内メカニズムの研究は、最近はじまったばかりである。笑ったあとの充足感、共感や幸福感は、こころのはたらきのポジティブな面とかかわっている。充足感や共感は、笑いによって得ている報酬だと考えることもできる。もし、笑いが報酬系と深くかかわっているとすれば、脳のどの領域がこれらと最も深くかかわっているのであろうか。

米国の精神医学者バーンズは「笑いも報酬になることがある」という論文を2004年に発表している(18)。その内容は、笑いが脳の辺縁系のはたらきを活性化し、その結果、そこで神経伝達物質の一種であるドーパミンが報酬系として盛んにはたらくようになるという考えである。そして、この仮説を提案している米国のスタンフォード大学のグループの論文があり、その仮説の一部をほぼ同じ時期に英国のロンドンのユニバーシティーカレッジと私たち京都大学のグループが支持するデータを出している、ということが述べられている。

3つのグループが共通して見出したのは、笑いによる前運動野や補足運動野の近傍の活性化であった。人間も含めて一般に動物は報酬を得ること、たとえば食べ物や金銭を得ることが生存の上で必須である。金銭は欲望を満たす手段となることで報酬となるし、もっと社会的な報酬としてたとえば名誉なども人間に固有の報酬となるだろう。このような報酬は確かに強いインセンティブをもつが、人間はそれだけに引きずられるわけではない。人間には美しさに引かれるということ－美しさが報酬になること－もあるのだから、これを笑いにまで拡張することができるだろうと考えることができる。

ここで報酬系とさらに自己報酬系についてふれておきたい。まず報酬系は好きな食べ物、それをあがなう金銭など外部要因に志向して、それを得たときに報いられる身体的あるいは心理的充足感とかかわる。これはどちらかというと生物的充足感に近い。一方、自己報酬系は自身が生み出した報酬（あるいはそれに近いもの）に対して、身体的あるいは心理的に充足した場合であると考えてみたい。笑いについていえば、ユーモアや落語のオチの理解による楽しい快の笑いがそれにあたる。これは、本人の内発的で創造的な努力の結果得られたものである。長年温めていたアイデアがふとしたきっかけで完成する、あるいは美術館で美しい芸術作品に出会って感動する、といったことなども想定される。あるマラソンランナーは、十分な成績を残した後で「自分をほめてあげたい」といったが、これも自己報酬系とかかわるように思えるし、歌舞伎役者が観衆の拍手喝さいを受けて自己充足感に満ちた瞬間も自己報酬系とかかわるように思える。人を笑わせ、その笑い顔をみると、相手の笑い顔を見ることが報酬となる。その報酬によって自分が笑うと相手もまた笑う……といった循環的なミラーシステムが立ち上がると、共感が増幅され笑いの伝染が広がるのである。

さらに、笑顔が魅力的で美しいものになると、美しさという報酬も加わる。笑顔が広告に多用されるのは、そこに報酬が隠されているからである。社会脳研究の重要な分野で、報酬系が重要な役回りを演じる神経経済学では、広告に用いられる笑顔は潜在的な購買動機を刺激する特別な対象ととらえられている。

フランスの哲学者ベルグソンも著書「笑い」[13]の中で、「笑いは審美的な側面をもっており、笑いを含めた喜劇的なものは社会と個人が自己保存のわずらいから放たれて、自己を芸術品として扱いはじめたちょうどそのとき生ずる」と述べている。彼がいう自己保存のわずらわしさとは、食や性の快にともなう生物的な（生物脳）の報酬系をさしているように思われる。このわずらわしさから抜け出すと、ここには芸術品としての美しさや、ある種の自己実現をともなう自己報酬系があるのだと考えられる。

日常生活での笑いも芸術に近いと思われるのであるがいかがであろうか。夏目漱石は小説「草枕」の冒頭で、主人公は山路を登りながら「知に働けば角が立つ、情に棹させば流される、意地を通せば窮屈だ、とにかく人の世は住みにくい」と思う。そして「住みにくさが高じると、安い所へ引き越したくなる。どこへ越しても住みにくいと悟った時、詩が生まれて、画が出来る」。自由なこころの世界、つまり芸術の境地に至るという。人のこころの窮屈さを和らげ自由なこころの世界、つまり芸術の境地に導くという意味で、社会的存在である人間にとって、笑いも芸術であるといってよいだろう。

2.1.16 自己報酬系の発見

自己報酬系も、もともとは生物脳の報酬系から進化して生まれたものと考えられる。そこで自己報酬系のプロトタイプをネズミの生物脳にみてみたい。まずは、自己報酬系を、はじめて確認した実験について見てみたい。

この実験は、1954 年に米国の心理学者オールズがラットの脳に電極を埋め込んでおこなった実験である。飢えたラットが眼の前のレバーを押すとエサが出るような学習の実験では、エサを得るためにラットはレバーを押す。満腹になってくると押さなくなる。一方、ラットがレバーを押すたびに、エサがでる代わりに、わずかな電流が特定の脳領域に流れる装置を工夫するといった巧妙な実験をオールズがおこなったのである（図 2.1.4）。この方法は、自己刺激法と呼ばれている。電極を差し込む位置が辺縁系の視床下部近傍になるとラットは狂ったようにレバーを押し続けるのである。これは脳内に快楽中枢のような報酬系の領域があることをはじめて示した研究であった。電流を一種の報酬と考えると、ラットは報酬を得るために麻薬患者のようにレバー押しを続けたことになる[19]。ラットの脳には中脳、黒質と腹側被蓋野を源とする複数のドーパミン作動性のニューロンの系があるといわれており、とくに、腹側被蓋野には辺縁系のニューロンがあり、側坐核、扁桃体や海馬などと結合していると考えられる。側坐核は報酬刺激に敏感に反応することもわかっている。ラットの脳と人間の脳ではずいぶんちがうが、ユーモアやジョークが、レバー押しに比べて弱い刺激ではあっても、同じように自己報酬系を刺激していると考えることができるのである。

図 2.1.4
オールズの実験装置
（Olds,1954 より改変）

2.1.17 笑いと自己報酬系

（1）モップスたちの研究

2003 年、スタンフォード大学のモップスたち[20]は、ユーモアが脳の辺縁系の報酬中枢を活性化することを報告している。その際、ユーモア理解には側頭後頭領域、中・下部側頭領域や下部前頭回がかかわり、ここにはブローカ野が含まれるという。ここは、発話や文法などのはたらきとかかわる領域で、ミラーシステムとも重なり、言語理解を担うウェルニッケ野とも連携してはたらいている。なお、ユーモアの言語的理解には左半球が、情動的理解には右半球が必要といわれている。シャーミとスタースの1999年の報告では、ユーモア理解が、前頭葉の右半球の障害で損なわれることが、患者のデータから示されている[14]。言語的なジョークやマンガでも同様の傾向があり、これは右前頭葉が認知的な情報と感情的な情報を統合しているためではないかと考えられている。

彼らはサルスの理論をテストするため、第一段を聞かせたあと、4つのオチ（おもしろいオチ、理屈はあるが意外性なしのオチ、意外性はあるが単なるドタバタのオチ、無意味なオチ）から一つを患者に選ばせた。普通ならば面白いオチを選ぶのであるが、右の前部前頭葉障害の患者はそうではなかった。意味のないオチなどを選ぶ傾向があることがわかった。

モッブスらによれば、ヒトの脳の情動領域である辺縁系はドーパミン作動性ニューロンを含む側坐核、腹側線条体、腹側被蓋野や扁桃体などのグループの神経システムで形成されており、これらの皮質下のシステムが報酬系と結びついたかたちでユーモアやジョークの楽しみやおもしろさとかかわるという。

このような考えのもとで、ユーモア・マンガを用いたfMRI実験がおこなわれた。マンガ図版としてユーモアを含む図版42枚と、含まない図版42枚が用いられた。図2.1.5はその一例で、右はユーモアなし、左はユーモアありの図版である。マンガ図版はランダムな順序で6秒間見せられ、マンガ図版の提示と同時に脳の活性化が調べられた。

図2.1.5　マンガ刺激：「この島でもう一日過ごさなきゃならないなら、幻覚症状がでちまうよ。」ユーモアのあるマンガ（左）と、ない漫画（右）。（Mobbs et al.,2003 [20] より）

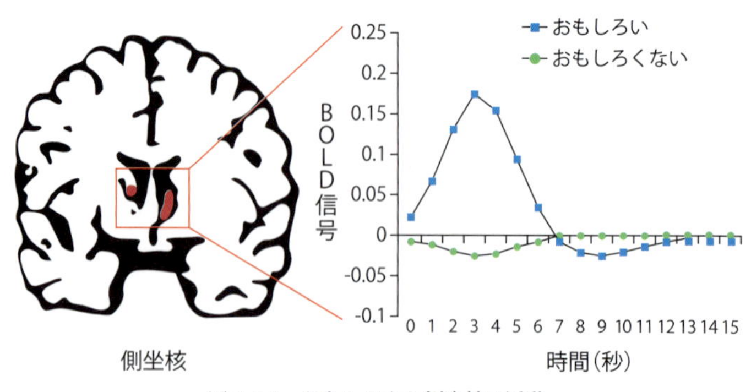

図 2.1.6　おもしろさと側坐核の活動

モップスたちは行動実験として2種のマンガに対する評定を行ない、およそ6割の被験者がユーモアあり図版がおもしろいと評価している。fMRI のスキャンが終わるごとにおもしろさの評定（1～10 ポイントで評定：10 は最もおもしろい）をおこなわせた結果、おもしろいと判断されたマンガのグループ平均は 6.4 であったという。活動が見られた領域は紡錘状回までつながる左側頭後頭接合領域と、側頭極まで及ぶ領域と、左の下前頭回であった。背側の前部帯状回と補足運動野領域も活発にはたらいていた。サルスのジョークについての心理学的な不一致解消理論とよく合うという。第1段でジョーク・マンガを見てマンガの見出しと一致しないことを検出し、次に第2段でマンガを全体として評価し直すのである。

図 2.1.6 のように、ドーパミン作動性ニューロンを含む側坐核は、ユーモア・マンガで活性化すること、つまりおもしろさと密接にかかわることを示唆している。側坐核が報酬系の重要な一領域をなすことは現在まで多くの研究が示している。その他、線条体や扁桃体、前部視床や視床下部などの皮質下領域もユーモアとかかわることがわかった。

(2) 笑いの擬態語の実験

次に、ことばを用いた笑いの実験を紹介したい。この実験は、「ゲラゲラ」「ニコニコ」「ニタニタ」「クスクス」など、笑いの擬態語・擬音語を、fMRI の装置の中で目を閉じた状態で、ヘッドフォンを通して被験者に聞かせるというものである[(21)(22)]。被験者の課題は、擬音語・擬態語のイメージをアクティブに創造することである。たとえばゲラゲラであれば、口をあけて大声で笑っている状況などを想起するのである。擬音語・擬態語は日本語の情感表現や造形表現に固有の言葉であり、シャープなイメージ喚起力をもった言葉であることを利用した実験である。コントロール条件として無意味つづりを聞かせて比較した結果、やはり報酬系がかかわるとことがわかった。

この実験はすべて閉眼でおこなわれたので、本来、後頭葉の視覚領域が活性化するはずはない。それにもかかわらず、紡錘状回などに活性化がみられるのは、ゲラゲラが笑い顔の視覚イメージを呼び起こしたためと解釈できる。舌状回や紡錘状回は人の顔の認知に特化して進化してきた社会脳の領域なので、他者の笑い顔の検出領域であり、前運動野や補足運動野は自分の笑いをプランする領域だと考えることができる[(21)]。そして、この自分の笑いの領域は側坐核、線条体や尾状核など情動領域（辺縁系）とも相互作用をもち、報酬系とリンクした笑いのネットワークを作っていると推定される[(22)]。自分の笑いが報酬系の活性化をよび起こすという意味で、これを「笑いの自己報酬系」呼ぶことができよう。言語からトップダウン的に形成された心的な笑いの状態が、ドーパミン作動性ニューロンを活性化させたと思われる。

(3) ゴエルとドーランの実験

次に、2001年のロンドンのユニバーシティーカレッジでの研究を紹介したい。この大学ではゴエルとドーランが、ユーモアの認知的側面と感情的側面をわける試みを14人の被験者を用いておこなっている[(23)]。

モッブスたちとちがって、ジョークは聴覚的におよそ1.5秒提示され、その後、fMRIを使って脳の反応を測定している。認知的側面では、音韻的な語呂合わせの駄洒落と短いユーモアにとんだ意味的なジョークをそれぞれ30種類、聴覚的に提示して活性化領域を調べた。すると前者では左下前頭回や左後下部側頭回などが、後者では両側の紡錘状回が活性化を示し、両者が異なる認知ネットワークで処理されているらしいことがわかった。紡錘状回の活性化はモッブスたちのマンガの実験でも観察されている。

さらに、感情的側面では、駄洒落もジョークも面白さで分けてみると（スキャナーの中でのボタン押し判断と、実験終了後のおもしろさの5段階評定で）内側の腹側前頭前野と小脳が、おもしろさとともに活性化が変化することがわかった。内側前頭前野がおもしろさ（楽しさという感情的側面）とかかわるとともに報酬領域ともかかわることも、モッブスたちの研究と符合しており興味深い。

以上紹介した笑いの実験をまとめると、下側頭回、中側頭回、下前頭回や紡錘状回などはユーモアやジョークの理解とかかわる。とくに下前頭回は左に限定されブローカ野近傍の言語分析とかかわる。前運動野、補足運動野や小脳は笑いの運動的アウェアネスとかかわり、腹内側前頭前野、側坐核や線条体は笑いのおもしろさや報酬系と結びついていると推定される。

2.1.18 笑いの理論

最後に笑いを説明する理論についてみておきたい。笑いが生まれる理由には、いくつかの理論が提案されている。理論といっても、それは経験的な説明の域をでないものだが、その代表的なものである、優越理論、不一致理論、不一致解消理論と開放理論を卑近な例を参考に見てみたい。エンタテインメントの理論とも共通するところがあるように思われるからである。

まず、優越理論は、他人の失敗に対して自分が優越感を感じる場合の説明にもちだされる。バナナの皮を踏んで転んだ他人を見た場合、自分ならあのような失敗はしないと優越感をもって笑うというものである。プラトンはこの理論の先達だといわれる。

次に、不一致理論では、予想したり、期待したりしていたことが実際には実現しなかった場合（期待との不一致）に、そのズレが笑いを導くと説明する。冗談のオチが予想を裏切るときに、そのズレの発見が笑いを導くというものである。ズレとは期待しているものとの不一致であり、期待が大きく裏切られるほど不一致（ズレ）は大きくなると考えられる。

さらに、不一致解消理論では、不一致が解決されるときに笑いが生まれると考えるもので、不一致理論の変形である。すでに紹介したサルスの理論も、これにあたる。

最後に、開放理論では、緊張が高まった心的状態が一転して無意味なことがらに帰する場合、行き場を失った心的エネルギーが笑いによって解放されると説明する。誤警報の例をあげると、ホテルの部屋でうとうとしているとき、階下でドーンと音がするが、風のせいだろうと思い再びまどろむ。しばらくしてバーンという音がふたたび聞こえる。ここで脳の辺縁系が目覚め、懐中電灯を手に階下に急ぐ。そこで大きな花瓶が床で割れているのを発見する。チェックインのときにロビーで見かけたネコがそこにいることに気づき、事態に気づいた私はどっと笑い出す、といった例が解放理論で説明できるというものである。笑いの諸理論は一般化すると、期待していた結果と現実との間にズレが生まれ、これを整合性のある答えに導く過程に笑いがあると考え、いわば相対化の過程が介在すると思われる。一方、エンタテインメントの場合は、視点のズレによる相対化のおかしさよりは、より創造的な側面に強調点がある様に思われる。これとは別に、笑いはうっ積した剰余エネルギーが開放されるときに生じるという、フロイトによって示唆されたユーモアの緊張解消説やその流れをくむ不一致解消説などの笑いの理論もある。笑いをワーキングメモリが担うアクティブな意識の働きと考えることもできるだろう(24)。

2.1.19 結語

人間を社会的動物だと考え、脳を社会的存在と位置づけ、「社会とかかわる脳のはたらき」を探るには、社会脳の研究が欠かせない。これは、すでに述べた「融合脳科学」の提案につながっており、心理学を中心に、ニューロエコノミックス（神経経済学）、ニューロマーケッティング（神経マーケッティング）、神経倫理学（ニューロエシックス）、ニューロフィロソフィー（神経哲学）、ニューロエステティック（神経美学）、ニューロポリティックス（神経政治学）、ニューロエデュケーション（神経教育学）などにつながる新しい学問が考えられる。筆者は、このような分野をひとまとめにして「融合社会脳」とよんでいるが、まったく新しい理系でも文系でもない人間科学のルネサンスの第一幕がはじまりつつあるのである。

< 参考文献 >

(1) 苧阪直行編：社会脳科学の展望―脳から社会をみる、新曜社、2012

(2) Koestler,A.：The act of creation. New York: Dell., 1964

(3) Eibl-Eibesfeldt, I.：The biological foundation of aesthetics（美の生物学的基礎）, In Rentschler, I., Herzberger, B., & Epstein, D. (Eds.), 1988, Beauty and the brain: Biological aspects of aesthetics. Basel: Birkheuser AG, pp.29-68
（野口薫・苧阪直行監訳、美を脳から考えるー芸術への生物学的探検、新曜社2000）

(4) Turner, F. & Poeppel, E.：Metered poetry, the brain, and time（韻律詩、脳そして時間）, In Rentschler, I., Herzberger, B., & Epstein, D. (Eds.), 1988, Beauty and the brain: Biological aspects of aesthetics. Basel: Birkheuser AG, pp.71-90
（野口薫・苧阪直行監訳、美を脳から考えるー芸術への生物学的探検, 新曜社, 2000）

(5) 苧阪直行：笑い脳―社会脳へのアプローチ―、岩波書店、2010

(6) Siegfried, W.：Dance, the fugitive form of art: Aesthetics as behavior
(ダンス、うつろいゆく芸術形式—行動としての美),
In Rentschler, I., Herzberger, B., & Epstein, D. (Eds.), 1988, Beauty and the brain:
Biological aspects of aesthetics. Basel: Birkheuser AG, pp.117-145
(野口薫・苧阪直行監訳、美を脳から考えるー芸術への生物学的探検、新曜社2000)
(7) Turner, F. & Poeppel, E.：Metered poetry, the brain, and time (韻律詩、脳そして時間),
In Rentschler, I., Herzberger, B. & Epstein, D. (Eds.), 1988, Beauty and the brain:
Biological aspects of aesthetics. Basel: Birkheuser AG, pp.71-90
(野口薫・苧阪直行監訳、美を脳から考えるー芸術への生物学的探検、 新曜社, 2000)
(8) Rentschler, I., Herzberger, B. & Epstein, D. (Eds.), 1988, Beauty and the brain:
Biological aspects of aesthetics. Basel: Birkheuser AG
(野口薫・苧阪直行監訳、美を脳から考えるー芸術への生物学的探検、新曜社2000)
(9) Rentschler, I., Caelli, T.,& Maffei, L.：Focusing in on art (美の情報処理),
In Rentschler, I., Herzberger, B., & Epstein, D. (Eds.), 1988, Beauty and the brain:
Biological aspects of aesthetics. Basel: Birkheuser AG, pp.181-216
(野口薫・苧阪直行監訳、美を脳から考えるー芸術への生物学的探検、新曜社2000)
(10) Tsubomi, H., Ikeda, T., & Osaka, N.：Primary visual cortex scales individual' s perceived brightness with power function: Inner psychophysics with fMRI. Journal of Experimental Psychology: Human Perception and Performance, 38,1341-1347, 2012
(11) McGhee, P.E.：Humor: Its origin and development, San Francisco: W.H.Freeman, 1979,
(P・マッギー(著)、島津一夫(監訳)、石川直弘(訳)『子どものユーモア』誠信書房、1999)
(12) 苧阪直行編：脳とワーキングメモリ、京都大学学術出版会、2000
(13) Bergson H.：Laughter: An eesay on the meaning of the comic. New York:Macmillan, 1911,
(H・ベルグソン(著)、林達夫(訳)「笑い」岩波書店、1991)
(14) Shammi, P.,& Stuss, D. T.：Humor appreciation: A role of the right frontal lobe, Brain, 122, 657-666、1999
(15) Suls, J.M.：A two stage model for the appreciation of jokes and cartoons. In J.H.Goldstein & P.E.McGhee (Eds.), The psychology of humor. New York: Academic Press, 1972
(16) Rizzolatti, G.,& Sinigaglia, C.：Mirrors in the brain. Oxford: Oxford University Press, 2006
(17) Fried, I., Wilson, K.A., MacDonald, E.J., & Behnke, E.J.：Electric current stimulates laughter. Nature, 391, 650, 1998
(18) Berns, G.S.：Something funny happened to reward. Trends in Cognitive Sciences, 8, 193-194, 2004

(19) Olds, J. & Milner, P.:Positive reinforcement produced by electrical stimulation of septal area and other regions of the rat brain. Journal of Comparative and Physiological Psychology, 47, 419-427, 1954

(20) Mobbs, D., Greicius, M., Abdel-Azim, E., Menon, V. & Reiss, A.:
Humor modulates the mesolimbic reward centers. Neuron, 40, 1041-1048, 2003

(21) Osaka,N., Osaka, M., Kondo, H., Morishita, M., Fukuyama, H. & Shibasaki, H.:
An emotion-based facial expression word activates laughter module in the human brain:
A functional magnetic resonance imaging study. Neuroscience Letters, 340, 127-130, 2003

(22) Osaka, N. & Osaka, M.:Striatal reward areas activated by implicit laughter induced by mimic words in humans: A functional magnetic resonance imaging study. Neuroreport, 16, 1621-1624, 2005

(23) Goel, V. & Dolan, R.J.:Social regulation of affective experience of humor.
Journal of Cognitive Neuroscience, 19, 1574-1580, 2007

(24) 苧阪直行:意識とは何か、岩波書店、1998

2.2 エンタテインメントの起源（人の心の芽生えと育み）

2.2.1 ヒトらしい心のはたらきとエンタテインメント —その発達と生物学的基盤

天使の微笑み、という表現は、なんと的をえた表現なのだろう。赤ちゃんの寝顔や満面の笑みを前にすると、自然と愛おしさが募ってくる。赤ちゃん自身が何を思っているのかについては知る由もないが、赤ちゃんと大人との間にはすでに正のエンタテインメントが成立しているのである。他方、赤ちゃんはつねにかわいい存在とは限らない。あやしても泣き止まない、ぐずり続ける。そんなときには、赤ちゃんが悪魔のようにさえ思えてくる。養育する側にとって、子育てとはただ幸せを感じさせてくれるだけの楽な営みではない。心身を疲労させ、ときには過度なストレスを引き起こすことも稀ではない。ここまでいくと、子育てという営みがもたらす負のエンタテインメント性が優位に高まっているといえる。

現在、子どもに対する心身の虐待、育児放棄（ネグレクト)、養育者のうつ、過度なストレス状態などの事例数は増加の一途をたどっている。深刻な現状を前に、子育てという営みにおいて喚起される正と負のエンタテインメント エネルギーのバランスが崩れやすくなっているのではないかとの危惧が高まる。こうした問題に対し、人間科学という学問はどのような貢献ができるのだろうか。私は、生物としての「ヒト」の心の本質を知ることが極めて重要だと考えている。ヒトらしい心のはたらきとはどのようなものだろうか。それは、進化の過程でいつ、どのように獲得されたのか。また、ヒトの一生において、ヒトらしい心はどのように芽生えてくるのか。それらをふまえた上で、ヒトらしい心を適切に育むための必要条件を再考したいのだ。

この節では、これらの問題を解く鍵を「比較認知科学」とよばれるアプローチから探ることで、ヒトらしい心の獲得の道すじと、それを支えるエンタテインメント性が果たす役割について論じたい。

2.2.2 「比較認知科学」が明らかにしてくれること

生物学において人間という動物、ヒトは「ホモ・サピエンス（*Homo sapiens*)」とよばれる。「知恵のある人」という意味だ。今、この地球上で生活するヒトは、人種によらずすべて「ホモ・サピエンス」ただ一種である。

私たちホモ・サピエンスの祖先は、どのような心をもった存在だったのだろう。残念ながら、心は目で確認することができない。また、心は化石のように形としては残らない[1]。そうした制約を克服する手段として、私は、ヒトとチンパンジーの心のはたらきを比較する研究をおこなってきた。チンパンジー（*Pan troglodytes*）は、この地球上に生きている動物のなかでヒトにもっとも近い動物である（図 2.2.1）。ヒトとチンパンジーを比較することで、共通点や違いを特定し、ヒトだけがもつ心のはたらきの部分を明らかにする。これが「比較認知科学」とよばれるアプローチである[2][3]。

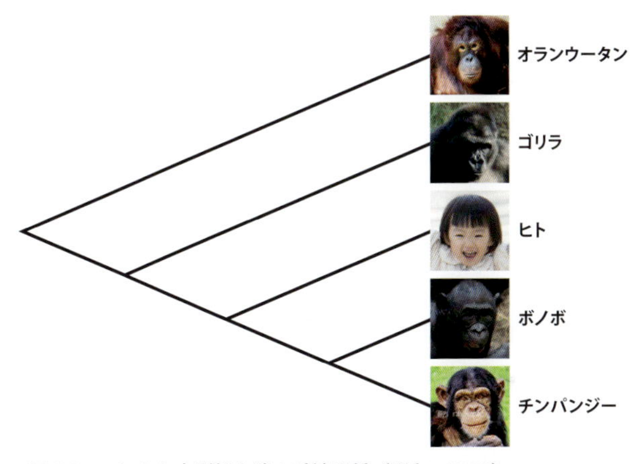

図 2.2.1　ヒトと大型類人猿の系統関係（明和，2012）

これまでの研究をふまえ、私はヒトの心の成立においては以下の 3 点がきわめて重要な役割を果たしていると考えている。「共同養育」、「他者への共感」、そして「サルまね」である。以下では、それぞれのキーワードについて順を追って説明していこう。

2.2.3 「みなで育てるヒト」—ヒトの養育行動の進化的基盤

まずは、ヒトの心を育む環境、「ヒトの子育てのあり方」について考えてみたい。

2011 年 3 月 11 日、東北地方を中心に起こった東日本大震災で、多くの子どもたちが親を失った。その数は、数百人規模にのぼる。震災の二週間後、厚生労働省は「震災により親を亡くした子どもへの対応について」という当面の対応方針を打ち出した。

冒頭には、次のような表現がある。

『最も重要なのは、子どもが安心して依存できる人との関係性を構築することです。子どもが信頼できる大人の支えが欠かせません。孤児になっても、できるだけ、地域の力を大切にしたいものですが、事情によっては、全く異なる環境に移らなければならなくなり、住み慣れた土地、学校、友達、近所の人々などとも別れなければならなくなります。それは子どもにとって重なる喪失です。』

ヒトらしいの心の進化という点でいうと、これは、今回の未曾有の事態だけにあてはまるものではない。結論を先に言うと、ヒトは本来、母親だけでなく、血のつながりを超えた地域社会の人々との共同作業として子育てをおこなってきた動物だと考えられるからである。しかし、現在の子育てをみると、母親が一手に子育てをまかされるケースが圧倒的に多いことは否めない。政府の子育て支援も、母親と子どもの二者関係を支援することに重きをおく内容がほとんどだ。赤ちゃんが乗ったベビーカーを片手で押し、もう一方の手で上の子どもの手をひいて歩く母親。こうした光景はめずらしくない。しかし、私は、この母親は子育てへの不安や辛さに押しつぶされてはいないかと不安にかられる。こうした子育てのしかたは、生物学的にみてとても異常な事態なのだから。

そのように断言できる理由を説明しよう。他の動物に比べて、ヒトの子どもが心身ともに自立するまでには圧倒的な手間がかかる。ヒトは、他の動物に比べてとても未熟な状態で生まれてくる。ニホンザルであれば、母親の胎内から出生したとたん、すぐに母親の身体、体毛に自力でしがみつくことができる。しがみついてしまえば目の前には乳房があり、母乳を飲むことができる。怖い敵がやってきても、母親の身体にしがみついてさえいれば、赤ちゃんは母親とともに逃げることができる。しかし、ヒトは出生直後から母親と身体が分離してしまう。まさしく、ヒトは「生み落とされる」存在なのだ(4)。ヒトの赤ちゃんは、母親にしがみついていることができないので、自力でおっぱいを飲むことも、敵から逃げることも当然できない。にもかかわらず、私たちヒトはなぜ進化の過程で生存し続けることができたのだろうか。

それは、ひとえに手間をおしまず、利他的に世話をしてくれる他者のおかげにつきる。おなかがすいて泣けば誰かが駆けつけておっぱいをくれる。おむつが濡れて泣けば誰かが気持ちよい状態にしてくれる、クーとかわいい声をあげると誰かが満面の笑みを向けてあやしてくれる。

さらに言うと、ヒトの赤ちゃんは未熟に生まれるだけではない。「子ども」にあたる期間が、ほかの動物に比べて圧倒的に長いという特徴もある。子育てを10年以上もおこなう、きわめて珍しい動物なのだ。にもかかわらず、ヒトは上の子がまだ子どもである時期に次の子、さらに次の次の子を産むことが多い。とくに現代人は、母乳をあげる期間を短くする傾向にあるので性周期の回復が早まり、結果として出産間隔が縮まる。他方、チンパンジーは上の子どもをゆっくり育てあげてから次の子どもを産む。出産間隔はおおよそ6～7年で、この時期、長子は母親のもとを離れ、仲間との生活が中心となる（図2.2.2）。

図2.2.2　飼育下のチンパンジー母子
（撮影：平田聡）

これほど手間も時間もかかる養育行動という形質を進化の過程で獲得してきたヒトが、なぜ短期間で多く生むという生存戦略を選択するにいたったのだろうか。その答えははっきりしている。ヒトは、母親ひとりだけで子育てをする動物としては進化してこなかったからだ。

「おばあさん仮説」とよばれるおもしろい考え方がある。一般に、霊長類のメスは死を迎える直前まで閉経しない。野生チンパンジーのメスは、13歳くらいから子どもを産み始める。平均寿命は40～50年くらいといわれているが、その間死ぬまで出産し続ける。しかし、ヒトのメスだけは閉経後も長く生きる。今の先進国の寿命を考えると、閉経後なお30年近く生き続けることになる。つまり、ヒトにだけ「おばあさん」とよばれる時期があるのだ[(5)(6)(7)]。

では、なぜヒトだけが閉経後も長く生き続けるようになったのだろうか。ここが、おばあさん仮説の重要な点である。ヒトにだけおばあさんとよばれる時期があるのは、自分の孫の世代の世話をすることで繁殖率を高め、種の存続や繁栄を助ける必要があったからだという解釈である。おばあさんが子どもの世話をしてくれている間、母親は栄養補給し、身体を休め、次の子どもを産む準備に入ることができる。

おばあさん仮説が本当に正しいかどうかは分かっていない。実験室で検証することができないからだ。しかし、ひとりの子どもに圧倒的な手間と時間をかける必要のあるヒトが、数年間隔で子どもを生み、育てる形質を選択してきたのは、おばあさんという存在に限定されずとも子育てをサポートしてくれる仲間がつねに母親のそばにいたから、という解釈はきわめて妥当な考え方であるといえる。

最近、「イクメン」という言葉をよく耳にする。積極的に子育てにかかわる、模範的な父親を表現するらしいが、生物学的視点でみるとイクメンは「理想」ではなく、ヒトが生きていくために必要な条件なのである。もちろん必ずしも父親である必要はないが、核家族化が進んだ現状では、子育てに参与できる選択肢はどうしても父親に限られる。近代前には、ヒトの子育ては両親だけでなく、祖父母、兄弟姉妹を含む家族を単位としておこなわれていたし、地域社会からの援助も大きかった。だからこそ、ヒトは複数の幼い子どもの面倒を同時にみるタイプの子育てが可能であったし、実際こうした出産と子育てのバランスを進化の過程で選択してきたと考えられる。

ヒトにおいては、母親ひとりに背負わせる子育ては生物学的にみて不自然であることに納得いただけたかと思う。母の手で、という思い込みや社会の価値観が、母親を苦しめている。こうした異常事態は、子育ての営みを支える正と負のエンタテインメント エネルギーの適切なバランスを崩すことにつながる。子育ては、育てられる者にとっても、育てる者にとっても、正のエンタテインメントが相対的に優位でなければ持続しない。母親の過度な負のエネルギーを低減させ、正のエネルギーを強く喚起させるには、母親以外の他者、父親、家族、そして地域社会からの積極的な子育てサポートが欠かせない。それは、母親を守るだけでなく、子どもたちの、そして人類の未来を守ることでもあるのだ。

2.2.4 他人の気持ちが分かりすぎるヒト

前項では、ヒトの子育ては、母親ひとりが担うようには進化してこなかったこと、仲間からのサポートなしにはうまくいかないことを述べてきた。残念ながら、現代社会においては、このような生物学的な事実に基づいた子育ての理解が十分なされているとは言いがたい。実際、子どもたちが犠牲となる悲惨な事件を目にしない日はほとんどない。

厚生労働省が示した平成29年度の報告によると、児童福祉法により親の死亡や経済的理由などで親と暮らせない子どもたちの生活場所、児童養護施設や乳児院は全国に753施設あり、入所中の子どもたちは4万5千人を超えている。さらに里親委託制度なども含めると、その数は5万人余にのぼる。その数の多さにあらためて驚かされるとともに、数値の背後にあるひとり一人の子どもたちの状況、心を思わずにはいられない。

この現実には、現在の子育ての限界が如実に映し出されている。しかし、どのような状況であれ、私たちは脆弱な子どもたちを守っていかねばならない。そこで、この項では、母親以外のヒトが子どもを育てるという選択肢を生物学的な視点から再考してみたい。

母親以外の仲間が他人の子どもを育てる。こうしたことは、チンパンジーではまず起こらない。基本的には、母親の死は子どもの生命の終わりを意味する。しかし、母親以外の仲間が子どもを育てることは、ヒトではさほど珍しいことではない。母親が育てることができなくなった場合、母親以外の誰か、たとえば父親やおじいさん、おばあさん、おじさん、おばさん、さらには血のつながりのない者でも子どもを育てる役目を担うことが多い。こうした子育てスタイルは、生物学の分野では「アロマザリング（allomothering, alloparenting）」とよばれている。熊本県のある病院が踏み出した「赤ちゃんポスト」の設置、これも血縁を越えた積極的なアロマザリングの例のひとつだろう。「ポスト」という名前の是非や、設置の意義をめぐる賛否両論はいまだに絶えないが、ヒトはこれほど積極的に他人が子育てへ介入する、とても不思議な動物なのだ。

私は、ヒトがみせるアロマザリングは、ヒト特有の心のはたらきによって支えられていると考えている。ヒトは「他人の痛みがわかりすぎる」動物のようだ。他人に「共感する」という種特有の心的機能をもっている。自分には直接の利益がなくても、なぜか他人を助け、積極的に教えたがる。さらにいえば、こうした援助行動は無意識的に行われる場合も多く、ヒトの基本的な性質といってもよいように思える。私たちの研究室でおこなった調査によれば、ヒトは言語を獲得する前、2歳ごろにはすでに困っている人を助け、教えようとすることが分かっている。

正確にいうと、他人に共感する動物はヒトだけではない。ニホンザルやチンパンジー、さらにはラットなども、ほかの個体が身体や表情に表す感情を敏感に読み取り、すばやく反応する。しかし、ここで強調すべきは、ヒト以外の動物がみせる共感の中身は、他の個体の「不快な感情」、たとえば、恐れ、怒り、威嚇などに限定されているという事実である。他個体の不快さをすばやく感じ取ることができれば、これから起こりうる危険をすばやく察知し、事前に回避することができる。多くの動物が、他の個体の不快な感情に敏感なのは、自らの生存可能性を高める上で意義があったからだと考えられる。

それに対し、ヒトが共感するのは他人の不快な感情、負のエンタテインメント喚起にとどまらない。快（かい）の感情、心地よい感情、他人の喜びやうれしさといった正のエンタテインメントまでをも共有してしまう、特別な共感性を脳内、身体に喚起させる。オリンピックで日本人選手が金メダルをとった姿に感動し、涙する。これも、ほかの動物には決してみられない、ヒト特有の共感の表れだ。こうした並はずれた共感によって、私たちは子どもの泣き、笑顔、母親のさまざまな心の状態にも無意識的に、敏感にならずにはいられなくなる。頭で考える前に、思わず他人の子育てに手を差し伸べている。前項で触れたが、ヒトで共同の子育てが成立したのは、正のエンタテインメントを他者と共有するヒト特有の心のはたらき、快感情への共感によるところが大きいと私は考えている[8]。

こうした点から、気になっていることがある。他人の心に鈍感、あるいは敏感でありすぎることが原因と思われる社会問題が目立ち始めてはいないだろうか。自分の思い通りにならないからと、他人を傷つける。他人に理解されないからとすぐにあきらめ、社会との断絶を選び、引きこもる子どもたちの数が目立って増えている現状。自分の感情とはいったん切り離して、他人と感情を共有、理解しようとする共感力が、今は育ちにくい環境にあるのだろうか。次の時代を担う子どもたちに、ヒトらしい心、共感する力を十分発達させる環境を保証する。それが、私たち今を生きるホモ・サピエンスに課された使命である。

では、そのためにはどうしたらよいのだろうか。ここで、ひとつの方向を提案したい。仲間と目標を共有しあい、他人とうれしさ、楽しさを共感しあう経験、体感する経験を子どもたちに豊かにもたせてあげること、これをヒトの心を育む方法のひとつの柱としたい。他人と喜びを分かち合うことは、とても心地がよいものだ。もちろん、他人の感情はいつも自分と同じとは限らない。どうしても理解できない場合だって少なくない。しかし、他人と喜びを分かち合うときの心地よさを十分知っている子どもは、もし他人とうまくいかない状況に陥っても、他人を知ろうとすること、他人とかかわろうとすることを簡単にあきらめたりはしないはずだ。子どもの頃から他人とともに笑い、喜びあう正のエンタテインメント経験を十分積み重ねることのできる場、他人に強い関心をもち、他人の心をもっと知りたいと思わせる経験が豊かに提供できる環境、それを保証することが豊かな共感力を育てる鍵だと思う。

もうひとつ、共感力が育つ場として大きな役割を果たすのは、子どもたちが生まれ育つ「ふるさと」だ。幼少期に過ごした地域特有のことばのやりとりには、互いの心をいとも簡単につないでしまう不思議な力がある。見知らぬ人が同郷であることを知り、方言を交えて会話してみる。すると、昔から知り合いだったような、心が通い合ったような、そんな気持ちにもなる。

ヒトは、母親の子宮内にいる時から、ことばに敏感な生き物だ。母親の声と他の女性の声を録音して、胎児に聞かせる実験を行ったことがある。すると胎児は、母親の声にのみ選択的に口唇部を活性化させ、反応したのである（図 2.2.3）。母親のことばを出発点として、ヒトは生まれる前から身体で、生まれてからはことばでも身近な人とつながろうとしている。さらに成長すると、子どもは母親との関係を超え、生活空間を共有する人々とのつながりをどんどん求めていく。兄姉、友達、先生、ご近所、地域の人々が投げかけることばを無意識にまね、身につけ、経験を共有しながら成長する。子どもは、最初に身につけた地域のことばを精いっぱい使い、身体の内側から湧き立つ思いを躊躇なく外へと表現する。そして、周囲の大人はそれを寛容に受けとめてくれる。まさしく、正のエンタテインメント エネルギーを子どもの内部に増幅してくれる環境だ。こうした経験は、大人となった今ではなかなか得られない。幼少期の特権だろう。幼少期に培ったことばのやりとりには不思議な力があると感じるの

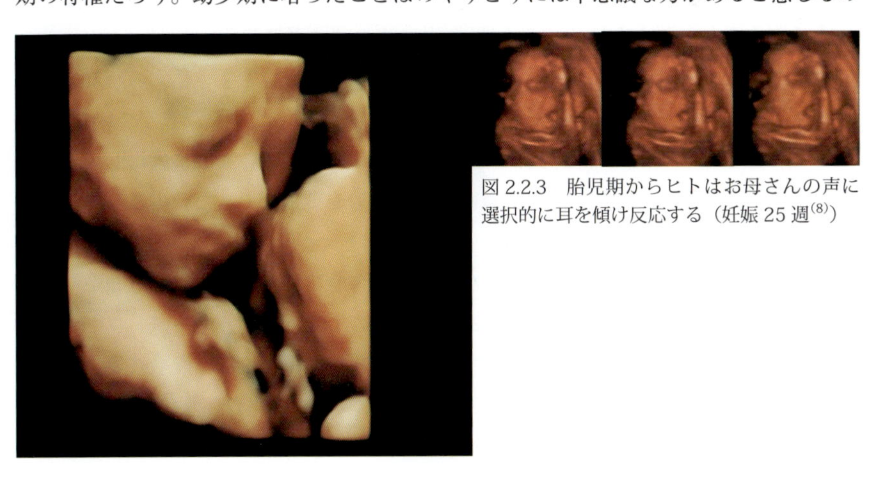

図 2.2.3　胎児期からヒトはお母さんの声に選択的に耳を傾け反応する（妊娠 25 週[(8)]）

は、この時期の心地よい経験が、私たちの脳内にしっかりと刻み込まれているからだと思う。子ども期に正のエンタテインメントを豊かに経験させる環境を提供することの役割は、ヒトらしい心の発達において、とてつもなく大きい。

2.2.5 サルまねするヒト

最後に、ヒト特有の心を獲得するうえできわめて重要な役割を果たす認知機能について考えたい。それは、「サル真似」する能力である。そう聞いて、意外に思われる方も少なくないだろう。サル真似ということばには、一般にあまりよくない印象があるらしい。単に真似する、独創性や創造性に欠けていて頭を使わなくてもできる、といったイメージがあるからだろうか。

しかし、実際には、サル真似はそう簡単なことではない。目の前にいる人の体の動きは、川の流れのように、時間の経過とともにどんどん変化するものである。一時停止することはできないのだ。にもかかわらず、私たちは（1）変化し続ける他人の身体の動きから、真似するのに必要な情報だけを瞬間的に選びとり、（2）頭の中でそれらの情報を組み立てて、（3）最終的には、自分の身体を使ってそれを忠実に真似することができてしまう。サル真似は、きわめて高度な難しい情報処理によって支えられている能力なのだ。

サル真似を巧みにおこなうのは、私たちヒトだけである。そう聞いて意外に思われる方も多いだろう。この10年余の研究で、私たちは、サル真似が得意な動物はヒトだけであることを明らかにしてきた[(9)(10)(11)]。サルは、真似しないのだ。この地球上に生きている動物の中でヒトにもっとも近いチンパンジーでさえ、他人の行為を真似することはとても苦手なのである。「サル真似」という表現は、実は間違っていたのだ。

では、なぜヒトだけが「サル真似」する力を進化の過程で特異的に獲得してきたのだろうか。研究者は、ヒトが進化の過程で模倣能力を獲得してきた理由として、おもに次の2つの点を強調してきた。

ひとつめは、道具の使い方、作り方など、生後に身につける必要のある知識や技術の学習に模倣が役立ったという見方である。自分の力だけでいろいろ試しながら学ぶより、他人の行動を観察してサル真似するほうが断然効率よく、知識や技術を自分のものにできる。私たちの身の周りには、携帯電話やパソコンなど、複雑な操作を必要とする道具があふれている。これらの操作方法を身につける方法として、分厚い説明書とにらめっこしながらひとつひとつを自力で学ぼうとする人はおそらくいない。多くの方は、他人の操作方法を観察し、見よう見まねで習得されているはずだ。私たちは、サル真似によってさまざまな道具の使い方を学習している。

さらに、模倣学習は効率がよいだけでなく、これまで蓄積してきた知識や技術を「そっくりそのまま」忠実に次の世代に伝えることを可能にしてくれる。つまり、次の世代はいちから知識や技術を発明、開発する必要がないのだ。こうした、世代を超えた知識や技術の伝達を「文化（Culture）」とよんでいる。模倣は、世代から世代へと知識や技術を効率よく、かつ正確に伝達することを可能にした、ヒトの文化を成立させた鍵といえる。

もうひとつの模倣の役割は、他人の心を深く理解することである。私たちは、他人なくしては生きられない、社会的な動物だ。他人とうまくやっていくことが、生きる上での最重要課題といっても過言ではない。他人とうまくやるには、次の2つを満たすことが必要だ。他人の心はつねに自分の心と同じとは限らないことを理解すること、その上で、他人の思っていること、感じていること、信じていることを敏感に察知し、それに対応することである。模倣は、それらを可能にする重要な役割を担っているとみられる。たとえば、皆さんの目の前にいる人がレモンをかじっているとしよう。思わず唾液があふれ出てくる。しかし、レモンをかじった経験のない人はそうならない。ヒトは、他人と同じ身体経験をもつことで、自分自身の心を他人の心に無意識に重ね合わせる性質をもっている。ヒトは、生まれて1年もたたないうちから、母親をはじめとする他の人の行動をこれでもか、というほど真似をする。赤ちゃんは、模倣しながら他の人の心を敏感に察し、理解し始めるらしい（図2.2.4）。サル真似は、ヒトらしい心の発達を支えるきわめて重要な認知能力といえる。

ただし、強調しておくべき重要な点がある。模倣は、たしかにヒトの特異的な能力ではあるが、それは遺伝子レベルで自動的に機能するように備わっているわけではな

図2.2.4　ヒトは生後1年を迎える前、言語を獲得する前から模倣する

い。ヒトの模倣能力を発達させるには、ヒト特有の環境で育つことが必要なのだ。では、ヒト特有の環境とは具体的にはどのようなものなのか。

私は、1994年から10年余、愛知県犬山市にある京都大学霊長類研究所という研究施設で、チンパンジーとともに生活してきた。彼らとの直接的なやりとりは、身ぶりや手話が中心だ。たとえば手が届かない場所に欲しいものがある場合、チンパンジーは研究者に対して「指さし」で要求する。チンパンジーの指さしは、ヒトでいうと「手伸ばし」のかたちに近いが、それでも彼らが何を求めているのかはすぐにわかる。

ところが、1996年、アフリカで野生チンパンジーを初めて観察したとき、彼らのふるまいが研究所で生活するチンパンジーとあまりに違うことに衝撃を受けた。野生チンパンジーは、指さしや手差しを使ったやりとりをすることは一切ない。本来、チンパンジー社会の中でチンパンジーとして生きる上では、指さしを使ったやりとりは必要ないのだろう。しかし、研究所のチンパンジーにとってはそうはいかない。ヒト中心の環境に適応し、うまく生きていくためにこうしたヒト的なやりとりを身につけたと考えられる。

野生チンパンジーとヒトの養育スタイルを比較してみると、そこにははっきりとした違いが認められる。ほとんど意識することはないが、おもしろいことに、私たちヒトは子どもに無意識に真似させる「訓練」を日常的におこなっているのだ。大人は、身体が未熟な赤ちゃんを、心だけはまるで一人前の存在のように扱う。おなかがすいたね、オムツ濡れたの、など、赤ちゃんの表情やしぐさをある意味「勝手に」解釈する。赤ちゃんの興味を強引に引きつけ、手をとっておもちゃを握らせ、行為を共有させようとする（図2.2.5)。その解釈が正しかろうと誤っていようと、それは大人にとってはあまり大きな問題ではなさそうだ。

おもしろいことに、大人による「おせっかいな」解釈は、結果的には大人の誤解のままでは終わらないことが多い。赤ちゃんは、こういう反応をしたときにはこう対応

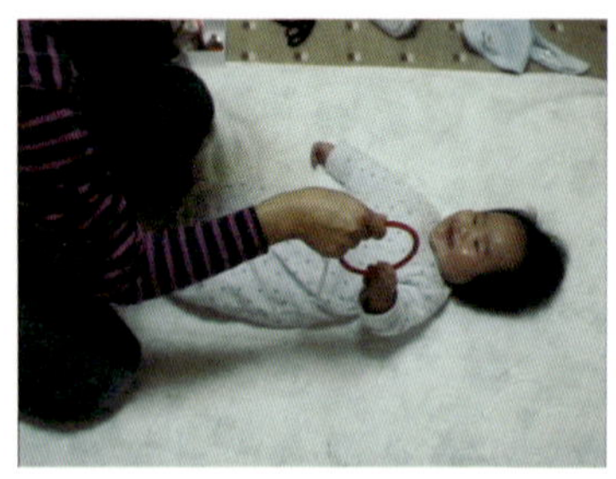

図2.2.5　ヒトは赤ちゃんの心を積極的に解釈し、積極的にかかわりながら心のはたらきを方向づけて育てる

される、という経験を日常的に積み重ねていくため、大人が期待するとおりのふるまいをいつしかし返すようになっていく。正のエンタテインメントが喚起される機会を利用しながら、大人は赤ちゃんの心をヒトらしくはたらくよう形作っていく。これが、ヒトらしい環境に適応しながら心が発達していく姿なのである。私たちホモ・サピエンスは、こうしたことを世代を超えて繰り返しながら生存してきたのである。

それに対し、チンパンジーの子育てはヒトとはまったく異なる。チンパンジーの大人は、子どもにおせっかいに関わることはない。いざというときには体を張って子どもを守ろうとするので、決して無関心なわけではないらしい。ただ、子どものやろうとすることを褒めもせず、叱りもせず、ただじっと見守り、さまざまに経験する機会を子どもに自由に与えてやる。それが、チンパンジー流の子育てスタイルといえる(図2.2.6)。チンパンジーの子どもは、自分の経験、試行錯誤と、大人の背中を見ることでチンパンジーらしい心を発達させていく。

図 2.2.6　チンパンジーの子どもは親の行為を観察し、自分で試行錯誤を繰り返しながら学ぶ（左：アフリカの森で生きるチンパンジー母子 , 右：京都大学霊長類研究所で生活するチンパンジー母子）

2.2.6　ヒトらしく生きるための学問を目指して

ヒトらしい心の発達は、他者からの積極的なかかわり、「教育（active teaching)」にゆだねられている。ヒト特有の教育を特徴とする環境でしか、ヒトらしい心のはたらきは芽ばえてこない。私たちは、この世に生を享けた瞬間から次の世代のヒトの心を育む環境としての役割を担っている。今ほど、ヒトは他人からの積極的なかかわりによって支えられ、生かされている存在であることを再認識すべき時代はないのではなかろうか。私たちは「個」であると同時に、ヒトらしい心のはたらきを発達させる「環境」として進化してきた存在でもあることを自覚せねばならない。ヒトの心を育むうえで必要な条件とは何か、適応的な環境とは何かを科学的に明らかにし、現代の子育てに生かすこと、今を生きるホモ・サピエンスが取り組むべき重要課題のひとつはここにある。

比較認知科学のアプローチは、ヒト本来の行動や心のはたらきといった進化の所産、そしてそれを支えてきたヒトのエンタテインメント性の特質とその役割を，既存の先入観、価値観といったん切り離し、再考することを可能にする。私たちの社会が抱えるさまざまな問題、課題を客観的に分析、解決への道筋を模索するための有効な視点を見出す努力を今後も継続していきたい。

< 参 考 文 献 >

(1) 長谷川寿一・長谷川眞理子：進化と人間行動、東京大学出版会、2000

(2) 松沢哲郎：想像するちから―チンパンジーが教えてくれた人間の心、岩波書店、2011

(3) 明和政子：まねが育むヒトの心、岩波書店、2012

(4) 明和政子：心が芽ばえるとき ―コミュニケーションの誕生と進化、NTT出版、2006

(5) Hawkes, K., O' Connell, J., Blurton-Jones, N.G., Alvarez, H., & Charnov, E.L. :Grandmothering, menopause, and the evolution of human life histories. Proc. Natl. Acad. Sci. USA, 95, 1336–1339, 1998

(6) Hawkes, K.:Human longevity: The grandmother effect. Nature 428, 128–129, 2004

(7) Melissa Emery Thompson, James H. Jones, Anne E. Pusey, Stella Brewer-Marsden, Jane Goodall, David Marsden, Tetsuro Matsuzawa, Toshisada Nishida, Vernon Reynolds, Yukimaru Sugiyama, Richard W. Wrangham:Aging and fertility patterns in wild chimpanzees provide insights into the evolution of menopause, Current Biology, 17, 2150–2156, 2007

(8) 明和政子：身体マッピング能力の基盤を探る、ベビーサイエンス、8、2-13, 2009

(9) Myowa-Yamakoshi, M. & Matsuzawa, T. :Factors influencing imitation of manipulatory actions in chimpanzees (*Pan troglodytes*). Journal of Comparative Psychology, 113, 128-136, 1999

(10) Myowa-Yamakoshi, M. & Matsuzawa, T.:Imitation of intentional manipulatory actions in chimpanzees (*Pan troglodytes*). Journal of Comparative Psychology, 114, 381-391, 2000

(11) 明和政子：なぜ「まね」をするのか、河出書房新社、2000

2.3 子どもの遊びとエンタテインメント

2.3.1 遊びの意味するもの

幼少時代を振り返った時、読者にはどのような記憶が残っているだろうか。きっとお気に入りの遊びや、場所があったことだろう。大人に隠して秘密の場所を創り、思わぬ怪我をして痛い思いをしたこともあるだろう。それは現在の自分にどんな影響を与えているのだろうか。

乳幼児期には、体を丸ごと使っていろいろなものに実際に触れ、体験を通して遊び、学習することが何にも増して大切である。とりわけ、自然の中に入って遊び、学ぶことは、自然の与える多様性を考えれば、極めて効果的と考えられる。人工の公園にある遊具で遊ぶことと比べ、自然にある林の木々や川、石などが与えてくれる遊びの多様性を考えれば、当然のこととお判りいただけるだろう。子ども達の興味関心に従い、自由にやりたいことを選び、活動できる環境を整えてあげさえすれば、彼らは全身と五感を使い、人や環境と様々な形で関わり、人生に必要な能力を磨けるはずである。物事の楽しさや不思議さ、あるいは何を不思議と感ずるかは、人それぞれで異なっている。しかし、自ら経験することから、子ども達は多くを学び、原体験として記憶に刷り込んでいくことになる。

幼児教育の主な目的は、

① 生きるために必要な力を、その発達の段階に合わせたやり方で身に着けること、すなわち、生きるために必要な力を、身体とそれを取り巻く環境との相互作用（インタラクション）により、感覚運動的経験にもとづいて獲得し、自ら学ぶ姿勢を身に着けること、

② 疑問を持ち、知らなかったこと、わからなかったことがわかる、などという学習の楽しさや喜びを、就学後の学校生活の基盤として身に着けること、

などである。そうした能力は、遊びを通して自らの意思で選択し、十分に心身を使って活動して、身に付けていくことが有効と考えられる。

時として、小学校に入学した時点で、読み書きの能力が求められる場合があるかもしれない。しかし、入学までにそうした能力が育っているなら、就学してからやり方を教われば、直ぐにできるようになるはずである。幼児の時点でまだ能力が十分育っていないか、あるいはぎりぎりの段階にあるにも関わらず、無理に読み書きを習った

としてもうまく進まず、場合によっては、無駄に時間を過ごしてしまうという危惧さえある。

今から数十年前、小学校入学後に初めて漢字を習った子どもが、「一」とか「月」とか、簡単なものを、初めて習ったときの逸話がある。「最初に漢字を習った時のことはとても印象的で、今でも昨日のことのように鮮明に覚えている。しかし幼稚園時代に習いたいとはとても思わない」と話していた。実際、その通りではないかと思われる。「月」という漢字を、線の連なりとして突然習うよりは、月の明るさや闇夜の暗さ、月の満ち欠けの不思議さなどを十分に体験して知っていることの方が、乳幼児期にはふさわしく大切である。月を感覚的に知っているからこそ、この文字の図的な面白さや美しさに関心を持って、学ぶことができるのではないだろうか。実際に月を見上げ、不思議さや美しさを感じる体験、そして月が登場する歌や物語に接することなどを通して、実感として「月」を知っていることの方が乳幼児には重要であり、必ずしも漢字や文字を知っている必要はないとも考えられる。

文字がない世界とは、どんなものであろう。それは、子どもたちに直接的に訴えかけてくる世界なのであろう。ある意味で、とても自由な世界である。体で感じたことを心に浮かべ、記憶する間に、脳は視覚野、感覚運動野などさまざまな部位をフルに活性化させている。体を思い通りに使って「遊ぶ」ことは、乳幼児期の脳の発達、それに基づき複雑な心のはたらきを獲得するうえで極めて有効であるといえる。

幼児期に、顕著に発達する心のはたらきのひとつに、怒りにまかせて短絡的に暴力を振ったりしないなどといった、自分の行動や心をモニターし、自分自身でコントロールできることがある。また、美しいものを美しいと認識することや、他人に親切にすること、困っている人がいたら場面に応じて助けるといった思いやりや判断力が入るかもしれない。こうした心は、人間が生まれて成長する過程で自動的に沸き立ってくるものではない。大人が子どもたちに暮らしや教育の中で適切な環境を準備し、子どもたちが知らず知らずのうちに自分自身で気付き、心を豊かに育めるように仕向けることが大切である。

しかし、これはそう簡単なことではない。大人達が意識的にせよ、あるいは無意識にせよいろいろ干渉して、障害になることがしばしばある。こうした問題を子どもに接する大人が理解するには、少しの辛抱と、一歩下がって見守るゆとりが必要だろう。本当に必要そうならば、タイミングと方法を図りつつ、援助する。子どもたちの遊び、学習のプロセスを見届けたり、見て見ぬふりをしたりするときに垣間見える子どもの姿は、大人にとっても楽しく、教えられることの多い「エンタテイメント」と言えるかもしれない。

子どもは非効率なやり方をしたり、失敗を繰り返したり、答えからほど遠い方向へ進んだりする。試行錯誤をしている間に別の疑問や発見に当たり、紆余曲折する。子ども特有の想像の世界に入ったりもする。そうかと思えば、自然や科学を感覚的に理解していたりする。見ている大人にとってもどかしいことも多いが、その試行錯誤の道のりを経るからこそ、自ら答えを発見したり、目的を達成したりした喜びは大きいに違いない。こうして、「またやってみよう。」、「こっちはどうかな。」と学習の芽が育まれていくのだろう。

遊びを中心において保育する幼稚園、保育園、こども園では、保育者たちが子ども達の遊びや人間関係を観察して把握し、ひとり一人が学んでいることの内容を読み取り、次の展開を予想しながら、日々計画・準備し、保育している。さらに楽しくなったり、学びが深まったりする方法や素材を考え、それを提供する量やタイミング、方法を図りながら、援助していく。小学校入学までの時間に、それぞれの子どもに経験してほしいこと、知ってほしいこと、友だちとの関係性など、必要と考えられる経験や能力を随時汲み取り、計画に入れていく。その上で、興味関心に従って選択し、遊び、学び、のびのびその子らしく過ごすことを最優先に、日々の援助を行っている。

グローバル時代を迎え、日本の企業が急速に世界展開を行っている。なぜなら、日本企業にとって、そうすること以外に、生きる道はないと誰もが理解しているからである。しかし、グローバルなビジネスに耐えられる人材が、現段階で国内に十分いるといえるだろうか。こうした課題に直面している私たちは、企業、大学、政府などが、最大限の努力を傾けていかねばならない時代をとうに迎えている。特に大学や大学院などの高等教育機関は、必要な人材の育成を担っている。

もちろん、大人になってグローバルビジネスに要求される能力や技術を磨くことは大切である。しかし、グローバル競争のなかで客観的に自己を見つめ、冷静な判断ができる心のはたらきは、乳幼児の頃から準備を始めないとその育成はかなり困難なように思われる。実際、切羽詰まったビジネスの環境下において、心の動揺を抑え、方針を決めたら自信を持って貫き通さなければならない場合が多くある。こうした時に、様々な知識や情報が大量に入ってきても、動揺しない心、すなわち子どもの時代から養うべき、そこにあるものに応じて自己を抑制し、適切にふるまうことのできる判断力が、極めて重要になるのではないだろうか。乳幼児期の遊びを通じて育まれた柔軟な心の基盤が、ビジネスを進める際に、リーダーとして必要な素養ではないかと考えられる。

遊びの大切さについて、たとえ研究者や保育のプロフェッショナルがいくら説いたとしても、子どもは基本的に保護者の管理下にあるため、やはりその同意や共感を得なければ、理想を目指した保育実践の試みは不可能である。したがって、どのように保護者に賛同してもらい、援助してもらうかが成功の鍵になる。保育者が気遣うべき点は、そうした家庭との連携を築きながら、ひとり一人の子ども達の性格や育ちの背景、発達に見合った遊びの環境や時間をデザインし、提供していくことである。多少の冒険もさせてやりたい。子ども達が子ども時代を、子どもとして生き生きと過ごせるよう、子どもだけでなく家庭をサポートすることも求められている。

乳幼児の「遊び」において、とりわけその質や内容が極めて重要である。最近の研究では、既に子宮内にいる時から、母親と赤ちゃんのインタラクション（相互作用）は始まっている。言葉を獲得する前から、赤ちゃんは大人の行動を鏡に写すように模倣する（前節参照）。そうした他者との随伴的な関係への気づき、関心が、人間の社会的認知機能の発達と密接に関連することが、近年の発達科学や認知神経科学の研究から明らかとなりつつある。随伴的な相互作用を他者と経験しながら、人間は言語を獲得する前から、自分とは異なる他者の存在に気づいていく。さらに、言語を獲得してからは、自分とは異なる他者の心にいっそう敏感となる。色々な遊びの場面の中で、子どもたちは他者の心と対峙する。あるときは自己を主張し、あるいは自己の主張を抑制しながら、どのように他者とかかわるべきかを、遊びを通して学んでいくのである。

現在、日本の保育プロフェッショナル養成機関においては、乳幼児の脳や心に関する基礎研究と実践を結ぶカリキュラムが、十分提供されているとはいいがたい状況にある。乳幼児期は、人間の心のはたらきの核が獲得される極めて重要な時期である。この時期にこそ真に必要な教育、保育の中身を、固定概念にとらわれず、基礎研究、エビデンスにもとづき再考することが今求められている。

次節の事例で示されるが、「子どもの遊び」については、これまで様々な試みが行われている。フィールドを自然に置いて行う遊びは、様々な理由により、国内、とりわけ都会で実践するには、困難さを伴う場合があるかもしれない。しかし、日本を含め、世界のどこでも、工夫次第で実施可能なものも多くある。国内においても、自然体験を重視した活動が増えている。

アメリカにある日本人幼稚園を例にあげると、保護者達は企業の駐在員やアーティストなど、様々な職業についており、バラエティに富んでいるという背景があった。したがって、視点や暮らしが多様かつ寛大な傾向があった。このため、こちらが提案する教育方針を受け入れ、価値観を共有してくれる保護者が多いように見受けられた。保育活動の一環として、子どもたちが森の中で自由に遊べる活動を始めてみると、苦情どころか奨励、感謝の声を多く聞いた（次節参照）。そうした方々であっても、日本に帰国すると情報の多さに戸惑うが、「アメリカに戻ると情報が日本より少ないことで、惑わされずに済むのでほっとする」、と言う声を聞き、興味深く思ったことがある。

人間（ホモ・サピエンス）が進化の過程で置かれた環境において、何が人間らしい心の獲得に不可欠であったかを、ここで改めて考えてみたい。ただ自然に帰れと叫んでも、社会に伝えるメッセージとしては不明確なまま終わってしまう。現在の多種多様な複雑な生活空間のなかで、人間の心を育むうえで一体何が本当に大事かを、保育実践の検証を通じて明らかにすることはできるだろうか。

自然を体感する過程で子どもたちが学ぶのは、日常の人工的空間では得られない、身体を介したダイナミックな感覚運動経験である。身体表象、言いかえれば自分の身体感覚の認識が、自然というダイナミック空間に位置づけて体感できる。「木って、人間よりこんなに大きいんだ」という感覚、つまり自己のみ、人間のみを中心とした世界の見方だけでなく、客観的に自己身体の感覚をとらえることのできるメタ認知能力（自分自身を認識する場合において、自分の思考や行動を客観的に把握し認識する能力）の獲得である。自然の中で自分の思い通りに登れない、渡れない、進めないなど、自分の身体イメージを抑制し、捉えなおす経験は、幼児の身体運動能力のみならず、心の側面の発達においても、極めて重要な機会となる。

自然の中で活動することは、当然のことながらリスクを伴う。したがって、その実施には、園や保護者の了承や協力が不可欠となる。だが、自然のなかに身体を位置づける教育、保育活動は、必ずしも本格的な山や森でのみ可能というわけではない。遠方まで足を運ばずとも、身近な公園や園庭、場合によっては住宅街にある小さな林や森の中でも実践することが出来る。ニューヨーク近郊のニュージャージー州では、住宅街の中に自然保護区があり、自然に近い状態の森へ幼稚園の園外保育として出かけ、自然の中で遊ぶことが可能であるという。

人間の遊びの本質は、ホモ・サピエンスが誕生したアフリカの地でも現代社会における大都会でも、大差なく共通している。文化を、人種を問わず、遊びという時空間を子どもに保証しつつ、それが彼らの主体的学びにつながるよう、無理強いせず適切に支える、ホモ・サピエンスは、こうした子育てを行いながら現在まで生存してきたのである。

2.3.2 幼稚園で活動する幼児の姿

本書の序論において、「幼稚園で実践される幼児の遊びには、踊り、歌、劇、水遊び、森歩き、虫探し、粘土遊び、描画、工作、想像、模倣遊びなど、大人が通常楽しむエンタテインメントの基本要素が、ほとんど取り込まれている。それゆえ、エンタテインメントの起源が、こうした遊びと強く関連していると言っても、決して過言ではない。」と述べられている。本節ではこのことについて、具体的な幼児の姿を参考にしながら考えてみる。

その現場となるのは、米国ニューヨーク近郊のニュージャージー州にある、日本人幼稚園である。海外にありながら、日本語と日本文化を通して教育を行う、米国非営利学校法人である。学園の全体像は、対象を2歳半頃から中学生（一部高校生）とし、国際色が豊かで職業が様々な家庭の、多様なニーズに合わせ、多くのプログラムを提供している。全日制小学部、幼児部を基盤としながら、働く保護者のための保育園的施設、平日は現地校に通う子どもを対象とする週末の日本語補習校、サマーキャンプ、スポーツ、アート活動、縄跳びのダブルダッチクラブ等、ユニークなものもある。マンハッタンを含むニューヨーク周辺に4つの校舎を構えている。カリキュラムには英語も入るが、一貫して日本にいるように日本語や日本文化を通して教育を受けることができ、現地在住者にとって貴重な存在である。筆者が勤務したのは、この全日制部門の幼児部で、3歳児から5歳児の幼児たちが、平日にフルタイムで通園している。保育室に入れば日本の幼稚園という雰囲気で、上履きに履き替え、昼食は手作りの弁当か給食を食べる。運動会も行われる。ここで筆者は、日本では当たり前に実施していた行事や遊びに、日本独自のものが多くあり、地球規模の視点では非常に特別なものであることを、たびたび認識させられた。年間行事の中に、節分、花見、運動会など、日本の歴史や文化的背景に根差したものが多くあり、現在まで伝わっていることは当たり前でなく、非常に意義深い。そう認識を改めながら、海外に住む日本の子どもたちに、日本文化を伝える際のヒントとしていた。

ところで読者は、幼少期のころの想い出を聞かれたら、どのようなことを思い起こされるだろうか。身近にいる乳幼児や、町で見かける子どもたちは、どのように世界をとらえているのだろうか。子どもは大人の世界を、驚くほどよく感じ、観察している。テレビや大人たちの会話、周囲で見聞きするものなどから、情報やその特徴等をとらえ、遊びにも取り入れていく。筆者は保育中、自分の口癖が子どもの口から聞かれて、苦笑することもしばしばである。例えばオリンピックの時期には、手作りの旗を持って入場行進ごっこをしたり、陸上競技でゴールしてポーズを決めるシーンを再現して遊びに取り入れたりする。プラネタリウムに家族で行った後、大型積み木を並べたうえに布を張り、暗室を作って再現して遊ぶ。幼児にとって「遊び」は楽しいだけでなく、創意工夫し、失敗して試行錯誤するような、本気で真剣な取り組みでもある。

幼稚園教育要領にうたわれる通り、「遊び」を中心とした保育をする日本の幼稚園や保育所では、遊びをただ気の向くまま行うだけでなく、教師が教育的視点をもって、より意義深いものにしていく方法をとっている。幼児の遊びの芽生え、発展は、小さく弱いものであったり、プロセスが個人的であったりする。個人的な遊びがグループやクラスなど、集団での遊びや経験として発展するようなこともある。幼稚園は社会性を身に着ける場でもある。幼児たちの日常での経験や、時事ニュースや流行、季節など、幼児が面白いと感じていることを、教師が意図を持って取り上げたり方向づけたりして、学習として深めていくことも多いだろう。幼児にとって、「遊び」は「学び」が得られるとても大切なもので、いわば生活そのものである。米国の日本人幼稚園でも、限られた環境や就学、帰国までの期間の中で、個々の発達に応じ、発達に結び付く「遊び」ができるよう、教員一同で様々な試みをしていた。遊びとエンタテインメントには、深い関係が見られることから、幼児の遊び、活動する日常の姿について、クローズアップしてみることにした。

以下に報告するのは、場所は海外ながら、その遊びの内容は日本でも世界のどこでも共通すると考えらえる、幼稚園での幼児と教師の姿である。ここでは実際に行われたいくつかの活動の様子を大まかに取り上げる。幼児は豊かな暮らしと環境の中で、遊びを通して自ら学ぶ存在であることを踏まえながら、行事などに焦点を当て振り返っている。本書で論ぜられる「エンタテインメント」と共通する質を見出しやすくしたい意図があることをご了承いただき、大人と子どもの感じる「エンタテインメント」なるものの共通点等をとらえ、一考としていただければ幸いである。

(1)「風呂敷」を使ったダンスパフォーマンス
　対象：全日制幼児部　5歳児クラス
　行事：運動会

毎秋に行われる運動会では、各学年がダンスパフォーマンスを行うことが恒例である。ある年、年長児たちと「風呂敷」をテーマとして一連の活動を楽しんだ後、ダンスにして発表を行った。テーマを選択したきっかけは、筆者の夏休み帰国中に、面白い歌に出会ったことである。「なんのこれしきふろしきマン」という公共放送で放送された歌とアニメーションを見て、米国で暮らす日本の子どもたちに知らせたいと感じた。日本で生まれた布の文化を使って遊び、運動会へ展開できるのではないかと考えたのである。歌の中では、日本の伝統が寂れていく様子や、復活へのアピールが面白おかしく語られる。幼児たちに合った視点で、日本の文化がわかりやすく伝えられていると感じられた。曲調はドラマティックで、ダンスにもふさわしそうである。風呂敷をクラスの年長児たちは知っているだろうか。どんな反応をし、遊びに取り入れるだろうか。そこで自宅の近所から、クラスの人数分の風呂敷20数枚を提供頂き、アメリカへ持ち帰った。

8月末に2学期が始まった。まず、幼児たちに風呂敷を手渡し、「何に使うものだと思う？」と尋ねた。幼児たちは首をかしげながら、思い思いに体に巻いたり、振り回したり、丸めたりしている。「おしゃれに使うもの(首にスカーフのようにかける)。」「遠足のとき使う敷物。」「頭にかぶるもの。」「テーブルに敷くもの。」「忍者が使うもの。」などいろいろな回答があった。布の使い方として賢明で、年長5歳児たちの生活経験が垣間見えた。布の色合いや模様からも感じており、感心した。「“ふろしき”っていうものだよ。“銭湯”に行くときに・・・。」と説明を加えると、なるほどとそれぞれに古き日本の風呂にまつわる文化を、想像したりした様子である。それからしばらくは、風呂敷が遊びの随所に使われるよう、ままごとコーナーに置いたり、出席ノートを置く机にかけたりして、身近に手に取れるよう環境を設定した。特にままごと遊びで風呂敷は大活躍で、テーブルクロス、三角巾、おんぶひも、バッグなど、色々な使い方をして、便利さを感じているようだった。スカーフやスカートの様にして、ファッションとして楽しむ女児たちの様子から、クラス全員で「風呂敷ファッションショー」ごっこを開催してみた。初めは恥ずかしがった幼児もいたが、結果的には自分なりの使い方のアイディアを考えて、楽しんだようだった。頭に巻いたり、マントのようにしたり、自分だけの使い方を編み出し、工夫する楽しさや、友達に認められる嬉しさも感じることができたようだ。日本で仕入れた『風呂敷』という図鑑も人気だった。色々なものを対象とした巻き方が写真を交えて図解されており、ワインボトル２本、スイカなど重いものの巻き方など、本を見て相談しながら、巻いていた。巻くこと、運ぶこと、そして１枚の布が様々に変化して、使えることは面白いようだった。このように風呂敷に親しんだ頃、運動会に向けて毎年恒例の出し物であるダンスの相談をした。教師の側はもちろん、風呂敷が頭にあるわけだが、子どもたちの方から、「風呂敷を使うのはどうか」とアイディアが出た。そこで、「なんのこれしきふろしきマン」の歌を皆で聞いた。幼児たちはそのコミカルな歌に大笑いし、勇ましいスーパーヒーローのような歌や雰囲気を、すぐに気に入ったようだった。

繰り返し歌い、踊ってみる。教師は幼児たちの動きを取り上げたり、新たに提案したりしながら、形作っていく。振付けの細部は、グループや個人で考えたものをクラス全員で見合って、「それかっこいい。」「いいね、入れよう。」などと相談の上、正式決定としていった。教師が考えた箇所についても、提案という形で幼児たちに投げかけ、意見を出したり「いいね。」と承認したりしたことで、最終的に「自分たちで作ったダンス」という感覚が生まれていったように思われる。「どうしたら忍者らしく見えるか。」、「この格好をするとき目はどちらを向いたらいいか。」、「手の先はどの形がよいか。」など、教師から少し課題を投げかける。するとそれをきっかけに、細部を意識すると変化があること、動きが揃ったりそれらしく見えたりし、より「かっこよく」決まっていくことを、幼児自身で感じ、こだわるようになっていった。幼児たちの一部にある「忍者」のイメージも面白い。お気に入りでよくやる、マントや頭に巻く使い方も取り入れたい。風呂敷の巻き方についても、クラスで相談し、決定した。順序や取り入れる箇所については、教師側でより効果的に演出できるよう、当てはめた。風呂敷の使い方の変化により、観客をあっと驚かせるような意外性も意識的に取り入れた。教師が主導したのは、フォーメーションである。運動会の会場は、広々とした芝生の園庭である。子どもたちが走り回ってカラフルな風呂敷がたなびくと映えるだろう。列になったり、円になったりするフォーメーションを含む、ショーとしてのエンタテインメント性を高める全体の構成を提案した。観客を意識してフォーメーションや演出を考えたことは、エンタテインメントとしてこのダンス発表をとらえていた証であろう。まずひとり一人が踊ることの楽しさや友だちと工夫したり協力したりして創っていくプロセスを経験することがねらいであり、発表が一番の目的ではないが、観客を楽しませるという発想は、幼児たちにとっても面白く、上手にそろって踊りたいという発想につながっていった。その時は「エンタテインメント」という認識を、幼児たちも教師たちも持っていなかった。しかし、集団でするダンスの質を上げたい、そのために練習したい、という思いを、幼児も教師も持っていたように感じる。振り返ってみると、作る過程、練習、発表、その後の時間は、一般的には「エンタテインメント」と呼び得るものであろう。

風呂敷の使い方は、3種類が選ばれた。初めは忍者のように頭に巻き、途中で外して両手に持ち頭の上に上げ、ヒラヒラとスペインの闘牛のようにはためかせて使う。最後はマントにして背中につけ、スーパーヒーローになって終わる。幼児たちにとっては、「変身」のつもりであった。振り付けは、最初の登場から前奏のシーンでは、忍者になって強そうな表情をして勇ましく入場する。片膝を芝生について座り、顔を片腕で隠す。下を向いてじっと前奏を待つ振り付けになった。その間、話さず笑わず強そうにしたい、という幼児たちの思いだったが、本番では嬉しかったり緊張したりして、笑いをこらえたような表情になったりした子もいた。すっかり忍者になりきり、一生懸命勇ましい顔をする。それから、忍者のイメージの延長で、空手からヒントを得た動きを基に掛け声を入れたり、簡単な組体操を取り入れたりもした。子どもたちは、風呂敷の形を変えて変身する際、自分で結び目をほどいて首に巻くところで非常に緊張していた。最終的には首にマントをつけるためにマジックテープを使ったが、ダンスの途中で行うために制限時間があり、子どもは真剣で見ている方もハラハラした。マントを装着してふろしきマンが一列になり、黄緑の芝のグランドを一周走る。両こぶしをしっかり握り、片方は胸に、もう片方は力強くのばして、全速力で走ると、色とりどりの風呂敷マントがヒラヒラ舞い、連なって一本の線のように見える。宙に浮かぶ風呂敷が本当に空を飛んでいる様な雰囲気を醸し出し、会場から拍手が沸いた。本番を踊りきった年長児たちは、大変に誇らしそうであった。

この一連の経験は、幼児たちに達成感と、様々な気づき、「もっと、みんなで何かしたい。」という次なる意欲をもたらした。幼児期には、このような一連の遊び、体験が五領域にまたがる「学習」であり、就学後のより目的の細分化された教科学習につながるものなのであろう。

この運動会の後、年少クラスの教師から、年長クラスに依頼があった。「年少児たちが、“ふろしきマン”になりたくて真似をしているのだけれどうまくできないので、ふろしきをもって遊びに来てくれないか」というのだ。年長児たちは二つ返事で、風呂敷と曲のCDをもって年少クラスへ参上した。風呂敷を年少児の小さな頭に巻いてあげたり、そっと肩につけてあげたりし、音楽をかけて、一緒に繰り返し踊った。動きのままならない小さな年少児たちが一生懸命に踊る姿を見て、年長児たちは笑ったり「かわいい」といって見守ったりし、大人びた表情をみせた。家族ら観客に認められるのも嬉しいことだっただろうが、年下の子どもたちから憧れを受けるというのは、何にもまさる喜びと誇らしさなのだと、その表情や態度をみて感じた。この経験が、子どもたちの自立心を呼び、様々な面で成長させたことは、言うまでもない。

運動会後のエピソードがもうひとつある。風呂敷の活動を導入した初めの頃に、子どもたちが「やりたい！」と希望したことがあり、実現させたのだ。何度もめくって最後はボロボロになった『風呂敷』の図鑑に、幼児たちの心をとらえた記述があった。「昔の子どもは、教科書を風呂敷に包んで通学していた。」というものである。「風呂敷はランドセルだったということ！？」と驚いたり興奮したりしていた。「もうすぐ小学生」という意識のある年長5歳児たちにとって、「ランドセル」というのは、あこがれの象徴のようである。米国にいながらにして、「何色にしたの。」「おじいちゃんが買ってくれるんだ。」などと一部の幼児が話すのを聞いていた。当然ながら「風呂敷で幼稚園にきたい。」「やってみたい。」ということになり、運動会の終了後、「風呂敷デー」を実施した。全家庭にお願いし、幼稚園の通園バッグの代わりに風呂敷にノートやはし、コップなどの荷物を包んで登園した。スクールバスや廊下で、他学年の生徒や教師たちに珍しがられ、説明しながら、得意気に登園した年長児たちであった。ありがたかったのは、保護者たちも一緒に楽しんで協力してくれたことだ。双子の兄弟はもちろん、全員が違う結び方で登園してきたことは、驚きであった。メッセンジャーバッグやリュックサック形式、ハンドバッグなど様々な使い方をしており、友達に説明したり、やり方を聞いたりすることにとても熱心で、微笑ましかった。

数年後の同窓会で再会した折に、何人かの保護者と子どもが、「風呂敷で幼稚園へ行ったのは面白かった。」と話してくれた。幼稚園での遊び、そして学習は、幼児の特性から、ひとつひとつを明確な言葉にすることが難しい場合が多い。どのように以後の学習に結び付いたか、詳細に証明したいけれども難しいことを日頃から感じていた。そんな中、彼らの記憶に残っていた、ということは意味深く、嬉しいことであった。

(2) 森の幼稚園（自然体験活動）

対象：サマーキャンプに参加した、普段は日本人学校、あるいは現地校に通う

3歳から5歳の幼児　50名ほど（25名2グループ）、及び全日制幼児部　5歳児クラス、4歳児クラス

「自然に親しむ」ことを目的として、サマーキャンプを実施した。期間は2週間、フィールドは、バスで5分ほどの「ネイチャーセンター」と呼ばれる森である。ここで言う森とは、住宅街の中にある自然保護区のことである。自然のままといえる森林や森歩きのできるいくつかのトレイル、池や小川などが、レンジャーにより管理されている。対象となる幼児の自然体験には、ばらつきがあり、サマーキャンプだけ単発で参加の子どもについては、未知である。前述した全日制幼児部に通っていて、何度か経験している幼児もいる。そのような幼児たちを25名ずつ2グループに分け、グループ名を「メダカ」と「モグラ」とした。それぞれのグループでその生き物を切り口に、自然に幼児なりの目線で入り込めるようにしていこうと計画を立てた。森には2週間の間に3回行き、川を歩いたり、トレイル歩きをしながらモグラの穴を探したり、川に入ってメダカを見たりするという内容であった。アメリカに日本と同じメダカはもちろんいないが、そのことを説明した上で、日本の生き物を紹介する意味を含め、現地の川にいる小魚を「メダカ」と呼ぶことにした。幼児たちは、回を重ねるごとに、石だらけで滑りやすいでこぼこの川原を、上手に歩けるようになっていった。また、色々な発見を口にしたり、よく見ようとしたりするようになるのだった。

キャンプ初日に、全員で集まるのは初めて、森へ行くのも初めてという幼児たちをリラックスさせ、翌日から森へ出かけることに期待が持てるような導入をしたいと考えた。そこで、森との橋渡しにオカリナを使用してみた。

「オカリナを、森にいるメダカやモグラに聞かせてあげよう。」という導入で、1人に1つ手渡し、ペンで好きな絵をつけた。自分で色をつけたり、名前が入ったりすると俄然、「自分のもの」という親しみがわく。「自分だけのオカリナ」が出来上がり、吹いたり首にかけたりしてひとしきり楽しんだ後、家に持ち帰った。家ではピーピーと、さぞ賑やかだったことだろう。幼児にとってオカリナが面白い理由の1つに、当たり前のことだが、音を出せることがある。吹いて音を出してリラックスしたり、周りとコミュニケーションしたりすることにもなる。家庭でもこの思いを引き継ぎ、前向きな働きかけをしてもらったところ、多くの子がねらい通り、森へ行くことを楽しみにしていたようだ。家庭とは毎日、配布物や個人メモを通して、その日の様子や翌日のねらいをやりとりしていた。

こうした楽器を、「家に持ち帰る」ということは、家庭を巻き込んだり、その子の興味や関心を深めたりして、園と家庭をつなぐ上で、とても有効である。例えばキャンプ中は、メダカやモグラを窓口として、自然に近づいてほしい、という思いがあったので、幼児が帰宅してからも、どのようにしたら今日の経験を思い出し、自分の中に取り込んでくれるかということを考えた。森にいられる時間は1.5時間と長くないので、森での出来事が、どのようにしたら心に掛かり、体験として深めことができるか思案した。保育室の中でも、家でも道中でも、ふと「メダカ、どうしているかな。」などと気に掛かるようなら面白いだろうと考えた。思い出すきっかけとなる橋渡しを持って家に帰るのはどうだろうか。そうすることにより、保護者が保育内容に関して知ることが出来るので安心することにもつながる。「今日は何をしたの？」と保護者が聞いたとしても、うまく言葉にならない子もいるだろうが、それをオカリナがなんとなく説明する。

こんなエピソードもあった。キャンプ終了後に、ある母親から「家で、まだオカリナで遊んでいます。」と書いたお礼の手紙が届いたり、キャンプ２週目に、「週末に家でオカリナが割れてしまい、どうにも泣き止まないので、もう１つ購入したい。」と頼まれたりした。このように、オカリナは幼児と一緒に園と家庭を行き来しながら、橋渡し役を果たしてくれた。

園や家庭でしていることを、同じように森で行うことに、大きな意味があるように感じる。そうすることにより、より身近に森を感じ、自由に色々なことができ遊べる場所であると、感覚的に理解するのではないかと考えた。橋渡しとなる物があることも有効である。十分な手ごたえを感じ、頻繁に取り入れることにした。森の中で絵本を読んだり、折り紙を折ったり、楽器を鳴らしたりといった、通常は保育室で行うようなことを、森で実施する試みを続けた。

幼児を繰り返し同じ森や川へ連れて行くと、回を追うごとに、自由に動き、遊べるようになって行く。初回の幼児の姿は、おおむね「恐る恐る」である。好奇心のままに手足を動かし冒険する幼児もいるが、慎重にその子なりにフィールドの状況を確かめながら、じっと観察している姿も多く見られる。2回目は少し大胆になり、3回目はぱっとはじけて、ついに冒険をし始める。それが最終回となれば、なおさらだ。その姿を期待して、同じ場所で繰り返し活動するわけである。森では、例えば地面に起伏があり、凹凸で平らなところは少ない。場所によってぬかるんでいたり、乾燥していたり、足に伝わる感覚は多様である。木の根があちらこちらにとび出て、つまずく。落ち葉、木の実、動物の糞、枝など、いろいろなものが落ちていたり、有毒な植物が生えていたりもする。

池や川は、さらに魅力がある分、危険も大きい。引率する教師側も、岩などは、避けたいのが本音である。もし転んで、額を打ったりしたら、大けがをする危険性がある。引率者も、1回目、2回目と子どもの様子をよく見ておき、3回目はギリギリのところまで自由に遊び、冒険できるようにする。もちろん、危なそうな場所や遊び方について確認し、認識を持たせた上である。幼児の動きについて十分に想定し、教師間で意思の疎通を図りながら援助していく。保護者へ引率を依頼し、大人の目を増やすこともある。基本的には、幼児と教師の信頼関係が、それを可能にすると考える。幼児たちが、自分の限界を自分で自覚できるようになることも、森で得られる学習の一つである。そして、それを超える冒険を自らするときに、喜びや自信を手にする。越えられずに悔しい思いをしたり、チャレンジして越えられて喜んだりするときに成長する。また、友だちの存在が、その効果を倍増させる。

サマーキャンプは期間限定であるが、自然体験活動をより日常に近づけ、年間を通じて組み込めるのは、通常の全日制幼稚園での取り組みにおいてである。全日制幼児部4、5歳児クラスでは、季節ごとに森に出かける「森の幼稚園」と呼ぶ活動を始めた。毎回同じトレイルを歩くこと、同じ場所に立ち止まって自由に遊ぶことなどのプログラムを、春、夏、秋、冬、そしてまた次の春に行う。四季の動植物、昆虫等の変化に気づいたり、五感を通して感じたりし、自然に親しむことが目的である。

ある年に、5歳児クラスで幼児たちが鳥に関心を持った。鳥をよく観察したり、鳥になったつもりでままごとなど想像の遊びをしたりしていた。毎日図鑑を眺め、名前や生態に詳しくなっていく。なぜ飛べるのか、糞と尿はどんなかなど知るにつれ、興味や親しみが深まっていった。中には鳥が好きで真似し続け、本当に鳥のように見えるようになった幼児があったほどだ。首や胸、腕（羽）の角度、口のとがらし方などが何とも鳥らしく表現できるのだ。他の幼児たちの関心を集め、それぞれに真似をして研究していた。秋、冬になると寒くなって鳥が少なくなり、今度は想像の鳥を考えて遊び始めた。「えんぴつどり」は、くちばしが鉛筆になっていて、勉強することが得意だそうだ。就学を前にした年長児らしい発想である。スピードを出して地球を何周もできる「スターバード」、雨を降らせる「あめふらせどり」などが登場し、劇あそびをしたり、「夢の鳥図鑑」を作ったりもした。

また別の年の年中クラスで、冬に森へ出かけたときのことである。夏に訪れた時には魚が泳いでいた小川が、一面見事に凍っており、幼児たちが「乗ってみたい。」と言い出した。それで、まず引率者の教師１名が恐る恐る乗ってみた。一同、息を殺して見守る。氷が割れずに乗る事ができ、ほっとした。思いのほか、氷は頑丈そうである。幼児たちが一人ずつ乗っていく。後に乗る者はドキドキである。そっと乗り、先に乗っている者はどんどん奥へ詰めなくてはならない。緊張が高まる中、最後の一人の幼児が乗り、その後にもう一人の教員が乗る。「みんな乗れた。」飛び跳ねることはできなかったが、全員が喜んだことはいうまでもない。とても興奮する挑戦であった。教師にはこの厚みなら大丈夫だろう、もし落ちたとしてもさほどの深さではない。着替えもある、との見通しはあったが、やはり緊張し印象深い体験であった。

森の中には、様々な種類でいろいろな成長具合の木々があり、倒木も多い。年長児の背丈ほどの高さに倒れた倒木がところどころにあり、幼児たちの絶好の遊び場となる。平均台のようにつたい歩きをして飛び降りたり、ぶら下がったりする。春に大人が手を貸して登ったり、渡ったりして恐る恐る、しかし挑戦し続けた年長児が、最後の機会となった２月には、大人の助けなしに自分でよじ登って渡り、飛び降りる。彼はその性格から、誰かに思いを伝えたり喜びの共感を求めたりするわけでもなかったが、大変嬉しそうな表情をし、力強く歩き去って行った。見ていることが出来てよかった。後から「よかったね。」と本人に伝え、母親へ報告した。引率者としては落下して打ちどころが悪ければ怪我をし兼ねない高さで、心配でもあった。しかし、回を重ねるごとに慎重さから脱却してダイナミックに挑戦していく過程にいる幼児たちを信頼して、各回の“ぎりぎり”のラインを設定していた。保護者から承諾を得ていることも後押しした。森は、あらゆる幼児たちの身体や心の動き、興味や関心を、まるごと包み込み、満たしてくれる。この日、倒木をひとりで上り、飛び降りることのできた男児は、園に帰って日記に描いた。中央に大きな倒木と、赤いジャケットを着て倒木に上っている小さな自分の絵である。彼の乗り越えた高さと喜びをひしひしと感じる絵であった。

(3) 川遊び

対象：サマーキャンプに参加した普段は現地校、日本人学校等に通う3歳から5歳の幼児　50名ほど（25名2グループ）

自然体験活動の中で、川遊びは特に危険が多い。リスクを負いながらも、得られる経験が大きいため、導入したい遊びである。特に暑い夏には、水遊びと同様、気持ちが良い。カエルや水生昆虫、小魚など生き物も見つけられて楽しい。でこぼこで苔の生えた岩や石の道を歩くことは、幼児にとってスリルがあって楽しいが難しい。天候や水量を考慮し、どの年齢の幼児がどんな風に遊べるか、適切な判断が求められる。あるサマーキャンプでは、3回の川遊びで、歩く場所や距離を変化させ、難易度があがっていくように設定した。まず1回目は､幼児たちに強めの注意と警告をしておく。「苔の上はつるつる滑るので危ない。」「ゆっくり。」「絶対に走らない。」「転んで岩に頭を打つと、頭がぱっくり割れてしまうかもしれないよ。」「どこを踏んだらよいかよく見て。」などと、始める前にも、活動中も、声をかけていく。油断をせず、自分で注意するためである。そのため幼児たちはおおむね、真剣かつ慎重である。それでも幼児たちの楽しむ心は損なわれるどころか、キャッキャと声を上げたり、発見したことを話したりして､興奮気味である。怖がって教師のそばを離れない子もいる。2回目、3回目と経験を重ねると、感覚的に要領を得て、注意力や運動能力、そして自信が目に見えてついていく。滑って転びそうになるなど、ヒヤッとする経験も手伝っているだろう。川に入りながら、脳もフル回転しているのだろう。沢歩きのスピードが速くなったり、深い所に入って行ったりして、行動範囲が広がる。そうなるとさらに楽しい川遊びとなるようだ。

川で多くの幼児が関心を持つものに、石がある。気に入った色、形、手触り、大きさなどを見つけて集めたり、積んだりする。「ハートの形なの。」などと言って、とっておきの1つを見つけ、「ママにおみやげにする。」と大切そうに持ち帰ったりする。川にドボンと投げ入れると、しぶきや音が色々で面白い。石が変わるとしぶきの大きさや音も変わることを発見して、繰り返し楽しむ幼児もいる。あるときは、数名で音楽を作ろうといって「せえの。」「ドボン。」と一斉に川に向かって石を投げ入れたところ、向こう岸に擬態していたカエルが驚いて「グエッ」と鳴き、川に飛び込んだ。幼児たちも教師もどっきり、びっくり。顔を見合わせてお腹を抱え、笑いが止まらなかった。このように川では、見つけたり、集めたり、不思議に感じたりするものに出会い、忙しい。

サマーキャンプで目の当たりにした幼児の成長について、4歳のある男児が印象に残っている。とても慎重な性格のようで、朝の登園時には、毎日のように泣いているような状況であった。川遊びの初回、川を前にして顔は引きつり、濡れたくないと動かない。水のない川原の石の上で、他の友だちが楽しむのをじっと眺めていた。帰るために、川を通って移動する必要があった。彼は恐る恐る、教師と手をつなぎながら、とても慎重にゆっくり、川の中を歩き始めた。川の中といっても、幼児のくるぶしほどの深さであるのだが、「冷たい。」と言っていた。母親に報告すると、とても心配そうであった。嫌がっていたのに川に入れたことは素晴らしい挑戦とほめ、励ましたが、親子ともに不安であったに違いない。彼にとって2回目の川遊びは、また濡れないようにと、教師にしがみつきながら歩いた。立ち止まって遊ぶときには、濡れない場所で友だちを観察して過ごしたが、自分で石を拾って触ったりしていた。そして3回目の最終回、いつものように教師を支えにしながら、歩き始めた。しばらく歩いて余裕が出来てきたころ、あろうことか少し深いところで滑って転んでしまった。以前の彼なら、大泣きして教師に助けを求めるところである。教師とつないだ手は離れてしまい、尻もちをつきすっかり濡れて、冷たいはずだ。いつ手を貸そうか様子をみようと一呼吸した次の瞬間、彼は自分で起き上がり、大笑いしたのだ。教師も、心配そうに見ていた周りの幼児たちもあっけに取られ、ぽかんとしてしまった。そして、一緒に笑った。それがきっかけとなり、彼は川の中にじゃぶじゃぶと入り、一人で歩き始めた。わざとびしょ濡れになって、全身で川を楽しんだようだった。晴れ晴れとした笑

顔を見せた。最終回に見られた彼の変化に、あと数回、彼を川に連れて行きたい思いに駆られた。母親に報告したところ、とても喜んでおられた。

(4) 泥ん子遊び、トンネル掘り
対象：全日制幼児部　5歳児クラス
行事：特になし　日常

雨上がりの歩道などで、長靴をはいた子どもがわざわざ水たまりに入って歩いたり、飛び跳ねてしぶきを上げたりする姿を見たことがないだろうか。これは、ごく自然な子どもの姿であろう。幼稚園の園庭でも同様である。地面に水の通るあとを追いかけたり、砂場にかけたブルーシートにたまった水を、シートの端と端を持って動かして遊んだりする。水はとても魅力的な遊びの対象である。さらに、砂や土も形や質が変わって面白い。水と合わされば尚さらだ。

園庭での砂遊びは、日頃から幼児たちに人気の遊びである。サラサラ、ドロドロなど、砂の湿り具合により、遊び方が変わる。また個人の年齢、性格、好み、集まったメンバーなどによっても、変化していく。天気や気温にかかわらず、「お水を出してください。」と幼児たちから頻繁にせがまれるようになる。教師の方は天気や気温、メンバー等の状況に合わせて、バケツに水を汲んだり、ホースを延ばしたり、幼児が自分たちで使えるようにする。湿り気があると、ままごとの料理にバラエティができたり、山が作りやすかったりすることを、年長児たちは経験からよく知っている。特に天気がよい夏の日は、初めから水着に素足の姿で、思いきり水を使って、泥んこ遊びに精を出すこともある。泥のベトベト、ネチョネチョした感触が何ともいえず気持ちがよい。腕や足、顔についた泥が乾いて跡が残るのも面白い。それぞれの幼児の興味や心身の状況で、そのときに面白い点は、本当に様々である。他の遊びと同じく、繰り返し行うことで、楽しみ方は変化し、深まっていく。水と砂の関係、素材についての知識が増えていく。

3歳児のときには砂や泥に触りたくない、と近寄らなかった幼児も、経験を重ねた5歳ともなれば、別人のように積極的に泥に入ったり、積極的とはいかないまでも、友だちが楽しそうにしているのを見て泥に足をつけ参加したりする。初めは小さな山作りや穴掘りだったものが、道ができたり、山を大きくしたりして、町のようになったりする。水路を掘って、ぐるりと一周水が流れるのを追いかけ、途中で水が止まってしまって修理するなどを繰り返して楽しむことが砂場遊びの姿である。掘る、砂をかき出す、水を運ぶなど自然に役割ができて、一生懸命に働いている。経験し始めの3、4歳児であると偶然が誘発する水の流れや、泥の感触そのもの、また壊すことが楽しいなどという様子が見られる。経験を重ねていくにつれ、大きな山からダムに水を流すなど想像したものを作ろうとしたり、イメージを数人の友だち同士で共有し、協力して作ろうとしたりするようになる。シャベルや砂、水の扱いもダイナミックになることに気付く。

ある晴れた日の、砂場での出来事である。年長児の男女数名が、柄の長い大型シャベルを手に、山を作り始めた。「世界一高い山を作る。」「砂場全部掘るぞ。」とものすごい勢いで砂をすくい、山のてっぺんに盛っている。「先生も、大人の大きなシャベル持ってきて手伝って。」と仕事の依頼だ。依頼通りにシャベルを手にし、教師も様子をみながら手伝う。何人かの幼児たちも同じように手伝う。砂を重ねながら、シャベルや手で硬く、固めていく。しばらくして、山は幼児の膝ほどの高さとなった。高く硬くなるにつれ、もっと高くしたい幼児たちと、トンネルを掘りたい幼児たちが出て来た。固めながら、その経験からトンネルを掘るイメージができる者、さらに山を高くしたい者とか出てきた。掘りたい方は「もう掘っていい？」「掘るよ。」「もう高いよ。」と早く掘りたくて仕方がない。高くしたい方は、「まだ。」「まだ高くない。」と問答している。どうなるのかと見守りながらも、教師は他の場所の遊びをみるため、その場を離れた。しばらくして砂場に戻ると、手伝う幼児が8名ほどに増え、トンネル掘りと山づくり両方が同時に進行していた。高くする方は、山のふもとでトンネルを掘る人々に砂がかからないようにしながら、そっと天辺に砂を乗せる。あまり強くたたくと壊れる恐れがあるため、弱めに叩き固めている。トンネル掘りは、小さなスコップで、大胆に掘っている。山が大きく硬いため、少しくらい崩れても山は立っている。初め2方向から掘っていたのが、3つ、4つと入口ができ、掘り進めている。その広さから一度に掘れるのは一人または二人ずつであるため、掘りたい人の数分、入口ができるという具合である。そのうちに、多数の穴が大きくなりすぎ、山が傾き始めた。さらに、バケツで穴に水を通し初めた。水を入れることが面白くなり、結局土台が危うくなり、山は崩れてしまった。「あーあ。」「なんだよう。」と怒ったり、残念そうにしたりしていたが、今度は水浸しになり水が流れることに関心が移り、水を運び始めた。バケツで運んで水を山の上から流し、流れる方向を楽しむ者、下方にできる水たまりをダムに見立てて、皿や落ち葉を船のようにして浮かべる者、ひざ下まで浸かってドロドロになり、大笑いする者などがいる。結局、泥だらけの水浸しで、その日は修了となった。翌日から数日間、「またやろう。」と山づくり、ダムづくりは続いた。

また別の日の砂場は、遊ぶ幼児が少なく、空いていた。砂は、いい具合に湿っている。こんな日には、日頃自分からは砂や泥に接することが少ない幼児を誘おうと考えた。とはいうものの直接誘うわけではなく、教師自身が砂場に座り込み（園庭全体を見渡せる角度をとりながら）、シャベルで山を作り始めた。しばらくするとそれに気づいて関心を持った幼児や、教師と一緒にいたい幼児などが、「なにしてるの。」「手伝ってあげる。」などと言いながら、隣に座って参加してくる。一緒に、山を大きく硬く作っていく。面白そうに見えると、見学者や参加者が増えていく。幼児が数人になって要領を得てくると、教師はその場を離れても、しばらくその活動は続くと予想できる。立ち上がって別の遊びをするグループを確認したり、手を貸したりアイディアを提案したりする。ひと周りして砂場に戻ると、ふわふわの山が大きくなっていた。教師はまた傍らに座り、手でたたいて固めてから、トンネルを指で少しずつ掘る。何をしているのかわかると、幼児が「やりたい。」と一緒に掘り始める。すると教師は移動して反対側から掘り始める。「そっとね。」「ゆっくりね。」「ブルドーザー、ガ〜。」などと会話し、顔を見合わせる。「もう少し。」最後の貫通直前はいちばん緊張し、ドキドキが高まる。互いの手がひやっと触れる。「やったあ。」貫通は嬉しく、不思議な気持ちがするようだ。友だちを呼び、「手を入れてみて。」「きゃっ。」「つながったあ。」と手をつないだり、「これ取ってね。」とシャベルを渡したりして喜んでいる。

楽しかった経験をすると、「またやろうよ。」と繰り返し、「今度はもっと大きく。」「水を流そう。」「お花を入れよう。」と何日にもわたって発展していく。

大人の世界でも、似た光景が、本物のトンネル工事で観察される。大がかりな工事の末に迎えた開通の日、トンネルの両側から掘削を続けた工事関係者が、最終発破の直後に開通点で出会い力強く握手を交わす。とりわけ難工事であった場合の感激は、ひとしおであろう。こうした場面は、しばしば書物やドキュメンタリー映画でも取り上げられるほどである。トンネルが開通する瞬間の喜びは、子どもでも大人のエンジニアでも非常に似た感動が得られる。建築などでも同様の年齢を問わない人間に共通したエンタテインメントと言えるだろう。

(5) 虫探し

対象：全日制幼児部　3～5歳児クラス

虫探しは、日本でも米国ニュージャージーでも、幼児の間で春から秋にかけて人気の遊びである。特に虫好きの幼児は、許されるなら一日中でも、石やプランターなどをひっくり返して、虫を探すことだろう。これは、人間が生来持っている、狩猟本能に関連するものなのかもしれない。また、動くもの、生きているものに触れることは、好奇心を刺激するのであろう。ダンゴムシ、ハサミムシ、アリ、クモ、ミミズなどがよく見つかるが、知らない種類の虫に出会えば、これは何かと近くにいる大人に聞いたり、図鑑で調べたりする。そのようにして蓄積していった知識や経験から、虫博士と呼ばれるような幼児が誕生する。虫博士は仲間たちや年下の虫好きの幼児から尊敬を集めていた。虫博士の後をついて行き、虫を探す場所や手元を良く見て、虫探しの技をつかもうと熱心な姿も見られた。

大人は思わず、「早くして。」、「こうしたら。」などと世話を焼きたくなってしまう。親切心や、感じる時間感覚の違い、色々な都合などがあり、仕方がない時もある。しかし、自分自身を振り返っても、失敗を許されながら、自分で経験しながら多くのことを身に着けてきたことが思い起こされる。自分でやってみて、好きなように試せる時間や環境があることは、乳幼児にとりとても重要なことである。一生のうちで、決まってやらなくてはならないことが多くあったり、スケジュールに追いかけられたりせずに、好きなことに没頭できるのは、子ども時代か老後くらいではなかろうか。昔の子どもの遊びがそうであったと聞くが、暮らしそのものや近所に住む年長の子どもとのつきあいから学べることも多い。自ら興味を持ち、心や体を動かしてやりたいことを十分にできる時間と多様性のある環境を確保してやりたいものだ。

(6) 日本文化の体験

対象：サマーキャンプに参加した普段は日本人学校、現地校に通う3～5歳の幼児50名ほど（25名2クラス）、及び全日制幼児部　5歳児クラス

行事：サマーキャンプ、及びお茶会

日本国内でも、茶道や剣道、琴などの日本の伝統文化を幼稚園で体験することはまれであろう。海外の暮らしでは、テレビや日常生活で日本文化に接する機会が極端に

少ない。そのため、意識して取り入れることが望まれている。サマーキャンプには特に、アメリカ文化に基づいた教育を行う現地校に通う幼児も多く参加するため、日本文化に関連するイベントをいくつか取り入れることにしていた。ある年は、剣道と茶道に取り組んだ。

知り合いを通じて、剣道チーム『ニューヨーク剣心会』のメンバーが来てくれることになった。ほとんどの幼児たちにとって、初めて目にする剣道である。防具姿の剣士たちが登場し、まず初めに「めーん」「どう」と一連のデモンストレーションを見せてもらった。泣いて教師にしがみつく3歳児がいた。当然のことだ。あまりの迫力に、体育館内はシーンと静まり返った。次に、一緒に声を出してみることになった。初めのうち遠慮がちだった幼児たちも、繰り返すうち、「やあ」とお腹からの大きな声を出すことを楽しんだようだ。「気合が強いほど、上手ということ。」と教わり、真剣に取り組む姿もあった。剣道で出す「気合」は日頃接しないような大きな声であり、これこそ幼児たちに五感で感じてほしい「文化」である。それから、いよいよ防具をつけ竹刀を持って、「面」と「胴」を体験してみる。怖がって自分では体験せず見るだけの者もいた。しかし、目の前でしっかり見て感じることができただろう。もちろん、興奮して待ちきれないほどに、「面」、「胴」と竹刀を振る者もいた。何しろ、人を思いきり打つなどということは普段はないことである。遠慮してそっと打つ者、教えられてもいないのに、「面」をとるステップを真似して打った者もいた。アメリカではスポーツはよいが、「戦いごっこ」はタブーとする雰囲気がある。剣士から、剣道を習う目的や、真似をするのなら十分に気を付けることなどを伝えられ、終了した。

茶道の日は、雰囲気を演出するため、可能な限り和服で登園してもらった。多くの幼児が、浴衣や甚兵衛姿で登園してきた。道具は日本から持ち帰ったものや、米国内で手に入れたもので行う。「お抹茶」、「グリーンティ」は知っている幼児もいた。抹茶の味への反応は、「にがい。」、「おいしい。」などである。お茶菓子として前日に、年長児たちと水ようかんを作った。ようかんを一口口に入れてから、お茶の苦い味を味わう。お菓子の甘さ、茶筅をシャカシャカと動かすところが特に面白いようで、「もっとやりたい。」「またやりたい。」という声も後に聞くこととなった。

まず、数人ずつ茶室（ござの上に毛せんを引いた部屋の一角）にうやうやしく入る。靴を脱いで向きを変え、並べて置いてから、正座と総礼のあいさつをする。日頃の暮らしでも生かしてほしいこのような日本文化は、米国で子どもたちと接する際には、一貫して伝えたいことだ。

サマーキャンプではなく、全日制の幼児部、小学部、また保護者を対象として、ニューヨークにおられる表千家の先生を招き、野点のお茶会を開催したこともあった。園庭の桜の下で、花見茶会である。着物を着た先生の所作は美しく、お点前に子どもも大人も魅入ってしまった。幼児もその空気を感じ取ったのか、一連の意味のある動きをしていることが伝わるようで、じっと観察していた。

「お先に。」と次客を気遣って一声かけてからお菓子やお点前をいただく、物を丁寧に大切に扱うなど、お茶を通して日本の心を伝えられることに気付く。もちろん幼児たちは、その後数日にわたって「お茶ごっこ」をして遊びに取り入れたり、帰宅してから家族に報告したりした。

(7) 食育「弁当作り」と「森のレストラン」

対象：全日制幼児部　5歳児クラス

行事：毎月一度の昼食づくり、及び卒園前の「卒園レストラン」

この学園では、昼食は給食または保護者手作りの弁当を食べる。特に母親たちに好評だったのが、月1度の昼食づくりで食育の取り組みである。この日はクラスで調理して昼食を食べるため、弁当は必要ない。あるとき、年長児たちに「お弁当を自分で作ったことがあるか。」と聞いてみた。料理を手伝ったことはあるが、弁当を作ったことがある幼児はいなかった。そこで、自分たちで作ってみることを提案した。幼児たちは大変興奮して、メニュー決めはいつもに増して白熱した。卵焼き、おにぎり、から揚げなど、作りたいメニューが次々と提案された。

幼児たちは食事の際、「嫌いなものも、少しは食べましょう。」「もっと食べて。」「食べ過ぎ。」など、健康を願う大人から助言や制限を受けることが多い。その意図は重々わかりながら、重荷も感じているだろう。そこで、「自分で作るお弁当は、好きなものを好きなだけ入れてよい。」という提案をした。大喜びの子どもたちに、その際に大切なことはなにかを聞き、話し合って、クラスの約束を決めた。完食すること、もったいない食べ物を出さないことが決まりとなった。ご飯を炊き、おかずを作った。ソーセージ、ミニトマト、わかめときゅうりの酢の物など、簡単なメニューである。彩りとして、ごま塩と梅干しも用意した。

弁当箱に詰めていくときの、幼児たちの目は真剣だ。スペースは限られている。考えを巡らせているのがわかる。事前に、こんな話もした。「お家の方が作ってくれるお弁当は、とても美味しいね。ただ美味しいだけじゃなくて、お弁当箱を開けたとき“わあ、おいしそう”って、食べたくなるように入っているんじゃないかな。」、「入れ方も大切ということだね。絵を描くみたいに、食べ物の量や色、入れる部屋（弁当箱の仕切り）を考えて、デザインしてみよう。」。出来上がってみると、いつも食べている分量よりとても少なく遠慮がちに入れる子や、逆に大盛りで「それ本当に食べられるの。」と友だちに聞かれたりする子、大人顔負けに美しく配置する子など、様々な姿が見られた。自分で作った弁当を作品のようにうっとりと眺め、また友だちの弁当箱も気になり、幼児同士で見せ合っていた。食事が始まると、あっという間に食べる子、次に食べるものを選んだり迷ったりするのを楽しむ子などがいた。教師としては、それぞれの幼児の理想の世界が表現されているようで、大変興味深かった。中には通常は白飯を入れる弁当箱の一番大きな区画に、ソーセージばかり何本も入れた子もいた。白飯が少なすぎなのだが、約束は守っている。実際にはおかわりで調整して、基本の栄養素は摂取したわけだが、日頃、制限を受けている幼児たちにとって、大変楽しく、結果的にはいつも以上にたくさん食べた昼食となった。

厳密に言うなら、ほぼ「弁当箱に、自分で中身を入れた。」だけではあるが、「自分でお弁当を作った。」ことはとても嬉しく、美味しいようであった。ある母親からは、帰宅してから「ママ、自分で作れるから、もうお弁当作らなくていいよ。」と言われたという報告を受けた。

3月になり、幼稚園で最後の昼食づくりで、全園児が楽しみにしているのが「卒園レストラン」である。卒園する年長組が年少、年中組、オフィスを含む全職員に昼食を作ってご馳走する恒例行事である。年少から月一度ほど経験してきた食育活動3年間のまとめでもある。

意気込む幼児たちとまず、メニューを話し合った。カレーライス、スパゲッティ、焼きそば、などこれまでの昼食作り活動で作ったメニューや、自分の好物が次々と上がった。子ども約80名、大人約30名、合計110名分の食事であることを考慮する必要がある。よく聞くと、「森のスープ」「森のパフェ」など、「森の幼稚園」をテーマに遊んできたクラスだけあって、「森の～」とつくメニューが出て来た。最後まで森でいこう、と教師側も受け入れ、「森のレストラン」を開くことになった。メニューは「森のスープ」(以前に作って好評だったレンコンと鳥の団子スープ)、「森のご飯」(赤飯)、「森のデザート」(ヨーグルトと生クリーム、3種類から選べるフルーツ)に決めた。シンプルだが、「森の～」がついていることで、まるで森の生き物たちが食べに来るかのような、ウキウキした気分になっているようだった。日本人の感覚ではやや違和感があるが、アメリカでは主流の使い捨て食器やコップを用意し、「もったいないね。」、「特別だから仕方がないね。」などと言いながら使った。雰囲気の演出として、森をイメージした緑と黄緑色の紙皿や紙コップ、そしてナプキンを用意した。また、手作りのお土産を作れないかと考え、以前に作って遊んだフォームを使い、花型のコースターを作った。これは、幼児が自分ではさみを使って切り貼りし、以前の製作で使用した素材や技術を使ってできる。「いま60個。」「あと何個。」「もう手が痛いよう。」「早く食べたあい。」などと言いながらも、数日かかりで110個作った。

前日の仕込みは、ひたすらレンコンを微塵切りして団子を丸めて運ぶ。登園してから遊ぶ時間がないほどだったが、苦情を口にしそうな男児たちも含め、皆が夢中になって働いていた。これは遊びなのか仕事なのか、その間なのか、もはや不明である。

楽しみに、また調理の面白さ自体も感じながら、喜びをもって働いていたことは確かである。

いよいよレストラン開店の当日、この日も幼児たちは見事に働き、やり遂げた。一人分のテーブルにセットするのは、ナプキン、スプーン、コースター、コップで、テーブルに一度に座れるのは30人くらいであった。お客は、普通のレストランと同じように、好きな時に来て、帰って行く。したがって、お店の回転をよくする必要がある。事前に幼児たちと話し合ってシュミレーションして、どうすればうまくできるか、大切なことは何かを考えた。「食べ終わって、いつまでもごみがあったら次の人が座れない。お客さんが帰ったらすぐ片付けて、次の準備をしよう。」、「レストランで汚れた席は気持ちが悪いから、きれいに拭こう。」、「スープを運ぶのは熱くて危ないから、絶対にこぼさない、ぶつからないようにする。」など、幼児たちもレストランに行った経験から、多くのことを理解し、考えていた。スープや赤飯が出来上がり、湯気をあげている。デザートは先に盛り付け、所狭しと並べられている。「おいしそう。」「自分で食べたいよう。」などと口にしながら、楽しい気持ちが表情にあふれていた。

興味深いことには、働いているうちに、自然と幼児たちの中で役割分担ができ始めたことである。客を見送るとさっと残り物の片づけをする者、予めセッティングするものを用意して置き素早く並べる者、「いらっしゃいませ。」と、客を迎え入れる者、待っている人に椅子を出す者、デザートのメニューを受け、キッチン（同じ室内の一角な

のだが）へ伝える者、おかわりをすすめる者、飲み物をつぎ足す者など、もともと決めていたよりも細かい仕事に分業していったのだ。互いに指示をしたり教え合ったり、手が空くと仕事を探して、何かしようと頭と身体、そして心が働いていた。年少児が食べにくると、手を引いて席に案内し、椅子を引いて座らせたりもしていた。このような姿は、オフィススタッフが撮影したビデオで確認できた。担任たちの側は、料理を配膳することなどが忙しく、また、幼児たちは当然できるだろうと信頼し任せてもいたため、実のところ詳細に見届けられていなかったのだが、オフィス、小学部、すべてのスタッフが客で訪れたレストランで、多数の大人の目で確かめられていた。

決められた任務をしっかりこなすのも大切なことである。さらに、人に言われたことだけでなく、自ら仕事を探してやろうとすること、クラスで共有する目標を達成するために行動すること、補い合うことなど、就学を前に、それぞれの成長を確かめることができる「森のレストラン」の活動であった。「とっても美味しかった。」、「このお花もらっていいの。」、「ありがとう。」、「本当のレストランみたい。」と大勢に喜ばれ、それぞれの胸に達成感を与えたようだった。写真は、開店準備中の状況と、閉店後すべての客を送り出した後に、クラスの皆で昼食をとり、乾杯した瞬間である。

(8) 森の幼稚園、劇遊び

対象：全日制幼児部、5歳児クラス

行事：学園祭（幼稚部、小学部全学年がステージ上で出し物をする行事）

ある年、年長5歳児の担任となった。年間計画立案に当たり、年間を通して取り組めるような活動テーマを設定し、それに付随する数々の活動、日々の生活、行事、身体遊び、表現活動、アート、音楽などをなるべく関連付けながら、深めたいと考えた。中でも、秋の学園祭は学園全体の大きな恒例行事で、生活し学んで来たことを発表する機会として設定されていた。

年間を通して取り組むことにしたのは、「森の幼稚園」である。近所に豊かな自然が管理された状態であること、スクールバスで移動できることなどの恩恵が利用できた。幼児たちの様子や興味関心に沿いながら、細かなテーマをとりあげたり、個人やクラスで遊んだりしていくのに十分な潜在力があるだろうと考えた。自然に親しむことを通して、より面白いものを発見し、色々な心体の動きも出るだろう。想像もわくかもしれない。幼児たちがどんな動きをし、どんなものに興味を持つか、楽しみだった。毎日森に行かれるわけではないので、森と、日々の幼稚園での暮らしをつなげることにも意識を置いた。保護者も賛同してくれた。スクールバスで10分ほどの立地にあるネイチャーセンターへ季節ごとに出かけ、保育室を森に移して、遊んだり、実験したりした。

秋の学園祭では、「森の幼稚園」で体験した様々な遊び、自然を見る目や生き物との出会いはもちろん、森で感じた生き物に近づくような感覚、空想の遊びなど、なるべく多くを盛り込んで、劇としての発表をできるとよいと考えていた。

余談になるが、幼児にとっての劇遊びは、大人の演劇とは少し異なるように感じる。それは、幼児がもともとファンタジーの世界の住人であることと関係している。プロの役者の役作りは、まるでその役の人物が乗り移ったように役になりきる、とテレビのインタビューで聞いたことがある。幼児の場合は、まさにそのような感覚に近いのではなかろうか。個人差や状況にもよるため一概にはいえないが、幼児が役を演じる際、往々にしてその役になりきることができる。彼らの住むファンタジーの世界に入れば、役を演じるというより、その役になってしまう、という感覚のように見受けられる。ファンタジーと現実を行き来する幼児特有の世界と、芸術性の高い演劇の世界は、もしかしたら質的に近い存在なのかもしれない。

幼児たちにこの森での体験が、これから生きて行く糧となるよう深く印象付けるには、何をクローズアップしたらよいのだろうか。子どもたちが森で得た体験、学習を、自然な形で劇に盛り込んで発表したい。劇づくりへ向けて、導入、展開、それぞれの幼児らしさの出る配役や内容、クラスで協力する集団活動の経験、発表としての完成度、発表を一つの大きな目標とした上で、その後の遊びや研究についてプロセスを考えていく。幼児たちの遊びにある要素を取り入れながら、主となる物語を作り、最初は「アリとキリギリス」の物語をベースにするのはどうかと考えていた。しかし、ある保護者から「うちの子には、アリにもキリギリスにもなって欲しくない。」と指摘を受けた。そういう考え方もあるのかと考え直し、幼児たちの様子を考慮し、オリジナルの物語を創作することにした。

森には、繰り返し出かけるごとに定番となっていった遊びや、それぞれお気に入りの場所がある。倒木を転がすと、虫がわっと多数現れ、隠れようとする姿が見られる。アリやクモ、様々な虫が地面や木を忙しく動くのを、目を寄せながら追いかける。リスやトリの気配はするが、じっくりと姿を見ることはいくら頑張ってもできない。木々をよく見ると、キノコが生えており、キツツキのあけた穴、コブなどが見つかる。斜めに倒れた倒木によじ登り、平均台のように進んでいく。斜め上に上がっていくのは人気で、飛び降りられるぎりぎりの高さまで登り、意を決し飛び降りる。どの高さから飛び降りられたかを互いに知っていて、高いと誇らしく感じる。巨大で平らな岩があり、ステージにして歌ったり、座って本を読んだりした。折り紙や絵を描くにも便利だった。この場所は大人数で座れるため、森で朝の会など集まりをする場所になった。木の根が倒れた跡で、地面に掘られた大きな穴は、テーブルを掘りごたつの様に使って、ままごとに便利だった。お皿は木の皮や落ち葉、食べ物は木の実や石など豊富にある。「牛の木」と名付けた倒木がある。根っこが牛の角の様に見えるからである。

劇の創作にあたり、幼児たちに「私たちの森を他の学年やお父さんお母さんに伝えるのに、どんな話だったら面白いかな。」と投げかけてみた。年少、年中組のときに劇や発表を経験している年長児たちは、劇や役、ステージ、衣装などのイメージがすぐにわいた。役柄として、リス、トリ、虫など、人間だけでなく森で身近な生き物になりたいという。絵を描いてイメージを共有し、森に出かけるたびにその日の発見や疑問を描いていた。「にっき」も見直して参考にした。クラスで、いろいろな話やエピソードを劇仕立てにして遊んだ。その中で、幼児たちが特に楽しんだり、考えを深めたりする余地のありそうな場面を集め、物語にしていく。ある日、幼児は全員アリで、教師が人間という設定で遊んだ。これが「アリごっこ」として流行することになった。全員が持っているカラー帽子に黒いモールを２本つけて触角にしたところ、幼児たちはますますアリの気分で地面を這う。人間が現れたときの、アリたちの反応が面白かった。「うわあ、踏まないで。」、「またお家が壊される。」、「うるさいよう。」、「怖いよう。」と逃げたり、隠れたりし出した。アリの世界や、生き物から見た人間をこのようにとらえていたことは、森で時間を過ごしてきたからこそ生まれた成果といえるだろう。ひとり一人の感覚やとらえ方が、それぞれ異なることは重要である。１匹１匹のアリは違うとしながらも、友だちと同じ話の中で遊ぶことの楽しさを感じて参加していることも、興味深かった。これも、自分が体験した世界の出来事であることが影響しているのかもしれない。それで、この感覚を活かしながら、アリをはじめとする生き物たちと人間が交流する物語を作って行くことにした。

ある時、「楽しいだけじゃつまらない。」「何か事件が起きて解決したりすると、面白くなるのではないか。」ということになり、いろいろな事件を考えた。鳥の背中にアリが乗るシーンが好きで、毎回やりたがる幼児がおり、その意見を周囲も毎度受け入れていた。そこで、森が火事になり、鳥の背中に乗って逃げる場面を入れることになった。

この頃、年長児たちの間では、毎日のように誰かの歯が抜けていた。乳歯が永久歯に生え変わる時期なのである。ぐらぐらの歯を見せ合い、予期せぬ時にそれが抜ける。抜けるとクラス皆で祝い、家に大切に持ち帰る。誰の歯が何本抜けたかを幼児たちはよく知っており、まだ抜けない子はうらやましそうにしていた。それで、「歯が抜ける」場面を劇に入れることにした。

物語は、こんな風に始まる。人間が森で歯を落としてしまい困っていた。なんとその歯をアリが拾って、誕生日の冠に使っていたのだ。そんなこととはつゆと知らない人間たちは、森で生き物たちの誕生会に出くわした。今日こそ生き物たちと仲良くなれないものかと、そっと見守っている。しかし、歯の持ち主の人間が、リスの頭にある自分の歯を見つけ、「それ私の歯だ！」と言ってしまう。驚いて逃げ惑う生き物たち。「そんなに大事にしてくれるなら、あげる。」と人間が言ってくれたので、生き物たちは「人間は、結構やさしいじゃないか。」ということになり、抜けた歯を媒介にして、互いに仲良くなるという話である。

並行して、大道具、小道具、背景画、衣装等を製作した。台詞は、例えば「・・・しちゃった。」、とか「・・・したの。」とか、その子が持つ話し方の癖とか特徴を活かし、言い易く「その子らしさ」が出るように、随時変えながら決めて行った。演技表現は、その生き物だったらどう動くかとか、気持ちに合った動きなど、細かく想像したり考えたりするよう促すと、動きだけでなく、その役の生き物の気持ちや感覚を感じることができ、楽しさの１つになったようだった。驚く時は、少し後ろにのけ反り、口だけでなく、目も大きくするとそれらしく見える、などのアイディアを少し伝えると、幼児たちはそれを感覚的によく理解するのか、互いを見ながら工夫していった。衣装は、母親たちが布などを集め、工夫して手作りしてくれた。耳やしっぽなど、その生き物らしい素材や大きさで、ユニークなものとなった。音響は、幸いにもプロの音楽家である中等部教員の技術協力を得られた。音響効果は大きく、おかげで人間と動物、昆虫などの大きさの違いを表すことができた。幼児が演技して人間役の声を録音し、それを編集してもらった。森の中の臨場感が出るように、エコーをかけ、雑音を除去し、音がステレオを構成する右のスピーカーから出て来たり、左から出て来たりするように調整してもらったことにより、森の中という臨場感が出て、まるで自分が小さな生き物になったように聞こえた。挿入歌や音楽は、担任がピアノを弾き録音した。

発表が近づき、毎日のように森の出来事の話をしたり、生き物になって動いたりしていると、まるで本当に森にいるような気分になった。幼児たちの動きも、他の遊びや食事をしている時でもその役に見えるようになっていき、非常に興味深かった。

本番当日、控室で衣装をつけ、変身した気分の幼児たちだが、緊張している様子であった。本番までは少しの待ち時間がある。「生き物さんたち、お腹が空いていたら、朝ごはん食べて待っていてもいいからね。」と声を掛けた。するとリスが「はい、ダンゴムシさん葉っぱだよ。」と言って、（人間には見えない）枯葉を渡してあげた。ダンゴムシはあまり動けないために、他の生き物たちがお世話をしてあげる習慣となっていたのだ。また、自分たちは「どんぐり食べよう。」と言って、食べたりもした。ところが、アリは「食べるものがない。」と困ってしまった。その時キツツキが飛び回り「はい、キャンディもって来たよ。」とくちばしにくわえて来てアリに渡した。するとアリは安心して、それをかじり出す。緊張した中でも、保育室で楽しむ姿が見られ、また舞台でも同じように楽しむことができたようだ。本番のステージは、幼児たちが息を合わせ、何とか自分たちの作ったものを出そうと、一生懸命に協力していた。大人の力はほとんど必要とせず、音響などで協力しただけである。保護者たちにもこの様子はよく伝わり、幼児部での充実した時間と成長を実感したとの声を聞いた。

劇の発表後、「動物たちに劇を見せにいこう」と森へ行った。「リスさん、見ていたかな。」「あそこでカサッと音がしたから、きっと見ていたよ。」などと話す幼児がいた。クラスで作った森のストーリーを場面にわけ、クレヨンで絵に表した。細部までストーリーが再現されており、それぞれの幼児の印象が現れて、興味深かった。卒園後、有志でこの絵をもとに絵本を製作し学園に寄贈した。

もう一つ印象的だったのは、保護者が活動の内容を共通理解し、共に楽しんでくれたことである。毎回森へ出かける際には、安全管理のため保護者数名に引率をお願いしていた。これは劇の後、卒園まで続いた。我が子だけでなく、クラス全体を保育者と同じような目線で見守り、惜しみなく支援してくださった。そのおかげで、幼児たちだけでなく教師たちも背中を押され、躊躇せず思い切りやっても良いと感じて、冒険することが出来たのであろう。発表へ向けてのプロセスや進行状況、教育的ねらいはクラスだよりなどを通して文書で伝えたのだが、想像の世界で遊ぶことを一緒に楽しんだ家庭が多数あったようだ。休日に、家族で森に出かけた家庭もあったとのことである。

別の年にはクラスの劇中で、ハプニングが起きた。5歳児全員がそれぞれ違う鳥の役をした劇であった。暗転で小道具の入れ替えをした際、教師である筆者が、ズボンのポケットに差していたペンを舞台の中央に落としてきてしまったのだ。ペンが不自然に光って見える。冷や汗をかいた。次の暗転で取りにいくしかない。しかし、演技の合間に、踊って退場してくる男児が、まるで鳥のようにくわえる振りをしてペンを拾い、パタパタと飛んで退場し、「はい。」と何事もなかったかのように手渡してくれたのである。筆者は心底感心した。考えたうえでの行動なのか、それとも自然に鳥になりきったままなされたものなのか、このような行動が劇中でとられたことで、劇を間断なく続けることが出来た。

劇の本番中に、ハプニングは起きる。前述のような教師が起こすハプニングはまれであろうが、幼児が緊張して泣いてしまったり、衣装の髪飾りが取れたり、突然の体調不良で欠席になることもある。大人の力を借りずに、幼児同士でその場で考え判断し、頼もしく対応する姿に、育ちを見る思いがする。

幼稚園では、「好きなことをのびのびと表現できる、自分で考え行動できる、相手の気持ちがわかる、互いに協力できる、先の見通しを持てる」など、生きて行くうえで重要な力を、様々な活動を通じて育てている。子どもたちが自ら育つ力は強く、センスやユーモアに溢れている。ひとり一人がユニークで、何より愛らしい。子どもたちの存在や、物事の本質をみる目には、社会を明るく照らす力があると、傍らにいて強く感じる。未来を担う子どもたちの育つ姿を見守り、適切な環境を提供できるよう尽力していきたいと考えている。人と自然と交わる体験を重ねたこの子どもたちは将来、様々な選択をしていく。その際、自他の違いの承認、多様性の面白さや重要性、ヒトは地球上の生物の一種にすぎないという意識、持続可能な環境への配慮など、柔軟で広い視野から考え、それぞれらしさをもって行動していくことと期待している。

第 3 章

エンタテインメントの社会貢献

3.1 震災における心の復興へのイニシアチブ

2011 年 3 月 11 日に発生した東北地方太平洋沖地震（東日本大震災）により、東北地方は未曾有の災害に見舞われた。2 万人余りの方々が死亡、あるいは行方不明となり、いまだに発見されない犠牲者も数多い。被害総額は何十兆円にも上ると算定され、歴史的に見て、日本が被った災害として最大規模のものである。被害をさらに大きくしたのは、地震直後に発生した原子力発電所の事故である。これにより、直接的な被害以外に、測り知れない心理的被害を、日本国民のみならず、世界中の人々に与えることになった。

避難住民の数は、直接的な震災、そして原子力災害を合わせ、何十万を数え、日本国中が負のエンタテインメントに打ちのめされた。このため、人々の心は深く沈み、国内はかつて経験したことが無いほど厳しい状況下で、長期間の喪に服することになった。こうした中で、負のエンタテインメントを正に転換する能力を持つ、多くの芸術家、芸能人、スポーツ選手などのプロフェッショナル達が、被災者を支援するために立ち上がった。プロフェッショナルがとった行動を、著者が知り得た範囲の中で、時系列的に並べると、下記のようになる。

・シンディーローパ：地震発生時からの日本滞在、チャリティーイベントの実施
・渡辺 謙：ウェッブサイト「絆」の立ち上げと世界への呼びかけ
・吉田都：ロンドンでのチャリティ公演（2011 年 3 月 20 日）
・白鵬の被災地訪問、炊き出し
・三枝成彰：サントリーホールにおいて、3000 人の音楽家と愛好家を集めた、チャリティコンサート（2011 年 4 月 20 日）
・芸能人やスポーツ選手の被災地訪問、炊き出し
・SMAP の支援活動
・ニューヨーク 4 つ星シェフ達による、被災地における料理提供
・レディー・ガガの日本訪問（2011 年 6 月 21 日～ 7 月 1 日）
・なでしこジャパンの、ワールドカップ優勝（2011 年 7 月 17 日）
・シルヴィー ギョエム（バレリーナ）の福島公演（2011 年 11 月）
・なかにし礼：第九“歓喜の歌”公演（2011 年 12 月 1 日）

シンディーローパ氏は、世界的に名の知られたアメリカの女性歌手である。地震発生直後に、コンサートツアーのために来日した。彼女の乗った飛行機は、地震によって成田空港が閉鎖されたため、米軍横田基地に着陸した。仕事の関係者が、速やかな離日を勧めるにも関わらず、2011年3月16日から、予定通りコンサートを行った。さらに会場でチャリティ募金を呼び掛け、コンサートをチャリティイベントにした。「こういう時こそ、日本に来ることが出来て、私の人生の中でも名誉なことでした。」と綴ったメールを関係者に送っている。ほとんどの海外ミュージシャンが、日本での公演を中止して帰国し、あるいは来日自体をキャンセルしたにも関わらず、彼女は日本に留まり、人々を勇気づけた。これは、プロフェッショナルとして、自らに与えられた社会的な役割を十分認識した、極めて勇気ある行動であり、大いに敬意を払うべきと考えられる。

渡辺謙氏は、地震発生直後の混乱の中で、自分に何ができ、何をするべきかを考え、直ちに行動を起こした。氏は、「絆」と呼ばれるウェッブサイトを立ち上げ、友人であるハリウッド有名スターたちに連絡をとり、被災者支援のために共に行動してくれるよう呼びかけた。すると、それに呼応し、彼らは世界中の人々に向かって、映像等で支援を直接訴えてくれた。スター達は、自分達がなしうる全てを無償で行った。地震の凄まじい映像は世界中に配信され、世界の人々の目は、日本国内で起こる状況にくぎ付けとなっていた。こうした中で、著名なスターたちの呼びかけは極めて大きな反響を呼び、世界中に大きなうねりのように広がり、多数の心的、及び金銭的支援を促すためのきっかけとなった。地震直後の大混乱の中で、政府などの公的機関が緊急対応に追われ、とりわけ心的な支援を与える十分な余裕のない中で、渡辺氏を中心に始まった活動は、世界中に支援の輪を広める大きな原動力となった。この経緯に関しては、別書(1)の3.2において氏の言葉として語られている。

世界的なバレリーナである吉田都氏は、地震発生時に、東京で行われる公演のリハーサルのために、イギリスのバーミンガムにいた。震災に関する映像を見て、在英の日本人ばかりか、オペラハウスの関係者、普通のイギリス人達もたいへん心配してくれた。そこで何かをしなければとの氏の思いから、皆の協力でチャリティ公演を行うことになった。オペラハウスのメインホールは空いていなかったので、劇場内の小シアターにおいて、二日間の準備で舞台を開催した。これは、通常考えられないほど短い準備期間とのことである。チケットも直ちに売り切れ状態となり、関心の高さがうかがえた。こうした経緯については、吉田氏自らが、別書(1)の3.3で語っている。なお、

3月末に予定されていたバレエ公演は、氏のパートナーである外国人ダンサーの、日本を支援したいとの強い思いにより、予定通り開演された。

作曲家の三枝成彰氏は、4月に日本中の音楽家を集め、チャリティコンサートを開催した。著者は、コンサートの前夜に氏と会う機会があり、その経緯について氏から直接話を聞くことができた。このコンサートは、音楽家達の「被災者のために何かをしたい。」という強い思いにより実現されたものである。コンサートに参加した音楽家には、日本はもとより世界的な著名人もいたが、全て無償で演奏し、参加者自らがコンサート会場に来た聴衆と全く同じ一定の義捐金を払うという、全く新しい形式をとった。参加者は音楽家、聴衆合わせて3,000名に至り、集められた義捐金は直ちに被災者支援のために寄付された。

作詞家・作家のなかにし礼氏は、2011年12月に、未曾有の震災からの復興に力を合わせて取り組むべきために、日本語によるベートーベン第九の演奏で心を一つにしようという催しを行った。氏の訳詩の一節に、「人間一人で何ができよう。愛なき孤独の人は立ち去れ。接吻交わさん世界の友よ。見よ、星空のかなたに神様はいるのだ。愛こそ歓喜にみちびく光。」とある。当日会場に寄せられた義捐金は、震災で親を失った子どもたちの支援を目的として寄付された。

震災後数カ月の期間、経済的のみならず、心理的に大きく沈んだ日本の社会を救うことになる大きな出来事が2つあった。一つは6月末のレディー・ガガによる日本公演、もう一つは7月に起こった、なでしこジャパンのワールドカップ優勝である。

震災直後、直接的な地震の被害以上に、原子力発電所事故の不安と恐怖により、日本に住む外国人の離日が嵐のように起こった。とりわけ、事故地域からそれほど遠くない東京に住む外国人は、まるで潮が引くかのように日本を去って行った。筆者の感覚では、住民の約10%が外国人と言われる東京都港区(総人口約20万人のうち外国人人口は、震災前で2.2万人(11%)、また震災経過2年後の2013年時点で約1.8万人(9%)程度)において、その7～8割近くが一斉に姿を消したように感じられた。外国人の多く、とりわけ子どもを持つ家族は、事故後1週間もたたないうちに、ほとんどいなくなった。さらに、正確な情報発信の遅れと不足により、外国から不信の目で見られ、様々な誤解を生んだことから、その後日本を訪問する外国人は激減し、特に観光業などで大きな経済的打撃を被ることになった。

その苦境を救ったのが、世界的なスーパースターのレディー・ガガである。彼女は自ら来日してコンサートを行うことにより、世界に向かって日本が安全で、来日して

も全く不安が無いことを世界中に発信してくれた。それればかりか、日本各地を訪問し、多くの人々にエンタテインメントを提供した。彼女の来日後、東京の街角に立つ欧米系外国人の姿が、徐々にではあるが増えて行ったことを著者はよく覚えている。実際、政府観光局の統計資料(2)によると、震災後一時的に前年比-60%以上（2011年4月）になるまで落ち込んだ訪日外国人者数は、9月には-25%、また12月には-12%程度と少しずつ改善した。

下図に、京都で外国人向け宿泊施設を運営していた経営者の実体験によるデータが示されている(3)。訪日観光客の日本訪問に関する意欲が如実に現れるのは、「予約問い合わせ」であり、この件数について追跡調査した結果がまとめられている。図から明らかなように、レディー・ガガが日本を訪問した時期を境に問い合わせ件数はほぼ倍増しており、直接的な影響が認められる。データをまとめた宿泊施設経営者も、改めてエンターテイナーとしてのスーパースターが及ぼす影響力の大きさに驚いたとのことである。

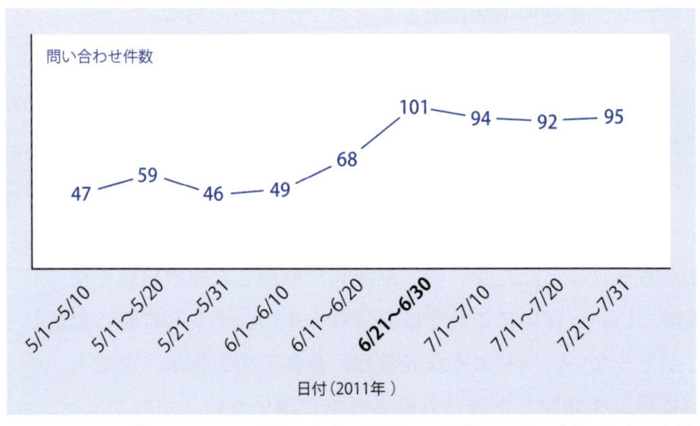

図3.1.1 2011年5月～7月（東日本大震災後）に京都の、ある外国人向け宿泊施設へ寄せられた「予約問い合わせ」件数の推移　※レディ・ガガ来日は6月末

彼女の来日が無ければ、外国と外国人の不安や不信を取り除き、再び日本に多くの外国人が訪れるようになるのに、さらに多くの時間を費やすことになったであろう。このように、スーパースターの持つ影響力（エンタテインメント力）は、一国の政府がどうすることもできないような仕事を、たった一人でやり遂げてしまうほど大きな場合がある。

日本を救ったもう一つの出来事は、言うまでもなく、なでしこジャパンのワールドカップ優勝である。震災以来数カ月に渡り、日本は喪に服する期間となり、自粛の声の元、祭りなどのエンタテインメント イベントは全て中止となり、国中に沈鬱な空気が漂った。震災により、2万人もの生命が失われたことを考えれば、これは当たり前のことと考えらえる。しかし、祭りの灯が消え、花火も打ち上げられないような状態がいつまでも続くことは、震災復興を進めていくうえで、経済的にも心理的にも国民にとって決して好ましい状態とは言えない。言わば、国全体が負のエンタテインメントに包まれ、そこから立ち上がるために、誰をも納得させることのできる正のエンタテインメントの機会が、なかなか見つからなかったのである。その大きなきっかけとなったのが、なでしこジャパンの優勝である。これにより国中が湧きたち、その快挙を喜び称えた。有力な欧米系新聞が、「いまだに震災で動揺する日本と日本人に、なでしこジャパンは大きな希望を与え、心の支えとなってくれた。」と報道している。この優勝以来、日本各地で夏祭りが開かれるようになり、花火を楽しむことができるようになった。なでしこジャパンが優勝した時点をもって、ようやく日本人が喪に服する期間は終わり、普通の生活に戻ることができたのである。

エンタテインメントの本質とは、人々に感動を与え、それを共有すること（共感）により、心の状態を負から正へと転化させ、新しい気持ちに導くことである。まさに震災復興におけるエンタテインメントの役割とその意義は、これを実践し、多くの被災者を勇気づけ、少しでも普通の生活に近づけ、戻すための手助けをすることに他ならない。

地震発生からそれほどたたない頃、避難先を慰問した横綱白鳳を横にして、零れんばかりの笑顔で口いっぱいにご飯をほお張る少年の、テレビに映った嬉しそうな顔を忘れることができない。同じような光景は、数多くの芸術家、芸能人、そしてスポーツ選手らが被災地を訪問した時にも見られたに違いない。プロフェッショナル達は、自分達にしかできない仕事、「負のエンタテインメントを正のエンタテインメントに転換すること」が何であるかを十分に自覚し、全力を尽くして仕事をしてくれたのである。

もちろん、震災に対する心の復興に貢献できるのは、プロフェッショナルばかりとは限らない。多くの人々がボランティアとして現地へ赴き、出来る限りの努力を傾けた。そうした姿勢こそ、震災に苦しむ人々が抱く負の心を、正の気持ちに変化させるために大きな勇気を与えることは明らかである。そこには、被災者が受けるエンタテインメントばかりか、手助けする側のエンタテインメントも存在する。この双方向的なエンタテインメントの共存・共有こそが、さらなる新しいエンタテインメントを生む好循環となり、社会の機運を好転させる大きな原動力になると考えらえる。

2014年4月26日、震災で大きな被害を受けた仙台市において、2014年ソチ冬季オリンピックの男子フィギュアスケートで、金メダルを獲得した羽生選手が、凱旋パレードを行った。会場には、9万人を超える人々が詰め掛け、共に喜びを分かち合う様子が、全国に伝えられた。羽生選手自身仙台出身であり、震災時に家が被災し、練習場が使えなくなるなど大きな被害を受けた。さらに、その後次々に直面する様々な困難を乗り越え、金メダル獲得と言う偉業を成し遂げた。これを知る多くの仙台市民は、自分の体験と重ね合わせ、この快挙を自身のものとして受け止め、喜びを爆発させた。羽生選手自身、「自分も仙台市民の一人であり、今回のメダル獲得は決して自分だけの力だけでできたものではなく、市民全員の支援があったからこそ可能となった。震災復興はまだまだ途上にあり、これからも様々な問題に直面しなければならないのは明らかである。市民の一人として、市民の皆さんが与えてくれた支援にお返しするために、自分もできる限り復興のために協力させて頂きたい。」と述べている。

震災復興は、まだまだ道半ばの状態にある。今後も長期間にわたり、公的機関のみならず、プロフェッショナル、そして普通の人達の様々なエンタテインメントに基づく支援が必要であることを忘れてはならない。

3.2 政治（祭り事）とエンタテインメント

3.2.1 祭りの起源

古来より政治（祭り事）や宗教、そして祭り[4][5]は、切っても切り離せない関係にある。祭り（祭祀・祭礼）は、世界各地で多様な形式を示すが、いずれもその地方独自の風俗や習慣など、文化的背景に基づく信仰（宗教）に結びついているとされる。中でも農耕社会においては、豊穣への感謝・祈りのための収穫祭（例えば稲作・畑作儀礼）が、また狩猟民族では獲物を捧げ、豊猟を祈願する儀礼がその代表的なものである。

標準的な国語辞典では、「祭る」は「神霊を慰める儀式を行うこと」を言い、また「祀る」とは「神としてあがめ安置すること」としている。古代の日本では、祭祀を司る者と政治を司る者が一致した祭政一致の体制であったため、政治のことを政（祭り事）と呼ぶ。祭祀の際には、神霊に対して供物や行為など、様々なものが奉げられ、儀式が行われる。その規模が大きく、地域を挙げて催されるような行事全体のことを、一般的に「祭り」と呼んでいる。しかし、宗教的関心への薄れなどから、祭祀に伴う賑やかな行事のみが注目されて「祭り」と認識される場合が増えている。今日では、祭祀と関係なく行われる華麗で娯楽的な催事、すなわちエンタテインメント イベントについても「祭り」と称されることが多い。

日本語本来の「まつり」に対応する漢字として、「祭り」・「祀り」・「奉り」が充てられている。「祭り」は、「命・魂・神霊を慰めたり祈ったりする儀式や、その時に行う行事のこと」を指す。また、「祀り」は、「神・尊（みこと）に祈り、そのための儀式を行って一定の場所に安置すること」を言う。一方,「奉り」は,奉る（たてまつる）とも読み、「自分よりも上位の人や神仏に、物を差し出す。」という意味がある。古くから漁師や猟師は、獲物を獲ると神々のために、収穫の一部を奉納した。こうした行為は、漁師や猟師だけに限らず、その他の農林水産に係わる生業や、現在の醸造や酒造など、職業に関わる神事、そして各地域の「お祭り」にもあり、地鎮祭や上棟式でも、御神酒や御米が大地に奉納される。さらに、供え物をするほかに、神仏に喜んで見ていただく目的で、歌・舞・芝居・武芸などの芸能を演じることがある。これらは、奉納歌舞伎、奉納芝居や、奉納相撲、流鏑馬、駆馬神事などと呼ばれ、年中行事として行われている。

前述したように、日本では古代において、祭政一致の社会であり、祭祀を司る者と政治を司る者は,同一であった。例えば,卑弥呼などは祭礼を行う巫女や祈祷師であったとされ、祈祷や占いによって政治を行ったと考えられている。7世紀になると、律令による法体系の中に、神祇制度が組み込まれるようになり、朝廷が国家として諸々の祭りを行った。この時、その存在および役割が国家的に認められた神社を「官社」と呼び、二月の祈年祭には、朝廷の役所である神祇官から幣帛（お供え）が献じられた。こうした「国家の祭祀としての神社の位置づけや、古代からの伝統的理念に基づく制度としての「国家の祭り」は、第2次大戦の終結とともに無くなったが、その伝統は皇室の宮中祭祀に受け継がれている(6)(7)。

一方、国家の祭りとは別に、「生活の中の祭り」として、民間の祭りが広く行われている。これは、人生儀礼と年中行事の二つに大きく分けられる。人生儀礼は、序論で述べられた晴れ舞台に相当し、初宮参り、七五三、入学、卒業、就職の報告や、成人、還暦などの歳祝い、そして結婚式や葬式など、人生の節目ごとに神様への祈りと感謝を捧げる行為である。また年中行事は、一年を周期として繰り返し行われ、四季折々の同じ時期に行われる共同体的な行事の総称であり、宮中に由来するものと、庶民生活に由来するものの二つに分けられる。庶民生活に由来するものは、主に生活の基盤となる産業に関する儀礼の生業儀礼で、我国では特に農耕文化に基づく「農耕儀礼」が重要な位置を占めている。

柳田国男は、「祭り」という言葉は、「マツラフ（服フ・順フ）」と同じく、神の御側にいて奉仕・服従する意味だと述べている(4)。しかし、村々における祭りの機会には、当然村の安穏、氏子の幸福を祈願したはずである。祭りには大小様々なものが見られるが、日本の祭りである限り、一定の方式が存在すると考えられる。祭礼としての特徴は、松明や蝋燭の灯、のぼり、神輿の渡御、そしてこれらに伴う、美しい行列であろう。元々は簡素なものであったはずの村祭りにとって、大きな変わり目は、見物人と称する群の発生、すなわち祭りの参加者の中に、信仰を同じくしない者や、ただ審美的立場からこの行事を見物する者が現れたことである。それが、たとえそこに暮らす人々の生活を花やかにしたとしても、神社を中核にした信仰の統一が損なわれたことは否めない。最終的には、村に住みながらも、祭りはただ眺めるものと考えるようになったとしても、無理ないことであろう。

こうして、祭りは元来の意味が転じ、現在ではエンタテインメント イベントと捉えられる場合が多くなっている。例えば、日本各地で毎年行われる盆踊り、そして海外においてもブラジルのリオで開催されるカーニバルなどは、宗教的祭祀に関連する行事を起源としているが、現在ではその意味が薄れ、誰もが踊ることや見物することを目的とする、エンタテインメントと見なされている。

このように、宗教的な祭祀とエンタテインメントは、切っても切れない縁にある。各地の主な神社に行くと、必ず舞台と土俵がある。舞台では神楽などの歌舞が催され、土俵では奉納相撲(8)が行われる。神楽も相撲も、元来は神事として執り行われたものである。歴史的に見るなら、奈良時代に宮中行事として相撲節会が始まった。また、日本書記によると、天照大神が天岩戸に隠れたとき、天鈿女命（アメノウズメ）が神懸りして舞った舞いが神楽の起源とされる。歌舞、そして相撲のいずれもが、現代の日本社会において、重要なエンタテインメントの機会を提供している。

3.2.2 政治（祭り事）とエンタテインメントとの関係

古代から現在に至るまで、祭祀と政治が一元化、一体化した祭政一致の政治形態をとる国は、世界に数多くあった。古代ギリシャやローマでは、今日ならエンタテインメントと見なされる多くの行事が、政治的、宗教的儀式の一環として行われた。

西洋演劇の基礎となるギリシャ悲喜劇は、神ディオニュソスを祝して古代アテナイで演じられた。これらの上演は競作の形を取り、参加した劇作詩人のうち、誰の作品が最も優れているかを、聴衆が投票して優勝者を決めていた。

古代オリンピックの開催において、宗教的共通性はギリシャ人であることの欠かせない要件の一つであった(9)。この場合の宗教とは、ギリシャ神話ではなく、市民が参加する祭典や、女性も参加する宗教儀礼の実践そのものと、それを支える人々の信仰とを指している。したがって、ギリシャ世界の各地から集まる人々が技を競う古代オリンピックは、神々への捧げものであり、宗教行事であった。このような、地域の枠を超えた競技会と言う形で、祭典が挙行されたことも、ギリシャ人意識の形成に、大きく寄与したと考えられる。

古代ローマで行われた闘技会(10)も、その起源は葬儀に関連し、宗教的側面を持っていた。故人哀悼のための追悼闘技会がローマ帝国全体に広まり、やがて生贄を求める農神祭に際して行われる傾向が強くなった。追悼闘技会は、より大規模になり、時間の経過とともに、故人の死を悼むものから世俗化した見世物となり、政治のプロパガンダとして利用されるようになった。

今日、政教分離とは、国家（政治）と宗教の分離のことをいう。狭義には、日本などに見られる、政治において宗教の特権や権力行使を認めない、厳格な分離（分離型）を指している。しかし、広義には英国やアメリカなどに見られる、緩やかな分離（融合型）も含まれる。

イギリスにおいては、王政と国教会は一体となっており、統治者（国王あるいは女王）が、英国国教会の首長でもあり、国家や宗教の儀式に出席する。国政においても、国教会の聖職者だけが上院に一定の議席を持っている。

また、アメリカの大統領就任式において新大統領は、聖職者の前で聖書に片手を置いて宣誓する義務がある。明文上の規定はないが、最後に聖職者の言葉「So help you God.」に続いて、聖書に手を置いた新大統領が、「So help me God.（神よ、助け賜え。）」と付け加えるのが慣例となっている。大統領就任式は、新大統領の就任を国内外に宣布する式典であり、就任宣誓は法的手続きでもある。このように、西欧型民主主義国として、最も先進的と考えられるイギリスやアメリカにおいても、儀式の一部として、祭政が互いに深く関連し合っていた名残が認められる。

一方、フランスの政教分離(11)は、非宗教性、世俗性、政教分離等の概念を含んだフランス独自の原則により、国家をはじめとする公共の空間から宗教色を排除することで、私的空間において信仰の自由を保障している。フランスでは信教の自由は保障されているが、憲法で国家の「非宗教性」が明記されており、政治は完全に諸宗教から独立していなければならない。したがって、公共病院や公教育において、宗教性が厳格に排除される。

この考えは、1870年代に形成された。これは、18世紀末に起こったフランス革命後も教会の影響が強く残り、19世紀に至ってもしばしば政治的な影響力を行使していたことが一つの理由と考えられている。カトリック派と反教会派の対立が激化するなか、1905年「教会と国家の分離に関する法律(12)」が成立し、信教の自由に対する国家の保障と、国家の宗教への中立性を明確にし、現在につながる完成した形となった。

フランスでは、こうした政経分離の原則が厳格に適用されるため、近年イスラム系女子生徒の学校内におけるスカーフ着用禁止の是非が裁判で争われ、最終的に国による禁止の決定が認められ、大きな論争となった。現在様々な意見があり、その一つに、政教分離原則の適用が、多数派による少数派への圧力として作用してしまう点が危惧されている。しかし、全ての宗教から中立であろうとする原則から、執られた処置であるとする見方が有力である。

ドイツでは、宗教団体の教える教義そのものが公立学校の正規科目として認められている。さらに、国家は聖職者の俸給に補助金を出す。これらは、フランスにおいては、全く許容されないものである。

日本においては、政教が厳格に分離されている。皇室で行われる伝統的な祭祀に関して、明治時代に旧皇室典範下の法律として皇室祭祀例が制定されたが、終戦により廃止となった。日本国憲法やその他の法律に、宮中祭祀に関する明文規定はない。しかし、以後も皇室の行事として前例に従い行われ、昭和30年12月23日、昭和天皇への伺定によって、皇室祭祀例に準拠して祭祀の大要が整えられた(6)。現在では、天皇が国家と国民の安寧と繁栄を祈ることを目的に、宮中祭祀（宮中のご公務）として、年間約20件近くの祭儀が行われている(7)。

古代から、政治目的を達成するための手段として、エンタテインメントはしばしば利用されてきた。例えば、ローマ帝国のユリウス・カエサル（ジュリアス・シーザー）は、闘技会を政治的プロパガンダの場として活用した。何百人もの剣闘士を集めた大規模な闘技会を催し、さらに、ローマ近郊に池を造って軍船を浮かべ、模擬海戦を行わせて人気を博した。こうして、人々の歓心と関心を買うことにより、政治的立場を強固にすることができたため、以後の皇帝たちもこれに倣うこととなった。

ローマ政治では、権力者が無償で与える「パン＝食料」と「サーカス＝娯楽」で、ローマ市民をある意味で政治的盲目状態に置いて統治した様子が、後に「パンとサーカス」と言う言葉で表されている。食糧に困らなくなったローマ市民は、さらなる娯楽を求め続けた。これに対して、権力者は毎日のように戦車競走（サーカス）や闘技会といった見世物を開催して市民に提供した。こうした政治手法は、市民から政治的思考や認識・行動を奪う一種の愚民政策と考えられている。

中世以降の日本においても、芸能などのエンタテインメントが、政治と結びついた例が見られる。例えば能楽(13)（明治時代までは猿楽と呼ばれた）は、室町将軍らの手厚い保護を受け、大いに発展した。それに続く戦国時代においても、信長、秀吉らの援助を受け、さらに江戸時代に入ると家康から始まる代々の将軍家から、特別の待遇を得て保護された。能楽は、武家社会における典礼用の正式な音楽（式楽）となり、各藩が猿楽（能楽）師を抱え、中には猿楽師出身でありながら大名にまで出世した者もいた。能と狂言が他の中世芸能と異なり、近世も生き続けたのは、江戸幕府の保護を受けたことによる。しかし、このように権力者と密接な関係があったため、将軍の好みや政治状況の影響を、常に強く受けることになった。能楽の演じられる会場は、将軍を頂点として、親藩、譜代、外様など大名の格式や政治的状況などに応じて席順が決められ、統治における権威と序列を示す、極めて政治的な場であった。

信長(14)は、茶道具を政治的地位や価値を示す道具として、褒賞の目的で功労者に与え、政治的に利用した。さらに、秀吉と千利休との確執で知られているように、茶事は初期の頃から、時の権力者と深い関係にあった。重要な政治的話し合いの場が、私的空間を共有する茶席で提供され、亭主はそれを取り持つ手配者、あるいは助言者としての役割を果たした。今日においても、政治や経営などのマネジメントにおいて、予算措置や人事などの重要事項が、しばしばこうしたエンタテインメントの席や場で討議され、実質的に決定されることがある。これは、洋の東西を問わず、頻繁に起こる事実である

近代において、エンタテインメントを、政治的に巧妙かつ高度に悪用した例がよく知られている。独裁者ヒットラーによる、統治・外交手段としての適用である。ヒトラーは、宣伝省を造り、自分の独裁者としての政治目的を達成するために、エンタテインメントを極めて有効に利用した。1936年に開催されたベルリンオリンピックを、

国民の意識を高揚させ、自らの政治的正当性を国内外に宣伝する絶好の機会と捉え、優れた映画監督に人々の熱狂ぶりを映し出す芸術性の高い映画を制作させてそれを海外に広く配信し、プロパガンダとして、最大限利用した。さらに、国内外のありとあらゆるエンタテインメント資源を用い、自らの影響力を拡大するための道具として使用した。こうしたエンタテインメントの政治的プロパガンダ利用は、戦時などの緊急事態においては、多かれ少なかれどの国でも行うことである。ヒットラーの手法は、とりわけ効果的且つ狡猾なものであった。このように、エンタテインメントと政治との関連については、好ましい関係ばかりか、悪用することにより、極めて困難で悲劇的な状況と結末を招く可能性のあることを忘れてはならない。

3.2.3 現在の状況

現在においても、政治実践の過程や政治的儀式とエンタテインメントの間には、強い関連性が認められる場合がある。現代の民主主義国家において、選挙は最も重要な政治的行事である。選挙には、できる限り多くの選挙権を持つ市民の参加が絶対的に必要であり、各候補者とその支持者は、選挙民の支持を集め投票を促すために、合法的な範囲の中で様々な選挙活動を行う。こうした活動は、「候補者の働きかけによる市民（有権者）とのコミュニケーション→共感（賛同）→共感の連鎖（支持の拡大）→投票（当選）」の過程で進められる。これは、本書の序論で述べたように、「コミュニケーション（働きかけ）→共感→共感の連鎖」で表される、エンタテインメントの本質と、全く同一の形態を示している。したがって、その特徴を見る限り、民主主義国における選挙過程そのものが、エンタテイメント イベントの一種と捉えても、大きな間違いではないと考えられる。

その最も判り易い例として、アメリカの大統領選挙が挙げられる。アメリカにおいて、大統領選挙のある年は、特別な年とされる。なぜなら、大きな政治的権限を持ち、アメリカを代表する大統領を選ぶ行為こそ、アメリカとアメリカ人にとって最も重要で、寄って立つところの基盤となるからである。大統領選挙の行われるおよそ一年間は、ある意味で、多くのアメリカ人が参加する、政治的な祭りの連続と言ってもよい状態が続く。各候補者とその支持者たちが、自分の政治目的を人々に訴え、少しでも多くの共感者を得ようと競い合う。こうして様々な激しい議論が繰り広げられ、およそ一年間をかけた戦いの後、勝ち残った者が大統領となる。国民の前で、白日の下に展開される激しい議論の応酬こそ、主張の正当性を裏付ける最大の根拠を与えている。こうした、公平な機会の下で行われる戦いに勝った者こそ、正しい主張をして人々の共感を得られたものと誰もが認めることになり、アメリカの正当な代表者として受け入れられるのである。

外交における様々な方面でも、エンタテインメントは重要な役割を果たしている。国と国との間で条約などが締結・発効されると、内外に内容を宣布して祝典を行う。また、国家間の友好な関係を示すために、国家元首やそれに準ずる者が互いに相手国を訪問して、友情を確認し合う。さらに、様々な贈り物をし、スポーツ交流を行うことなども、極めて有効な外交手段として用いられてきた。何年か前のピンポン外交や、パンダ外交などは、その代表的なものとして、世界中の話題となった。

近代オリンピックの開催は、国力を示し、国威を高める方法として、非常に効果的である。まさに、1936年のベルリンオリンピックが、その代表例と言える。また、第2次世界大戦後なら、1964年の東京オリンピックがこれに相当する。この年日本は、OECDに加盟することにより、先進工業国の一員として世界に認められた。さらに東海道新幹線の開通、そして東京オリンピックの開催により、国家の一大事業である戦後復興を成し遂げ、新たな発展の時代に入ったことを、自国民、そして世界中の人々に知らしめた。韓国にとって1988年のソウルオリンピック、そして中国にとって2008年の北京オリンピックは、東京オリンピックの場合とほとんど同じ意味合いを持ち、国民総意の基で開催された。

3.2.4 スポーツの果たす役割

スポーツの中でも、競技人口の多さから見て、サッカーは世界的に最も人気の高い種目である。FIFAが主催するワールドカップは、世界中で延べ何十億人もの人々が観戦・熱狂する一大エンタテインメント イベントとなっている。このため、国際試合の場で、ひとたび政治的行動がとられるなら、重大な混乱を引き起こし、大きな国際政治上の問題となることが予想される。したがって、大会の中で政治的な活動が決して行われることの無いように、厳しく規制されている。

動員できる観客数や熱狂度、すなわち誘引されるエンタテインメント エネルギーの大きさを考えると、何と言ってもスポーツが人々に与える影響は著しい。例えば、2012年に開催されたロンドンオリンピックの後に、東京の銀座で行われた凱旋パレードには、数十万人もの人々が集まったとされる。これほど多くの人々を一時に集められるイベントは、他にはないであろう。

また、近年の事例を挙げるなら、長嶋氏と松井氏による国民栄誉賞の同時受賞がある。1990年代初めのバブル経済崩壊から、2013年に至るおよそ20年間、日本は経済的にも、また国民の意識的にも極めて厳しい状況に置かれ、負のエンタテインメント性を持つ空気が国中を満たしていた。考え得る限りの政策を取ったにもかかわらず、経済はいっこうに改善せず、その間に高齢化社会や、正規雇用者と非正規雇用者間の待遇や収入格差など、早急に解決を迫られる様々な社会的問題、さらに東日本大震災の復興などの問題が山積していった。問題の所在は明確であるにも関わらず、解決は遅々として進まず、人々の間に、様々な不満や不安など、大きな負のエンタテインメント エネルギーが蓄積していた。こうした状況は、2012年末に行われた大胆な金融政策の変更により、国民の心に、正方向への大きな転換に対する期待が芽生えるまで、継続することとなった。この正方向への心的変化を、推し進め、人々の気持ちを支える大きな推進力となったのが、国民栄誉賞の同時受賞である。

長嶋氏は、日本が伸び盛りの時代を象徴する、スーパースターである。今回の受賞に際し、病に倒れたにも関わらず、それに立ち向かう姿を人々に見せることにより、高齢者を代表するスーパースターにもなった。一方、松井氏は、日本がもがき苦しむ時代に、世界を股にかけて生き抜いた、時代を代表するスーパースターである。この二人の師弟関係に関する美談は、様々なメディアを通じて、よく知られている。しかし、2人が属する世代間には、経済的な問題、文化的な問題、社会的な問題などの認識に、大きな解離が存在していることは明らかである。この2つの世代間に存在する心のわだかまりや誤解、そしてさらに続く若い世代が持つ将来への不安感を払拭し、国民の心を一つにまとめ、少なくとも負から正のエンタテインメントへと、心中のベクトルを変化させるために、同時受賞は極めて効果的な舞台を提供した。これは、スポーツが持つエンタテインメント能力を政治的に用いた、極めて興味ある事例と考えられる。

表彰式の会場には4万7千名もの人々が詰めかけ、またテレビなどの中継や録画放送により、おそらく述べ何百万人を超える人々が直接的、間接的に表彰式に参加し、大きな感動を共有することになった。スポーツが人々の心に働きかけ、感動を生む力は絶大である。それゆえ、国内外におけるスポーツイベントの政治目的への利用については、常に十分な考慮と注意が必要である。

3.2.5 外交力とエンタテインメント

国家にとって外交力とは、何を意味するのであろうか。一般的には、政治力、経済力、軍事力の結集であると考えられている。しかし、現代の世界において、これらに加えエンタテインメント力（ソフトパワー）が重要性を増していることを忘れてはならない。

スイスは、ヨーロッパ中央付近の内陸に位置し、領土、人口とも大国とは言えない中小国の一つである。しかし、中立を守るために、国民皆兵制度に基づく極めて強力な軍事力を擁し、伝統に基づく高度な技術力、歴史に培われた信用による金融力、さらにスイスの知恵とも言えるソフトパワーを駆使して、国際的に高い地位を獲得している。

よく知られている事実であるが、スイスはバチカン市国を守る衛兵として、屈強な兵士を数百年に渡って派遣し続けている。その制服はルネッサンス様式を守り、多くの観光客に親しまれている。国土の大半が山地で、めぼしい産業が無いスイスにおいて、傭兵はかつて重要な産業であった。16 世紀の敗戦で拡張政策を放棄したにも関わらず、「血の輸出」と呼ばれた傭兵によって、スイスは強大な軍事力を保有する事となり、隣接する他国にとって、侵略が極めて困難で、侵略してもそれに見合う利益が得られない国と見做され、自国の安全保障に貢献した。19 世紀にこの制度は廃止されたが、中世からの伝統をもつバチカン市国の衛兵のみは、警察任務との解釈により、例外として認められてきた。

第 2 次大戦の折には、数ある中立国の中にあって、スペインとともに枢軸国の侵略をうけることのなかった 2 か国の一つである。スペインが中立を守ることの出来た理由として、当時のドイツと政治的に近い立場をとり、また地理的にドイツから見て比較的遠い位置にあり、侵攻するに足る軍事的・政治的価値がそれほど大きくなかったことが挙げられる。一方スイスは、ドイツから地中海へ向かう主要交通路に位置している。それにも関わらず侵略を受けなかった理由として、山岳地帯から成る国土、そして極めて高度な軍事的訓練を受けた多数の兵力を擁するため、侵略に掛かるコストと、それを実行して得られる利益を比べた場合、侵略することが割に合わなかったことが最大の理由と考えらえる。これこそ、基本的にはハードパワーと見なされる軍事力を、ソフトパワーの一部として自国のために最大限活用し、戦争を避け平和を維持すると言う本来の外交目的を遂げた好例である。

今日スイス国内には、国際機関の本拠地が多数存在する。ジュネーブにあるWHOや国連ヨーロッパ本部が、その代表格である。スポーツ団体に限っても、50以上を数えている。中でも、FIFA（チューリッヒ）とIOC（ローザンヌ）が双璧であろう。こうした、突出したスポーツマネジメントに関する地位のお蔭で、スイスの国際社会における認知度や影響力は、格段に高められている。これには、永世中立国としての世界政治における独立性が優位に働いていると考えられる。しかし、それ以上に、スイスが提供する法律や税制面での優遇措置が、スポーツ団体にとって運営しやすい環境を与え、他の地域や国と比べ優位性を持つことが大きな理由であろう。

さらに、世界の指導者が一堂に会する世界経済フォーラム（ダボス会議）や、ローザンヌ国際バレエコンクールも、毎年スイスで開催される。こうした対応には、ブランド時計ビジネスや、金融ビジネスにも通ずる、ソフトパワーに関するスイスの一貫した戦略が垣間見えている。ありとあらゆる方法で、世界とコミュニケーションを図ることにより自ら発信し続け、付加価値の創造を元手にブランド力を高め、他国の人々が求める様々なエンタテインメントを、常に先取りしながら提供できる環境と態勢を整えているのである。この背景には、歴史的、地理的な経験により、豊かさと平和を最大限享受できる中小国として生きていくために、何にもましてソフトパワーの重要性が、国民、そして政府によく理解されていることが挙げられよう。

日本は、人口的にも経済的にも決して中小国とは言えず、また地理的にもスイスとは全く異なる環境に置かれている。したがって、スイスの経験をそのまま適用することはできない。しかし、少なくとも国民生活のさらなる向上のためには、国家戦略、外交戦略として様々なソフトパワーの充実を図り、エンタテインメントに重きを置く高度文化国として、国際社会に占める地位と認知度を高めることにより、経済的、政治的機会を増やすことが、ますます重要になると考えられる。

3.2.6 ソフトパワーの源泉

ソフトパワーに関して言うと、負のエンタテインメントを正に転換できるのは、芸術、芸能、あるいはスポーツのプロフェッショナルばかりとは限らない。各国の王室や大統領など国家元首が、その国のエンタテインメントを代表する最高権威として、国民の総意を表す場合がよく見られる。例えば、甚大な自然災害など国難が訪れた場合には、国家元首あるいはそれに相当する地位にある者が、そのエンタテインメント力を最大限利用し、国民を勇気付けるために、被災地を訪問するなどの行動が素早く取られることが多い。

このように、国家元首は国を代表するスーパースターとも言える存在である。それは、今日実在する芸術家や芸能人、スポーツ選手などが持つ、いかなるエンタテインメント力をも凌駕・超越する、評価不可能なほどの力とも見なされる。

このことを示す一例として、ヨーロッパの王室や、共和国の大統領が主催する、様々なパーティーなどの行事が挙げられる。これには、元首の他に王族や首相も列席し、招待客として三権の長をはじめ、国政、地方政治に携わる政治家や各界の著名人（学者、経営者、文化人、芸術家、芸能人、スポーツ選手など）、そしてその年の功績者（叙勲受章者、ノーベル賞受賞者、スポーツメダリストなど）とその配偶者、そして外交使節（各国大使）が招かれるのが慣例である。こうしたパーティーへの招待は、国民にとってたいへんな栄誉であり、最高の晴れ舞台を提供してくれるエンタテインメントと見なされよう。その機会を提供できる国家元首が持つ超エンタテインメント力こそ、誰にも真似のできない特質であり、国家および国民をさらに豊かにするためのソフトパワーを築く、重要な資源になると考えられる。

3.3　教育におけるエンタテインメントの役割

3.3.1　はじめに

21 世紀は、新しい知識・情報・技術が政治・経済・文化をはじめ社会のあらゆる領域での活動の基盤として飛躍的に重要性を増す、いわゆる「知識基盤社会」の時代であると言われている。このような知識基盤社会化やグローバル化は、アイディアなど知識そのものや人材をめぐる国際競争を加速させる一方で、異なる文化や文明との共存や国際協力の必要性を増大させている。こうした状況において、我が国にとって、確かな学力、豊かな心、健やかな体が調和した強靭な個性と能力を持つグローバル人材の育成が、喫緊の課題である。

近年の OECD（ 経済協力開発機構）による各種調査で、我が国の児童生徒については、例えば、思考力・判断力・表現力等を問う読解力や記述式問題、知識・技能を活用する能力や、家庭での学習時間などの学習意欲、学習習慣・生活習慣、そして自分への自信の欠如や自らの将来への不安、体力の低下といった課題のあることが指摘された。このため、平成 17 年 2 月に文部科学大臣から、21 世紀を生きる子どもたちの教育の充実を図るため、教員の資質・能力の向上や教育条件の整備などと併せて、国の教育課程の基準全体の見直しについて検討するよう、中央教育審議会に対して要請がなされ、同年4月から審議が開始された[15]。

この間、教育基本法[16]改正、学校教育法改正が行われ、知・徳・体のバランスとともに、基礎的・基本的な知識・技能思考力・判断力・表現力など、さらに学習意欲を重視し、学校教育において、これらを調和的に育むことが必要である旨が法律上規定された。そして、中央教育審議会の答申を踏まえ、平成20年3月28日に、学校教育法施行規則が改正されるとともに、幼稚園教育要領[17]、小学校学習指導要領[18]、及び中学校学習指導要領[19]が公示された。

教育基本法[16]によれば、日本国民は、弛まぬ努力によって築いてきた民主的で文化的な国家をさらに発展させるために、世界の平和と人類の福祉の向上に貢献することを願い、この理想を実現するために、個人の尊厳を重んじ、真理と正義を希求し、公共の精神を尊び、豊かな人間性と創造性を備えた人間の育成を期するとともに、伝統を継承し、新しい文化の創造を目指す教育を推進するとある。

そして、その目的を実現するため、学問の自由を尊重しつつ、

1. 幅広い知識と教養を身に付け、真理を求める態度を養い、豊かな情操と道徳心を培い、健やかな身体を養うこと。
2. 個人の価値を尊重して、その能力を伸ばし、創造性を培い、自主及び自立の精神を養うとともに、職業及び生活との関連を重視し、勤労を重んずる態度を養うこと。
3. 正義と責任、男女の平等、自他の敬愛と協力を重んずるとともに、公共の精神に基づき、主体的に社会の形成に参画し、その発展に寄与する態度を養うこと。
4. 生命を尊び、自然を大切にし、環境の保全に寄与する態度を養うこと。
5. 伝統と文化を尊重し、それらを育んできた日本の郷土を愛するとともに、他国を尊重し、国際社会の平和と発展に寄与する態度を養うこと。

を挙げている。この教育基本法が、今日の日本における幼稚園、小・中・高、そして大学の教育を実施して行くための基本的な理念となり、拠り所となっている。

3.3.2 日本の幼児・初等・中等教育

生涯にわたる人格形成の基礎を培う幼児期の教育（幼稚園教育）は極めて重要であ

り、学校教育法第22条に規定され、幼児期の特性を踏まえ、環境を通して行うものであることを基本としている。その目的として、幼稚園は、義務教育、及びその後の教育の基礎を培うために幼児を保育し、幼児の健やかな成長のために適当な環境を与えて、その心身の発達を助長することとしている。

具体的な目標として、身体諸機能の調和的発達を図ること、自主、自立及び共同の精神並びに規範意識の芽生えを養うこと、身近な社会生活、生命及び自然に対する正しい理解と態度及び思考力の芽生えを養うこと、言葉の使い方を正しく導くとともに、相手の話を理解しようとする態度を養うこと、音楽、身体による表現、造形等に親しむことを通じて、豊かな感性と表現力の芽生えを養うことが、掲げられている。

さらに、幼稚園教育要領[17]によると、幼稚園教育の基本として、幼児期にふさわしい生活が展開されるようにすること、幼児の自発的な活動としての遊びを通して要領に定めるねらいが総合的に達成されるようにすること、そして幼児ひとり一人の特性に応じ、発達の課題に即した指導を行うようにすることが示されている。

前述した学校教育法で、「音楽、身体による表現、造形等に親しむことを通じて、豊かな感性と表現力の芽生えを養うこと。」、そして教育要領において、「幼児の自発的な活動としての遊びによる指導を中心として、要領に定めるねらいが総合的に達成されるようにすること。」とあり、幼児教育における、遊びや音楽、ダンス、美術などエンタテインメントに関する基礎的素養の重要性が、指摘されている。

幼児教育に続く小学校の教育課程は、国語、社会、算数、理科、生活、音楽、図画工作、家庭、及び体育の各教科、道徳、外国語活動、総合的な学習の時間、並びに特別活動によって編成されている[18]。これらの教育科目は、中学校の科目と内容的にほぼ一致しており、基本的な理念は、そのまま中学校教育に受け継がれていると考えて差し支えない。

中学生徒が学習すべき内容として、国語、社会、数学、理科、音楽、美術、保健体育（平成24年度より中等教育で、ダンスが必須科目化）、技術･家庭科（木工、料理、裁縫・服飾など）、そして外国語などの科目が、21世紀を切り拓く、心豊かでたくましい日本人の育成を目指すという観点から、文部科学省により「これからの教育の新理念に基づく学習指導要領[19]」として定められている。

これらの学習科目は、序論で明らかにしたように、様々な意味で本書のテーマとする人間のみが持つコミュニケーション手段であるエンタテインメントと、密接に関連している。すなわち、単純化した形で対比させるなら、国語（文学：小説、詩、演劇など)、社会（社会科学)、数学と理科（自然科学)、音楽（管弦楽、オペラ、歌曲など)、美術（絵画、彫刻、デザインなど)、保健体育（スポーツ、ダンス)、技術･家庭科（木工、料理、服飾・裁縫など)、外国語（コミュニケーション）と言う具合に、エンタテインメントの基本的行為と教育科目はよく一致している。このことは、人間が生きていく上で必要とする学習の多くは、人間のみが有する特徴であるエンタテインメントと極めて密接な関係にあり、両輪となって互いに関わり合っていると考えてよいことを示している。

海外に目を転ずると、例えばイギリス王室の子弟が、パブリックスクール（13歳～18歳の子どもを教育する、イギリスの私立エリート校の名称）への進学準備をする名門校（日本で言えば、小学校の児童教育に相当）において、「地理・歴史、フランス語、ラテン語、解剖学、聖書、絵画、歌、演技、パンチングボールやレスリングなどのスポーツ、その他の課外活動」が教育されていると言われる。前述した日本の事情と比較することにより、こうした教育内容は、日本の小学校や中学校における教育科目と、ほぼ一致している。

これらは、ソクラテスやプラトンに始まる古代ギリシャ哲学に基礎を置く西洋哲学や自然科学、そしてレオナルド・ダ・ヴィンチに代表される西洋の天才たちが発展させた、いわゆる科学、芸術、歴史などの学問（但し、その担い手たちは、いずれも哲学者と見なされていた。)、さらに古代ギリシャ オリンピックに端を発するスポーツとよく一致している。したがって、その起源はこうした西洋の伝統的な文化遺産にあることは明確である。

実際、古代ギリシャの哲学者達は、政治家、裁判官、医師や大工など国家を形成する様々な職業を持つ人々に対する、音楽、文芸、体育など教育のあるべき姿について、精緻で深遠な議論を重ねていた[20]。それゆえ、現在世界各地で実施されている一般的な教育は、過去およそ2500年程度の期間に、人類の英知が築き上げた文明・文化に基礎を置き、それらを幅広く取り入れたものであることが容易に理解できる。さらに、ギリシャの哲学者達は、音楽、文芸、体育など今日エンタテインメントとして日々の生活に深く関わる諸活動が、政治を動かし、国家をも変革する力のあることをよく理解していた。

3.3.3 グローバル人材育成の必要性

日本国民は、明治の文明開化以降、西洋文明の導入と消化、発展に邁進し、とりわけ科学技術や芸術における一定の分野で、人類全体の発展をリードする程の地位にまで到達している。これは、明治以降現代に至る日本の教育システムが、全体としていかにうまく機能し、有効であったかを示す最高の証明である。しかし、先頭集団の一員となった日本にとって、もはや他人や他国が創造したものを取り入れ、発展させるだけで済まされる時代は、とうに過ぎている。現代においては、人類の文明・文化発展のために、日本が提案出来るオリジナリティーに基づく創成・創造能力が、世界から問われている。

日本では、西洋と比べ歴史的、文化的背景が大きく異なることにより、オリジナリティーの高い優れた技術や感性、そして何にもましてそれを培い、伝統を守った優れた独自の教育システムが、様々な分野で綿々と受け継がれている。その中には、文化的視点から見て、国外で適用するには不向きなものがあるかもしれない。しかし、伝統的教育システムのかなりの部分が普遍性を持ち、世界のどの国においても有効に機能する可能性があると考えられる。例えば、日本発のバイオリン教育法などの音楽教育システム（メソード）、算数教育システム、そろばん教室など、公的教育とは離れた部分で、江戸時代から培われた寺子屋式教育システム（私塾）が機能し、世界的な成功をおさめていることがよく知られている。今日、世界識字教育運動の1つとして、寺子屋システムを世界中に普及させようとする運動が、ユネスコで取り入れられ、大きな成果を挙げている。

天然資源、とりわけエネルギー資源をほとんど持たない日本にとって、国民の豊かな生活を守り、幸福な社会を実現して行くためには、ありとあらゆるグローバル市場でビジネスを行い、成功し続けることが必須である。そのためには、世界中の人々と協調・連携し、必要な時には競走して勝ち残り、存在感を示すことのできる、強靭な能力を持つグローバル人材の育成(21)が、喫緊の課題である。現在、特に大学や大学院などの高等教育機関でその重要性が叫ばれている。しかし、そうした個性を持つ人材を育成するには、幼児や児童の時から適性を見定め、能力を引き出し、その素養を高めて行くことに主眼をおいた教育を行うことが、最も効率的で効果が大きいと考えらえる。

21世紀におけるグローバルビジネスのマネジメントにとって、エンタテインメントの概念を如何に理解し、活用して行くかが、大きな課題である。既に序論で述べたように、エンタテインメントの基本行為の一つとして、「権力を持ち、それを行使する行為」がある。具体的には、マネジメント（経営あるいは統治）全般、すなわち予算、人事などの運営全般に関する決定権の行使のことを言い、それは個人、法人や政府に関わらず、事業（ビジネス）を実施して行くうえで、その形式を問わない。こうした権力を使うことができるのは、それを任された指導者に限られる。個人の場合なら、そうした権利を自分自身のために使用できる立場にある人（例えば自由業や自営業）、企業のような法人の場合なら経営者、政府の場合なら選挙によって選ばれた政治家、および政府などの公的部門に勤務し、権力の行使を預託された一部の公務員ということに対応する。

こうした人々は、マネジメントを効果的、また効率的に進めていくうえで、社員や国民など、その影響を受ける人々から、共感そして同意を得なければ業務を遂行することはできない。そのためには、自らが時代を切り開く指導力を発揮し、対象となる事業に物語性を持たせ、具体的なイメージを提示しアイコン化を図るなどして、誰でもが理解できる判り易い説明を行わない限り、決して成功は得られないであろう。こうした時に、強いメッセージ性を持つコミュニケーション手段の一つであるエンタテインメントは、様々な意味で、極めて重要な役割を果たすと考えられる。

このように、エンタテインメントは、マネジメントを成功させるために欠くことのできない要素である。エンタテインメントの基本となる感動や共感、そしてその連鎖は、人間（ホモサピエンス）であれば、人種、性別、年齢、文化、地域などに関わらず、誰でもが共有する部分がほとんどである。しかし、生後人間が置かれた環境（文化、気候など）によって左右され、教育や習慣などに大きく依存する部分もかなりある。

ビジネスを進めるうえで、先導者が仲間や顧客に与える感動と、それに呼応して起こる共感の連鎖こそ、マネジメントが成功していることの証しとなる。とりわけ、文化的な背景が様々に異なる人々が協力して行うグローバルビジネスにおいて、各人各様のエンタテインメントを考慮した環境の整備が必要であり、それを育む工夫と努力を、継続的に行える人材の育成が重要になる。

3.3.4 教育現場における課題とその解決法

今日、学校における不登校やいじめ、校内暴力、体罰などの問題が、連日のように大きく報道されている。いじめ、校内暴力、そしてその結果として生ずる不登校などの問題を起こす原因の多くが貧困などに起因し、学校や社会において自分が占めるべき座標の喪失、そしてその結果生まれる孤独感、あるいは友人や社会に対する連帯感、共有感の欠如から生ずる不安であると言われる。したがって、問題の本質の一つは、学校外で社会的な事情から生ずる家庭の経済的な問題（経済格差や世代間に渡る貧困の連鎖）であり、平等な教育機会の喪失に起因する学力差とも考えられる。

学校でのいじめや暴力は、家庭内暴力、幼児期の性的虐待などの体験と同様に、心的トラウマとして残り、後に様々な精神的障害（例えばうつ病）や非行などの問題を起こし、社会的に大きな損失の原因となることが明らかにされている。したがって、こうした問題の解決に関わる教育関係者や家庭の保護者は、将来的に社会が被る可能性のある損失発生を未然に防ぐために、出来る限り速やかに問題の把握に努め、最適な解決法について協議し、迅速な行動をとる必要がある。

さらに、これに関連するもう一つの問題点は、時として負のエンタテインメントを提供しかねない教育制度自身、そして自らが負のエンタテインメントの発生源となっていることをなかなか自覚できない教育者側にあるとも考えられる。日本の教育システムがこれまで最大の目的としてきた、誰にでも平等に教育を与える機会を提供することは、大きな成功をおさめている。しかし、誰もが同じ内容の教育を受けることを強制することは、別の大きな問題を発生させかねない。なぜなら、個人個人が感ずるエンタテインメントの感覚は、各自で異なり、ある人にとって正のエンタテインメントであっても、別の人にとっては負のエンタテインメントになる場合があるからである。

教育の現場で、自閉症スペクトラム（Autism Spectrum Disorder（ASD））の一部に分類され、知的障害を伴わないものの、興味やコミュニケーションについて特異性を示し、これまでアスペルガー症候群と呼ばれてきた発達障害が、しばしば問題となっている。特定の分野について大きな興味を持ち、驚異的なまでの集中力と知識を示すが、他者の気持ちの推測力など、心の働きに特異性が見られ、社会的に不適応性を示すのがその特徴と言われる。この発達障害は、興味の対象に対して、極めて強い偏執的ともいえる水準での集中を伴うことがある。こうした児童や成人は、自分が興味のない分野（負のエンタテインメント）に対して忍耐力が小さい場合が多いとされる。しかし、自分が興味のある分野（正のエンタテインメント）に関しては、他人に比べてはるかに優秀であることが誰の目にも明らかなため、学生時代に、得意な分野ではたいへん優秀であるが、一般的な評価から言うと劣等生と認識される人も多い。自閉的な特徴を持つ著名人はこれまで数多く存在し、しばしば「変わり者」と呼ばれ、天才科学者（例えばニュートン、ダーウィン、アインシュタインなど）や芸術家の、代名詞となるイメージを生んできたとも考えられる。

この発達障害を持つ人が苦手なものは、「他人の情緒を理解すること」であり、自分の感情を身ぶり手振りなどの方法で、他人に伝えることは可能と言われる。彼らは、社会に対して非常に適応しにくい困難さを抱えている場合が多い。いろいろな場面で他人と衝突し、引きこもりになることも少なくない。こうした人々は、学校でいじめなどに遭い易く、たとえ社会に出た際にも仕事が全く手につかず、すぐ解雇されたりすることがあると言われている。

しかし、彼らは特定の分野で、誰にも勝る能力を発揮することがある。現在、アメリカの大学において、たとえ通常の社会生活を送るには困難さを伴う場合があっても、こうした人々が持つ特殊な才能を、最大限活かすことにより社会貢献を行う方法について、研究が行われている。

教育制度自体や教える側が持つ共感の押し付けが、時として負のエンタテインメントを生むことを決して忘れてはならない。各個人それぞれが素晴らしい能力を持つ可能性があるにもかかわらず、それをうまく活かせないシステムが問題なのである。それぞれの個性を活かすことこそ、その能力を高め、社会を活性化できる人材を育てるための早道であることを、常に自覚する必要がある。教育現場で何よりも必要なのは、先生の情熱とそれに対する生徒の応答から始まるエンタテインメントの連鎖であり、先生と生徒の間で育まれる信頼の醸成こそ、最大限考慮すべき点と考えられる。

アメリカの首都ワシントン、そして隣接する州で、中高生を対象にダンスによる就業訓練や学業支援を展開する活動が広まっている[22]。これは、市当局が実施している職業訓練プログラムの一つで、生徒たちは夏休みの期間毎日8時間、ほぼダンス漬けになる。プログラムの最終日に開くダンスショーに向けて、ダンスの練習に励むだけでなく、ショーの企画立案や準備、運営というビジネス全般の仕事にも関わる。事業計画書の作成などの講義があり、ショービジネスに必要な基礎知識が、擬似体験を通じて教育される。こうしたプログラムが実施されている市の中には、全米の「危険な都市」ベスト10に入るところもある。授業に出席せず、学校にも来ない生徒たちへの対応に苦しんでいた日々を変えたのが、ヒップホップダンスだったと言う。先生が踊るのを見た生徒達は目の色を変え、夢中になった。

教える側は、ダンスはきっかけの一つに過ぎず、ダンスを通じて人間として成長できるように配慮している。練習は、宿題や読書に充てる勉強時間の後に始まる。保護者や担任教師と連絡を密に取り、成績が落ちたり、授業態度が悪くなったりすると、改善するまでダンスはお預けにして勉強させる。こうして、話し合いで問題を解決し、互いに協力し合うという、社会生活に必要な習慣を身に付けることも、このプログラムの主目的の一つとされている。生徒にとって大いに楽しめる、正のエンタテインメントをうまく利用して教育の質を向上させた事例は、サルサなど他のダンスや、バスケットボール、野球などのスポーツを通した活動においても報告されている。

さらに、日本で確立された音楽教育メソードを用い、「音楽は高度な価値、連帯、調和、思いやりなどを養い発達させるための、極めて有効な教育方法である。」という理念のもと、貧困層出身者の教育を行い、大きな成果を挙げている例が海外（ベネズエラ）で見られる。エル・システマと呼ばれる教育プログラムで、開始から今日に至る35年以上の活動により、数十万人もの若者を教育して来た。こうした育った音楽家の中から、世界的に活躍する著名な音楽家が、多く輩出されている。

これらの事例が示すことは、大人が子ども達に高い目標を与えれば、彼らはそれに応える能力を持っているということである。子ども達がやる気を出すのに十分な、エンタテインメント性のあるプログラムを提供しさえすれば、それに呼応して、子ども達は自分の能力を全力で見せる力を持っているのである。

教育が持つ重要な目的の一つは、成長を続ける人間の個性や特性を伸ばすことにより創造性を養い、未来への機会をできるだけ多く提供することと考えられる。どの児童、生徒にとっても好きな科目、嫌いな科目はある。好きな科目の勉強は正のエンタテインメントとなるが、嫌いな科目を学ぶことはその個人にとって、ある意味で負のエンタテインメント性を持つことは避けられない。

日々の学校生活において、楽しいこと、嬉しいこと、感動することなど、正のエンタテインメントに関わる機会の程度が、生活そして教育の質を大きく左右する。しかし、人間が生きて行くには、必ずしも正ばかりではなく、負のエンタテインメントに直面しなければならないことも多くある。教育の場で必要なのは、如何に負のエンタテインメントの機会を減らし、また避けられない場合には、対処の仕方をうまく教えるかと言うことであろう。教える側が、正のエンタテインメントの質をより高め、また教えられる側が、負のエンタテインメントへの対処の仕方を学ぶ努力を継続することが重要である。

3.3.5 今後の教育の在り方

これまで日本の教育は、誰もが均質で一定以上の学力を、等しく身に付けさせることを目的として行われてきた。しかしながら、21世紀を迎えた今日必要なものは、教える側が個人の持つ能力を育てることに主眼を置き、各人が持つ潜在力を可能な限り引き出せる機会を提供することである。

一方、教えられる側にとっては、自らが感動し、他の人々と共感を分かち合うことを学び、異文化を背景に持つ人々と相互の理解を深め合い、たとえ文化的背景に違いがあっても相手を尊重し、自分の個性や特性を明確に主張できる人格、すなわちグローバル人材を、自ら養うための努力を続けることであろう。そのためには、教育する側において教えることの喜びや満足感、そして教育される側において、学ぶ者同士で自発的に生まれる適切な競争意識と満足感、すなわち関係者すべてを巻き込んだ、エンタテインメントの連鎖が、極めて重要な役割を果たすと考えられる。

3.4 高齢社会とエンタテインメント

3.4.1 はじめに

超高齢社会に入った日本で経済の活性化を図るには、国内金融資産のおよそ6割以上を所有するといわれる、65歳以上のいわゆる高齢者（以後シニアと略称）の消費意欲を刺激し、様々な活動に参加してもらうことが重要と考えられる。シニアは、福祉や介護の側面から語られる場合が多いが、実際に介護を必要とする人口は、全体の20％程度と言われる。したがって、多くのシニア達は、様々な活動を通して、自分自身が喜びに満ちた時間を過ごし、また今までの経験を活かすことにより、社会貢献を目指すなどして、充実した日々を送ろうと努力しているのが実情であろう。

2011年11月に、シニア層と実際にコミュニケーションを図りながら、商品開発することを目的として、「エキスポ・スーパー65プラス（展示会）」が開催された[23]。その背景には、成熟した消費者であるシニア層人口の、急速な拡大がある。既に2011年時点で2900万人を超える退職世代に、2012年から団塊世代の退職者が大量に加わるようになった。その数は3年間で約806万人とされ、新たに誕生した市場の規模は、数十兆円に及ぶとも言われる。

この展示会では、「①衣、②食、③住（生活関連）」、「④健康（健康食品やスポーツ用品など）」、「⑤趣味（旅行、写真、ペットなど）」、さらに「⑥備え（ホームセキュリティーや保険、葬祭サービス）」、など6つの分野を主要テーマとして、分野ごとに企業ブースを設け、来場者との緊密なコミュニケーションを通して商品やサービスに対するシニアの生の声を聞き、商品開発に活用できるように工夫がなされた。これらは、生活の質を高めるもの、日々の安心を高めるもの、喜びを育んだり共有したりするものにつながり、直接的、あるいは間接的に、エンタテインメント性に強く関連した分野に位置付けられる。

平成24年の経済産業省統計報告(24)によれば、世帯主が60歳以上の世帯の年間最終消費支出額は、平成23年に100兆円を超え、そのうちエンタテインメントに関連する教養娯楽費は、全体で6兆円程度を上回ると推定されている。大多数の健康なシニアにとって、退職後に多くの時間的余裕が出来た時点で、これからの人生を如何に美しく、楽しく、無駄なく、充実させて有意義に過ごすのか、自分自身のエンタテインメントの在り方が、最大の課題となる。こうした要求にうまく答え、シニアの需要を満たすサービスの提供こそが、シニア層のマーケットを掘り起こす最大の鍵になると思われる。

既に、多くの人口を抱える団塊の世代が、シニア化した。団塊の世代、そしてそれに続く戦後生まれの世代は、戦前に生まれた親たちの世代と、全く異なる感性を持つと言われる。戦後生まれは、いつまでも若々しく在りたい、年寄臭くなりたくない、と考えそれを実践しようとする。したがって、シニアのこうした様々な欲求を満足させることこそが、拡大を続けるシニアマーケットにおいて、成功者になるための必須条件になる。

このように、元気に活動できるシニアが多数いる一方、加齢や病気等の理由で、介護を必要とするシニアの数は、人口の高齢化ともに年々増加している。日本では、高齢社会への移行を反映し、高齢者福祉施設が多数存在し、従業員数、そして求人数も多い。とりわけ、1990年代以降、福祉や介護への需要が高まり、福祉系大学の新規開学や学部の新設が始まった。このため、福祉関連資格取得者数が増えたが、雇用や労働条件は、現状において決して満足できるものとは言えない。

高齢化や核家族化の進展等により、要介護者を社会全体で支える新たな仕組みとして、2000年4月より介護保険制度が導入された。制度の目的の一つに、社会的入院の解消があり、在宅介護（居宅介護）を促す意図があった。しかし、実際には24時間サービスを提供する介護職の不足などから、重度要介護者の在宅介護は困難なことが多いとされる。さらに、在宅訪問介護の際に介護職員の移動時間が労働時間として計算される事は殆どなく、実質的な拘束時間が実労働時間よりも遥かに長くなるという不合理な状況がしばしば起こり、労働の対価としての報酬の面からみて、現場の職員が不公平感や不満感を持つ場合が多いという問題を抱えている。こうした問題は、介護サービスの低下を招きかねないものであることから、早急に改善が必要と考えられる。

一方、要介護高齢者が年々増加するため、「入所施設の不足」が、制度導入以来解消されないまま課題となっている。また、入所型施設では変則勤務や夜勤、宿直が多く、年末年始やゴールデンウィーク、お盆休みでも施設に人材が必要なため、休暇も交替で取らざるを得ない状態にある。さらに、入所者への対応や、職場内の人間関係、職員の慢性的不足状態など様々な要因で生ずるストレスが大きく、介護職員は極めて厳しい労働条件下に置かれ続けている。それにも関わらず、待遇が十分でないとの問題が指摘されている。

本項では、前半でシニアの活動と、エンタテインメントとの関連について、様々な事例を紹介する。シニアがとりわけ高い関心を寄せる活動として、(自分が)学ぶ行為、(他人を) 教える行為、情報や活動を人々と共有する行為、困難な状況にある人を救う行為、何かを育てる行為などが挙げられる。これらは、序論で述べたエンタテインメントの基本行為と、深い関連性を持ち、本書の主要テーマに掲げるものである。また、後半で超高齢化が進む現代において、避けて通ることが不可能な、福祉・介護の在り方を、エンタテインメントの果たす役割を含めて考えることにする。

3.4.2 高齢社会の実像とエンタテインメント

(1) 高齢者（シニア）の定義と団塊世代

高齢の定義は、あいまい且つ主観的な部分があり、判断は難しい。国連の世界保健機関（WHO）の定義では、65 歳以上の人のことを高齢者としている。また、64 歳以下を現役世代、65 ～ 74 歳までを前期高齢者、75 歳以上を後期高齢者、85 歳以上を末期高齢者と言う。

総務省による 2010 年 9 月 19 日の発表では、65 歳以上の推計人口（9 月 15 日現在）は、前年より 46 万人多い 2944 万人であった。ある国・地域において、高齢者が人口の 7% 以上を超えると高齢化社会、14% を超えると高齢社会、21% を超えると超高齢社会と呼ばれる。日本では、1935 年の時点で高齢化率は 4.7% であったが、2007 年では 21.5% となり、超高齢社会となった。

日本の高齢者人口は、1997 年に 0 ～ 14 歳の年少人口数に並び、2014 年にはその 2 倍、また50年には4倍になると推計される。このように、かつてどの国も経験したことの無い速さで年齢構造が変化した結果、社会制度から見ると年金給付と負担の在り方において、また労働市場では雇用慣行や賃金構造の変革を巡り、世代間の対立が深刻化しつつある。

日本の人口構成、そして今後の高齢化に大きな影響を与える団塊の世代は、人口論に基づく厳密な定義では、第一次ベビーブーム時代の1947年から1949年までの3年間に出生した世代を指す。厚生労働省の統計によると、この世代の年間出生数は250万人を超え、3年間の合計は約806万人にのぼる。

団塊の世代は人口が多いため、年金を受給し始めると、社会的に大きな負担となることが予測された。したがって、1990年代から年金問題は、将来直面する社会問題とされ、たびたび改革案が提示された。結果的に給付額の削減と、納付額の引き上げが行われ、厚生年金は60歳から受け取れる一方、基礎年金は63歳から65歳受給へと、一部の支給開始時期が先送りされることになった。

2006年（平成18年）の「改正高齢者雇用安定法」が施行された当時60歳前後であった団塊の世代が、6年後の2012年（平成24年）に65歳に到達し、その多くが退職を迎えた。このため、年金問題と併せ、経験豊富な労働力の不足が、2012年問題として懸念されることになった。

(2)　シニアのエンタテインメント

(a) 学ぶこと

学ぶことは、年齢を問わず、人間に生来備わる基本的なエンタテインメント行為の一つである。人間のみが持つ特性として、生まれてまだ2年とたたない乳児が、既に他者との関係を理解しながら学び始めることが、最近の研究成果により明らかにされている[25]。芸術や芸能、スポーツなどのエンタテインメントに関連するプロフェッショナル達は、その多くが幼少の頃からしっかり行き届いた訓練を受け、年齢に相応した適切な環境下で教育されることでその技術と心を磨き、一流へと育っていく。

シニアは、「五十の手習い、あるいは六十の手習い」という言葉があるように、学ぶことに大きな興味を持ち、そのための時間と費用、そして労力を惜しまない傾向が強い。目的は無論その道の専門家になることではなく、自分の新しい側面や価値を知り、新たな知己を求め、自然と親しみ、健康を促進するなど、自分の生活をより豊かにすることである。シニアが好む習い事をいくつか挙げるなら、次のようになる。

・スポーツ（ゴルフ、ランニング、エアロビクス、水泳など）
・自然と軽スポーツ（釣り、登山、ハイキングなど）
・健康増進（体力維持の体操、ヨガ、ピラティスなど）
・ダンス（バレエ、社交ダンス、ジャズダンス、サルサ、フラダンス、フラメンコ、ベリーダンスなど）
・音楽（ピアノ、バイオリン、チェロ、フルート、サキソフォーン、合唱など）
・様々な教室（絵画、陶芸、園芸、茶道、生け花、書道、パソコン、英会話、俳句、川柳、短歌、墨絵、人形造りなど）

これらの習い事には、民間、公営を問わず、様々な企業が手ごろな価格で各種の講座・教室を提供しており、常時多くのシニア達で賑わっている。

シニアの趣味
（90歳の人形造り）

ゴルフは、社用という言葉で知られるように、仕事に関連して、現役時代の比較的早い時期から始める人が多い。しかし、最近ではこれまで一度もゴルフをしたことの無いシニアが、頻繁にゴルフ場に出かけるようになったとの話しをよく聞く。さらに、日本、そして世界各地で盛況な市民マラソンも、現役世代に負けず、シニア世代の関心が高いスポーツの一つである。

釣りや登山、ハイキングなど、軽いスポーツ感を楽しみながら自然と親しむ行為も、シニア間で愛好者数が増加している。例えばアユ釣りは、清流と呼ばれるいわゆる中流域で行われ、上流が対象となる渓流釣りに比べ、体力的に比較的容易で危険も少ないため、初めて川釣りをしようとするシニアの人気を集めている。一本数十万円もする最新鋭技術の粋を集めたカーボンファイバー製の釣竿が、シーズン中になると飛ぶように売れるとの報告がある。また、登山やハイキングは、誰でも比較的簡単に行きやすいコースが各地に整備されていることから、男女を問わずシニアが好む楽しみの一つである。最新ファッションに身を包み、手作りのお弁当を持って、夫婦二人で気ままに山へハイキングに出かけるという話しがよく聞かれる。

ヨガやピラティスは、健康増進そして美容の効果も期待し、現役世代のみならずシニアの関心が高い。また、健康増進、美容、そして多くの人との新たな触れ合いや交流を求め、各種のダンス教室が賑わっている。さらに、最近では、若いころの学校教育期間中に一度も触れたことの無いような楽器に大いに興味を持ち、専門の先生について本格的に学んでいるシニアの話しを多く聞くようになった。

一方、絵画、陶芸、園芸、パソコン、英会話、俳句、川柳、短歌などの教室は、公的機関が運営・経営に関与している場合が多く、価格も手ごろであることから、募集すればすぐシニアの応募者でいっぱいになるという盛況が続いている。

最近公表された文部科学省の学校基本調査によると、私立大学の通信教育で学ぶシニアの数が、年々増加している。中には、現役引退後に、全く自分の専門外の学部に入学し直し、もう一度学生時代に戻るほどの情熱を持ったシニアのニュースもしばしば耳にする。その目的は、これまで仕事が忙しすぎて自分の好きな勉強をする機会がなかったため、現役引退をよい機会に、もう一度好きなことに取り組んでみたい、新たな専門分野に挑戦し、資格があればそれを取得して趣味と実益に役立てたいなど、様々である。

このように、シニアの学習意欲は、学習を目的とする就学世代が、模範として見習ってもよいくらい高い。日本の個人資産の60%以上は、現役世代ではなく、シニアが保有している。シニアに、できる限り多くの機会を提供し、学習意欲を刺激してより多くの習い事に励んでもらうことが、今後の日本経済と社会を活性化させるために、一つの重要な要素と考えられる。

(b) 教えること

学ぶことと同様、教えることに対して、シニアは大きな情熱を燃やす。自分の知識と経験を活かし、誰かの役に立つこと、社会に貢献することは、シニアにとって最高のエンタテインメントの一つだからである。

日本は高度成長時代から今日に至るまで、様々な分野で外国から技術を導入・吸収し、それに独自の発想による改良を加えながら、最高のレベルまで磨き上げ、世界最先端ともいえる技術を多数造り上げてきた。このような成功の多くは、現在シニアとなった世代が、常に先頭を走り、不断の努力を続けてくれた賜物である。こうしたシニアの知識や経験という資産を、どのように活用できるかが、今後の日本における経済的活力維持の観点から、非常に重要な課題である。

一つの方法として、国内でシニアが活躍できる場を、幅広く柔軟性を持った形で提供できる制度を作ることが考えられる。シニアが持つ特長は、基本的な仕事の作法を十分に熟知し、様々な事業において、現状から将来に至る見通しを、容易に立てられることである。また、既に年金受給者であれば、経済的に基礎部分は保障され、ある程度余裕があることから、十分な価値を感じられるものなら、社会的に見て高度な仕事であっても、比較的低い賃金、もしくはボランティアとして、無給でも仕事として受け入れる可能性がある。

シニアに依頼可能な業務として、初等・中等教育における専門理数教育、専門社会教育、専門英語教育などが挙げられよう。もしシニアが現役時代に、技術者として最先端技術の開発に関わっていたのなら、「理科」や「数学」を教えることができる。もし実務家として経営・管理に関わっていたのなら、「社会」を教えることができる。また、もしビジネスマンとして世界中を股にかけて飛び回っていたのなら、「英語」を教えることができる。こうした教育業務を実施するには、教員資格、学校管理、教育内容などの点から見て、解決すべき問題が数多くあると考えらえる。しかし、対象者には特別教員資格講習を実施して資格を取得してもらい、募集、選抜、講習、配属、教育内容の選択、管理などすべての業務を、経験を積んだシニア自ら行うことにより、既存の学校職員に余分な負担をかけることなく、新鮮な内容の教育を行うことができるようになると思われる。これを実施することにより、教える側となるシニアのみならず、生徒や父兄、そして何より現場の教職員など、関連者すべての間に好循環が生まれ、学校教育全体にも新風を吹き込み、活性化できるのではないかと期待される。

教育に関わる資格として、シニアの間で既に人気の高いものがある。日本語教師資格である。海外の日本語学校や、国内で留学生たちに日本語を教育するために通常要求される資格で、日本語教育に関する専門教育を受けていない者は、検定試験に合格するか、420時間の日本語教師養成講座を受講しなければならず、取得にはかなりの費用と時間を必要とする。それにも関わらず、資格を取ろうとするシニアは、相当数に上ると言われる。その背景には、教育に関わりたいという個人的な希望と、その行為によって得られる収入という、実益が見込めるためと推察される。

シニアが経験を活かし活躍する場は、国内に限らず、遠く海外にまで広がる。国内で現役時代に専門技術者や管理者として腕を磨き、海外子会社の立ち上げ時に主力要員として活躍したシニアが、現地の要請に基づいて退職後そのまま留まる例や、再度渡航して現地職員の教育や訓練に腕を振う事例をしばしば耳にする。日本も数十年前は、発展途上の国であった。その国を最先進国にまで導いたのは、シニアのたゆまぬ努力と熱意のお蔭である。その経験や知識を決して宝の持ち腐れにせず、惜しむことなく注ぎ込み、技術や制度の向上に力を貸す行為は、現地の人々にとって、この上なく何にも勝る支援である。こうした行為に対する人々の謝意の大きさは言葉では言い表されないことであろう。ここには、支援するシニアとそれを受け取る側との信頼感に結ばれた、最高のエンタテインメントが存在している。

(c) 育てること

人間は他の動物と異なり、他者との関わり合いを大切にする。その基にあるのは、人間が他の動物に比べ、非常に未熟な状態で生まれてくるために、他者に育てられない限り、育つことが不可能だからと考えられている[25]。人間の赤ちゃんは、他者から関心を持たれ、世話をしてもらわない限り、生き残ることができない。したがって、自らの存在が回りの注目を集め、スターになることを宿命付けられている。そのエンタテインメント力は、例えば電車やバスの中にいる時は、車内全体に、また家にいる場合には、隣近所の相当広い範囲に影響を及ぼすことができるほどである。

赤ちゃんは、誰からも愛され気を引く存在である。中でも女性シニア、すなわちおばあさんがとりわけ多くの関心を持ち、自発的に行動を起こすように見受けられる。自身の子育てが終わったおばあさんにとって、自分の孫であれ、他人の孫であれ、最終的に責任を取らなくても済む赤ちゃんの世話は、おそらく何にも勝る心地よいエンタテインメントなのではあるまいか。知人の家族に、まだ生後1年にも満たない赤ちゃんがいる。その子の存在は、近所のおばあさんにとって、かけがえのないものとなっている。彼女は常に赤ちゃんのことを気にかけ、毎週2回程度は自分が訪問するか、自宅へ母親と赤ちゃんを招待し歓待する。彼女は、赤ちゃんの存在がある意味で一つの生きがいになっており、顔を見て傍にいるだけでも幸せな気持ちになれると、満面の笑みで語ってくれる。

シニアが育てる対象は、植物であったり、直接反応を返してくれる動物（ペット）であったりと様々である。自分が愛情を注ぎ込めば、何らかの形で答え、結果を出してくれるものなら、どんなものでも育て、楽しむ対象となる。それが、たとえ現実のものではなく、仮想の世界にあったとしても、たいした問題にはならない。何年か前に、世界的ブームを呼んだタマゴッチというゲームがある。ゲームという仮想現実の中で、うまく育てれば大きく成長するが、きちんと世話をしないと死んでしまうという、なかなか手のかかる相手で、世界中の子どもから大人まで広い年齢層で、たいへんな人気を呼んだ。現在では、さらにハード、ソフトウェアが発達し、初期のタマゴッチに比べ、ずっと大がかりで複雑なゲームが存在する。その中には、ペットを育てるゲームや、野菜や花など植物を育成·収穫するゲーム、実在する相撲力士のみならず、歴史上で活躍した様々な力士を仮想現実の世界で育て上げ、たにまち気分でその成長と成果を見守るというようなゲームがある。

しかし、育てる行為において、何にもまして価値があり、またエンタテインメント性の高い対象として、やはり人間以上のものはあり得ない。ニューヨーク証券取引所上場企業のCEOである友人がこう言っている。「子育ては一生の奉仕である。子が何歳になっても、ひと時として心配の絶える日はない。」。しかし、同時に子育ては一生のエンタテインメントであることも事実である。普段は離れて住む息子が、彼を待ちわびる老母を訪れた時に見せる彼女の満面の笑みと、まるで幼児に接するかのような優しい愛情に満ちた表情が、そのことを如実に語ってくれる。

3.4.3 共感、共有、共生

人間にとって、ある時間と空間のもと、何かに共感し、それを仲間たちと共有すること、すなわちエンタテインメントは、生きていくうえで極めて重要な要素である。一回のこうしたエンタテインメント事象は、多くの場合短い期間で終息し、余韻として、人々の心の中に思い出の形で残るのが普通である。しかし、そうした共感・共有で起こる心の変化を、何らかの形で継続させ、連鎖させることで生活の質を高め、幸福感を恒常的に保つことが出来ると考えられる。すなわち、エンタテインメントを共有しながら、仲間と共生することで継続を可能にするのである。

シニアにとって、年齢を重ねれば重ねるほど、友人・仲間や社会との関わりが薄くなるのが一般的であり、共感・共有の機会が少なくなる。こうした機会が多ければ多いほど幸福感が増し、生きていく喜びを多く感ずる機会が増えるのは、言うまでもない。したがって、シニアが如何に多くの機会を、他力本願ではなく自力で見つけ出すことが出来るか、またそれと並行して社会が提供できるかが、超高齢社会を迎えた日本にとって、喫緊の課題となっている。

他力本願によらず、自助努力で共感・共有の機会と場を増やし、継続して生活の質を高めることができた実例を、以下に述べる。ここで紹介するのは2014年時点で、満90歳を迎えた婦人の、過去20年以上に渡る「友達・仲間との楽しいお付き合い」の歴史である。

この自助努力は、26年ほど前（1992年）、彼女が家を建て替えた時に遡る。息子の助言を聞き入れ、設計段階から当時の日本家屋で一般的であった、6畳、8畳など小ぶりの部屋割りを一切せず、通常と比べ非常に大きめの寝室と、多くの友人が集えるように、20畳を超える居間を取り入れた。居間には、一部畳敷き部分があり、冬は電気炬燵を設置することができる。夏は冷房、冬は炬燵という場と、人形造り、大正琴、墨絵、そしておしゃべりという楽しみが、周りの友人たちを引き寄せ、常に多くの人で賑わう空間を作り上げた。いつも仲間が集い、外を通る人にも大騒ぎする声が聞こえ、やがてまるで女学生達が集まっているようだとの評判が立った。それを聞きつけ、ぜひ仲間に入りたいという希望がひっきりなしに届くようになった。こうした状態は、およそ15年以上継続した。しかし、かつて60～70代であった仲間も、20年以上経過すると高齢化が進み、集まることの出来る人数が毎年少なくなるという状況になってしまった。そうであっても、こうした場を提供し、友人たちと楽しい時間を過ごせたことが、如何に活気と潤いを与え、自分の生活を豊かにしたかを語りながら、彼女はこのことを誇らしく思っている。

また、様々な世代が共生し、生活空間を共有しながら、各々の生活に潤いを与え、その質を高めている事例[26]が存在する。東京近郊の関東地区に、夫に先立たれた80～90代の女性5人と、20代の女性3人がともに暮らすグループハウスがある。このハウスの原点は、オーナーが友人達と、最後は皆で一緒に暮らそうではないかと話し合っていたことにある。そこには、いろいろな人々と関わり合い、助け合いながら生きる方が、楽しく豊かな人生が送れるはずであるとの考えがある。

共に住む仲間は、宅配の手配、薬の確認、車いす介助など、自分たちの生活に必要な様々な家事の分担をしながら、自然とお互いに助け合う文化を育てている。適度な距離感を大事にしつつ、異なる世代間同士で穏やかな交流を保つことにより、皆が安心を感じ、また心温まる交流が絶えない生活を続けている。

シニアは誰しも、自分が生きてきた意味、そして現在存在することの意義を確認したいと考えている。コミュニティーの中に入り、どんなに小さなことであっても、自分のした行為が誰かに喜ばれ、仲間のためになると確認できるなら、幸福に思う。例えば、自分が責任を果たせる範囲の中でコミュニティーにいる赤ちゃんの世話をし、赤ちゃんと遊ぶことは、大きな幸せを感ずるひと時である。また、子どもたちの騒ぐ声を聞き、いったい何をしているのか、幸せかどうかを気に掛けるのは、シニアに関わらず、優しい心を持つ普通の大人なら当たり前のことであろう。

つい数十年前まで、日本のどこにでも見られた大家族は、ある意味でこうした願いをかなえる、共生型システムであった。核家族化が進んだ現在、このような大家族を形成したり維持したりするには、想像以上の労力がかかり、実際のところほとんど不可能であろう。しかし、ともに共感し、喜びを分かち合う共生の有効性や重要性は、明らかである。したがって、シニアの希望をかなえ、また現役世代にとっても有益となるコミュニティー（疑似大家族）作りの手助けを可能にする、新たな社会的制度の設計・構築そして導入が強く望まれる。

3.4.4 高齢者の福祉と介護事業

高齢者福祉分野には民間企業が参入しやすいため、介護職や看護職の労働者派遣業が確立されている。しかしながら、有資格者が増える一方で、すべての有資格者の力量が十分とはいえない状況が生じたため、資格取得養成課程の見直しが検討されることになった。また、介護福祉士は専門職であるにもかかわらず、様々な理由で他業種に比べ、転職率が高いという問題を抱えている。介護の現場からは、仕事が厳しいにも関わらず賃金が低く、責任の重さを考えると職業として割に合わない、という言葉が頻繁に聞かれる。したがって、介護職員の離職率は高く、現場は常に人手不足に悩まされている。介護労働安定センターの平成23年度介護労働実態調査によると、介護従事者全体の平均勤続年数は4.4年、施設などで働く介護職員と訪問介護職員の年間離職率は16.1%で、全産業の14.4%より高い数値が報告されている。したがって、就業3年後の離職率は50%程度になると言われている。さらに、介護サービスに従事する従業員の過不足状況を見ると、全体では53.1%が不足感を感じており、また現在の介護報酬では人材の確保・定着のために十分な賃金を払えないとの問題点を、49.8%が指摘している。

介護事業の目的は、介護を必要とする高齢者に、様々な介護サービスを提供し、家族、そして社会に対する負担を減らすことにある。例えば主な業務として、通所介護（デイサービス）がある。介護支援専門員（ケアマネージャー）が介在し、被介護者の希望に沿って施設の場所や利用日時を決め、車で自宅と施設間を送迎する。施設では入浴や食事を提供するほか、レクリエーションとして、体操、ゲーム、カラオケ、手芸、物作り、ジェスチャーゲームなどが、スタッフの工夫とともに提供される。こうしたサービスの効用として、誰でもが参加でき、手足など体を動かすことによる運動機能促進・回復効果、そして頭脳を活発に働かせることによる老化防止効果などが期待できる。一方、提供できるサービスが一律となり、内容的に限界があるため、要介護度や、年齢に相応したサービスが、十分に提供できないという問題点が指摘されている。

デイサービスの内容からも理解されるように、被介護者にとって、人間としての喜びや感動、また生きていくための力を呼び起こすことのできるエンタテインメントは、介護業務の中でも重要な役割を果たしている。さらに、今後は社会的な要請により、いっそう高度でエンタテインメント性の高い、良質なレクリエーションが求められる場面も増えてくると思われる。

介護サービスを受ける被介護者に聞いてみると、「ぼけたくない、自分の足で歩きたい、痛みを軽減したい、寝たきりになりたくない、人に認められたい、大切に扱ってもらいたい、本当の感情を話したい、通じ合いたい、信じあいたい、必要とされたい。」などの希望が発せられる。そこには、誰もが一人の人間として独立し、尊重され、ごく普通の人間として、敬意をもって接して欲しいという、切実な願いが読み取れる。彼らが求めているのは、他人と繋がり認め合いながら、自己実現に向けて人生を楽しむことであり、それを実現できるように手助けのできる環境を提供することが、介護事業に求められるもっとも重要な役割の一つであると考えられる。

こうした被介護者から寄せられる希望に対して、できる限り応えるのが介護事業者の仕事である。しかし、個人個人の求める内容は様々であり、年齢や環境によっても大きく左右される可能性がある。したがって、すべての期待に応えるには、予算的にも、また人員的にも無理な事態が起こりがちである。こうした中で、事業者が自分の理想や物差しで一律的に物事を決め、それを被介護者に押し付けるような形になることは、できる限り避ける努力を続ける必要がある。介護者が期待するサービスは、個人個人でそれぞれ異なり、決して一様ではないことを理解し、状況に応じてできる限りきめ細やかなサービスを提供することが望まれる。

3.4.5 介護におけるエンタテインメントの効能

(1) 高齢者の化粧（コスメティック）セラピー

エンタテインメント行為の一つである化粧を用いる化粧セラピー[27]が、注目されている。人の顔は生活や人生の表れと捉え、化粧することは自己表現の手段と見なし得る。それゆえ、化粧は社会のなかで生きていく意欲をいつまでも失わずに持ちつづけ、活き活き暮らすための原動力の一つになるとの考えがそこにある。

化粧セラピーとは、化粧はもちろん、ヘアースタイル、洋服、アクセサリー等の装い、アロマテラピーを利用した環境づくり、心身のコンディションを整えることなどを含めたものと言われている。その効果として、①化粧をすることにより、適度の緊張感が生じ、自分を意識する、②鏡に向かい、自己意識が高まる、③自信回復、対人的積極性が生まれる、などがある。

化粧セラピーは、「老いを美しく生きる」「美しく老いて生きる」ことから生まれたとされる。今日では、高齢者のみならず、医療現場において末期患者への緩和ケアや予防医学として、心理的効果が幅広く活用されようとしている。顔に触れる化粧は、その行為を通じて、心身の安定・リラックス・積極性の向上・適度な緊張感をもたらすなどの効能があると言われる。化粧セラピーは、こうした効果に注目し、自己の内発的な社会性や自信回復、社会的積極性を促すことを目的として行われている。

化粧セラピーの効果を示す研究が、介護老人施設で実施された[28]。3名の入所者（A氏：80代、女性、アルツハイマー型認知症、B氏：90代、女性、老年認知症、難聴、C氏：60代、女性、アルツハイマー型認知症、高血圧、両耳難聴）に協力してもらい行われた研究である。口紅を塗る、眉毛を整える、整髪するなどの化粧をする時と、その後に起こった、表情、態度、会話などの変化が詳細に観察された。その結果、化粧を施すことにより、表情が明るくなる、化粧に対する意欲が向上する、自ら整髪が行えるようになる、他者との交流が増える、自発的な化粧が可能になる、普段あまり聞かれない言葉や発語が増えた、などの成果が認められた。

また、別の施設で化粧セラピーの実習を行った結果によれば、セラピーを継続したところ、食事や整容、トイレへの異動などで、介護を必要とするレベルが低くなり、自分でできることが増え、日常生活動作を向上させることが可能になったとされる。化粧をする時に、「自分をどう見せたいか」という意識を入所者にもってもらうことが何らかの効果を生んだと推察される。この時、ただ化粧をするだけでなく、コミュニケーションを取りながら、どのように化粧をするのか、本人の意思を大切にすることが、重要になると考えられている。

介護老人施設の現場では、入所者にとって楽しみのある生活を大切と考え、生活の場としての環境作りはもちろん、喜びや生きがい、すなわち人生におけるエンタテインメントを感じてもらえるサービスの提供が必要であるとの認識が広まりつつある。化粧を行う中で、高齢者の日常生活にメリハリをつけ、女性であることを意識させるとともに、その存在価値を見出してもらうことが可能である。また化粧の合間に、入所者同士の会話などが生まれ、笑顔で過ごす場面も多くあり、生活の楽しみの一つになるという結果が得られている。

化粧セラピーを実施することにより、高齢者の日常生活に変化と規則性をつけ、介護スタッフの負荷を軽減できる可能性のあることが注目されている。それが施設の介護サービスの質的向上につながるなら、社会的意義が高く、今後さらなる適用と発展が、大いに期待されるところである。

(2) ダンスセラピー

身振り、手振り、体の移動など様々な人体の動きで人間の情動や感情を表し、心身の統合を目指す過程で行われる表現手段の一つであるダンスは、自分自身を映し出すことにより、他者とのコミュニケーションを図り、多くの人々の間に共感を導き出すことのできる、重要なエンタテインメント手段の一つである。ダンスが持つこうした特徴を基に、心理療法の一つとして用いられる「ダンスセラピー」は、その場で体験される人と人との多彩な関係を自発的に調整し、発展させていくことのできる手法と考えられている(29)。ダンスセラピーは、自分自身の心身と、他者との関係性において、感情に関わる諸問題の開放を共に探るものであり、感情と身体が合流して現れる行動、つまり表現の変容を目指すものとされる。

ダンスセラピーとして用いられるダンスの一つに、主として男女（場合によっては同性同士）が、対になって踊るペアダンス（英語では、Partnered dance，もしくはCoupled danceと呼ばれる。）がある。ペアダンスには、リードとフォローという役割があり、互いに身体の触れ合いや動きを感じ、同じ音楽のリズムを刻みながら二人で一つの踊りを作っていくという特性から、1人で踊るダンスとは違う楽しみや、他者からの学びがあるとされる。他者と一つの踊りを作り出すという作業により、共感的な関係や信頼が生まれ、肯定的感情が喚起され、日常生活がさらに活動的になるといった正の連鎖や、自己評価の向上も検証されている。したがって、ダンスセラピーとして効果的であり、仲間と楽しみながら心身を健康にできることが期待される。また、ストレスマネジメントの手段としても有効とされ、孤立や喪失体験から進展しやすいうつ病対策の一助になるのではないかと考えられている。

身体面に対する効果に関して、ペアダンスによって身体疾患の機能向上が見られたとする報告が増えている。例えば、ワルツダンスが慢性心不全患者の身体機能を向上させたとする報告、アルゼンチンタンゴが、パーキンソン病患者や視覚障害のある高齢者の歩行やバランス機能を向上させたとする報告、さらに複数の併存疾患を持つ84歳のアルツハイマー患者に対して、12週間24回のサルサレッスンを行なった結果、筋力、バランス力、および歩行距離や歩行の早さの向上が認められたなどの症例報告がある。

心理面に対する効果については、慢性の精神疾患患者12名を対象にアルゼンチンタンゴを週1回1時間、10週間実施した結果、不安と抑うつに改善がみられたとの報告がある。また、パーキンソン病患者に対して、パートナーと踊るアルゼンチンタンゴとパートナーと踊らないタンゴを適用して比較検討した結果、身体機能の改善効果は同程度であったが、ペアダンス群の方が、継続することに前向きで、ダンスをより楽しんでいたと報告されている。さらに、認知症患者のデイケアサービスの中で行う社交ダンスを、質的に分析した結果から、社交ダンスには自発的な動きや相互関係を生み出す力があり、正的な感情を喚起しやすいことが報告されている。

認知面に対する効果について、アルツハイマー患者5名と、大うつ病患者5名を対象に、1回30分のワルツダンスを、ダンスセラピストと共に2週間計12回行なって比較した結果、アルツハイマー患者は大うつ病患者に比べて、ステップの上達度が高かったことから、手続き学習に効果が認められたとの報告がある。

このように、ダンスセラピーとしてペアダンスを適用することで、身体面、心理面のみならず認知面においても効果が期待される。とくに記憶障害のある認知症患者に対して、身体からアプローチすることが可能であり、今後さらなる効果の検証が望まれる。また、ペアダンスは、高齢者の介護予防の領域においても、果たす役割が大きいと考えられている。

情報通信技術が急速に発達した今日、多くの人々と、極めて容易にコミュニケーションをとることが可能になった。しかしながら、その反面、人と触れ合う機会が少なくなっていることが、心的不調の新たな要因の一つとして考えられている。多種多様な価値観が存在し、互いの理解がますます困難になりつつある現代こそ、人と自然な形で触れ合いながら、同じリズムを刻み、相手と協調して身体を動かすペアダンスは、セラピーとしての必要性が増すと考えられる。特に高齢者に対して、健康増進、身体機能のリハビリテーション、ストレスマネジメントや介護予防など様々な方面で活用が期待される。

3.4.6 おわりに

超高齢社会に入った日本で、経済の活性化を図るには、金融資産の多くを所有するシニアの消費・購買意欲を刺激し、様々な活動に参加してもらうことが、極めて重要と考えられる。シニアが大きな興味を持つ活動には、スポーツ、体力維持の体操、旅行、観劇、生涯教育、歴史めぐり、パソコン、英会話、文学、音楽などがある。これらはすべて、エンタテインメントに基本を置き、人間が元来持っている、感動や喜びから生まれる共感、共有などの欲求に直結したものである。

高齢者にとって、エンタテインメントの機会を提供することが、精神の健康を保つために、如何に有用であるかを示す、恰好の逸話がある。90歳を超えた著者の母は、先日友人達とミュージカルを観劇し、大いに楽しんだ。地方都市に住む彼女にとって、世界的に有名なミュージカル「キャット」の公演を見に出かけ、本物の舞台を目にする機会は、それまで全くと言っていいほどなかった。目の前に展開するファンタジーの世界は、彼女には想像を絶するもののようであった。その日の夕方電話すると、いつもとは全く違う、若やいで弾む声が聞こえてきた。「まるで20歳ぐらいも若返ったように聞こえるが、一体どうしたのか。」と尋ねると、「今日の午後、キャットを見て来た。とても感動して楽しかった。」と言う。そうした張りのある声に圧倒され、何やらこちらまで楽しく感じられるようになった。この興奮と昂揚感は、その日だけでは終わらず、その後数日以上続いた。このように、それまで経験したことの無い感動を与えることのできるエンタテインメントは、高齢者にどれほど精神的な満足感や充実感を導き出し、日々の生活に潤いと張りを与えるものであるか、この逸話からも容易に理解される。

既に団塊世代は、皆シニア化した。彼らが期待する様々な希望を満足させることこそが、今後拡大を続けるシニアマーケット、そして社会制度造りを成功させるための必須条件になるであろう。言い換えるなら、多数の人口を抱える団塊の世代に、どのようにして消費活動、社会制度造りなど、様々な個人的、及び社会的活動に参加してもらうかが、今後あるべき日本の将来を決定する大きな鍵になると考えられる。

高齢者福祉の中核をなす介護事業において、エンタテインメント概念の導入は、必要不可欠なものである。介護を考える場合、必要レベルのサービスを誰にも等しくいきわたるような制度が要求され、そのために相当程度の公的援助が必要になる。しかし、人間の心を左右するエンタテインメント性に注目するなら、そこから得られる幸福感や満足感は個人によって異なり、また各自のエンタテインメント購買力も、各人の能力や経済力に応じて異なっている。したがって、一律的な公共サービスが、こうした要求全てに対して、必ずしも満足に応えられるものでないことは明らかである。様々な要求に対応し、その嗜好や条件に適合した形の機会が提供できる、柔軟な介護制度を構築・維持することが重要と考えらえる。

また、自分を幸福にできるのは、ある意味で自分しかいないという事実を、被介護者が自覚し、他力本願ではなく自助努力で問題解決にあたるという態度も必要である。すなわち、健康問題を含め、日々の生活に関して、待つのみの受け身の姿勢ではなく、できる範囲で自主的に問題解決にあたるという、自己啓発が重要になる。さもなければ、介護に要求される過大な人的、時間的費用負担に耐え切れず、公的介護制度は遅かれ早かれ経済的に破綻するか、あるいはサービスレベルの著しい低下を招くことは明らかである。

さらに、介護制度の品質を高め、それを長期にわたり維持するためには、サービスを受ける側のみがエンタテインメントを享受できる制度を用意するだけでは不十分である。その品質を高め、持続性を確保するには、サービスを与える側である介護関係者も、十分にエンタテインメントの果実が受け取れる機会を配慮し、仕事を続けるうえのインセンティブを提供できる制度を構築する必要がある。

ひとり暮らしのシニアが、人知れず亡くなっているのが何年もたって発見されるという悲劇が、しばしば報告されている。こうした悲劇を完全になくすことが出来るなら、地球上に存在する万物の中で、唯一文化を持つ人間社会にとって、素晴らしい成果と見なせるであろう。しかし、このような悲劇の発生を、少なくすることはできても、全く零にすることは、おそらくあり得ない。なぜなら、この世界に完全無欠な福祉社会など存在し得ず、人間が生きていくうえで、自助努力が不可欠であることを、理想を求めて構築された、欧州の近代福祉制度変遷の歴史が証明しているからである。「時間と空間を共有し、そこで世代や年齢を超えて仲間と喜びを分かち合える共生社会」を提供できる、新たなコミュニティー造りを手助けする社会制度の、速やかな設計・構築、そして導入が強く望まれる。

3.5 負のエンタテインメントへの対応

3.5.1 はじめに

序論で述べたように、リスクや危機は、「不安、心配、苦しい、辛い、怖い、逃れたい。」など、負のエンタテインメント性に強く関連付けられる事象である。負のエンタテインメントには、リスクや危機の他に、悲恋、死別、事故、犯罪、災害、いじめ、幼児虐待、テロ、コミュニティーや国家間の争いなどがあり、極めて広範囲に広がる。本項では、これら負のエンタテインメント性を表す様々な事象の中から、近年社会的に注目を浴びている事例として、リスク管理と危機管理を取り上げる。

リスク管理とは、もともと不確実な状況下で発生する損失や不利益となる影響（ハザード）を、特定、評価、そして制御することを通して、最小のコストでその結果（リスク）を極小化するという経営管理手法を意味している[(30)]。リスク管理の出発点は、災害や損失が発生する事態を想定し受け入れること、すなわち「絶対安全の否定」であり、それには事態に関連する事実の透明性と、説明責任の明確化が必要不可欠である。それゆえ、社会・市民に対して、情報を持つ側の情報公開と合理的説明が必須となる。

一方、危機管理とは、広い意味ではリスク管理に含まれる概念である。リスク管理がハザードの顕在化する前に行う管理活動であり、常時行わなければならない業務であるのに対し、危機管理はハザードが顕在化し、それによって危機的な状況が発生した時に行う管理業務を言い、限られた情報下での対応業務に関する意思決定が必要となる。したがって、短時間での対応処理と優先順位付けが要求されるという特徴を持つ。

本項では、リスク管理、危機管理に関して基本的な内容を要約し、実例を交えて説明することにより、負のエンタテインメントとしてその特徴をまとめ、対処法について考える。

3.5.2 リスクへの対応

(1) リスク存在の必然性

日常生活の中で、リスクという言葉が、頻繁に聞かれるようになった。1929 年の大恐慌、日中戦争、そしてそれに続く第 2 次世界大戦、さらに敗戦から人々の生活が安定するまでの1960年代に至るおよそ30年間、我国は経済的にも、政治的にも不安定な状態が続き、人々の生活も程度の差こそあれ、日々リスクに満ちたものであった。しかし、その後30年以上にわたり高度成長時代が到来し、歴史を変えるような大災害に直面することも無かったため、人々は暫しリスクの存在すら忘れ、まるで安全が永遠に継続するかのような、錯覚の時代を過ごすことが出来た。

経済的なリスクの存在を、あらためて知ったのは、70年代初めの石油ショックである。しかし、幸いにも我国は困難を乗り越え、80年代に至る経済の繁栄を謳歌することが出来た。その後、真の意味でリスクについて思い知らされたのは、90年代初めのバブル経済の崩壊である。それまでの繁栄は、まるで嘘であるかのように消え去った。その後リーマンショック、そして現在に至る経済的不安定性の中、栄光は全く過去のものとなり、明日をも知れない、リスクに満ちた状況に直面している。

一方、完全な人災である、犯罪・テロ行為のリスクに直面したのが1995年に発生した地下鉄サリン事件である。思いもよらない狂信的集団によるテロ脅威の恐ろしさとそのリスクを、日本のみならず、世界中の人々や国々が理解するところとなった。

また、自然のリスクに関するなら、1995年に発生した阪神・淡路大震災が、大きな契機となった。人々は、自然の驚異を目のあたりにすることにより、日常生活の中に存在する自然災害のリスクを、あらためて知ることになった。さらにそれを決定的にしたのは、2011年に発生した東日本大震災である。自然が起こした地震被害の大きさ、そして地震に起因するが、基本的には人災である原子力発電所事故災害の大きさに、人々は驚愕した。我々は、決してリスクから逃れられないことを、再び思い知らされたのである。

人間が直面するリスク存在の必然性を、自然科学の知識を基に、概略的に説明するなら、以下のようになろう[31]。すなわち、およそ138億年前にビッグバンで生まれたとされる宇宙は、その後連続的に膨張し、変化し続けている。約46億年前に誕生したと言われる地球も宇宙の小さな構成要素の一つであり、その影響から逃れることはできない。こうした、人間の感覚的なスケールでは理解が困難で、決して終わることの無い、時間、空間、物質そしてエネルギーの変化が、リスクの根源と考えられる。

宇宙で起こる主要な変化の一つは、物質とエネルギーが同等であるというアインシュタインの公式に基づき、恒星で生ずる物質からエネルギーへの不可逆的な変化（核融合）として説明される。また、地球表面付近の大気圏内で起こる現象に限るなら、太陽エネルギーに起因し、化学・熱エネルギーの循環で生ずる、物質結合や環境（天候などの自然現象）の変化が挙げられる。

地球上において、地殻変動、気候変動、宇宙からの飛来物など、人間が遭遇する可能性のある危険は、数限りない。宇宙や地球の歴史に比べれば、まるで一瞬ともみなせる人間の存在期間にあって、人間が経験で得た知識には限界があり、地球上で起こるすべての事象を理解し、未来を説明することは、部分的な予測・推測以外基本的に不可能である。したがって、人間の手が及ばない宇宙や地球の変化に加え、人間自身の創造物に対して将来的に起こり得る、人知を超えた未知との遭遇は、すべてリスクとみなすことができる。

さらに、人間が生命体として存在すること自体が、太陽・化学エネルギーの循環に依存することを考えるなら、人間そのものが宇宙のエネルギー変化、そしてその不確定性に起因したリスクの上に成り立っていることを容易に理解できる。このように、人間は常にリスクと隣り合わせに生きており、リスクから逃れることは、全く不可能と考えられる。

(2)　科学的リスク評価

リスク本来の意味は、勇気を持って試みることとされる。大航海時代に、帆船で大洋に船出することは、たいへんな危険を覚悟した決断であった。危険を冒しても、それに見合う儲けのチャンスを活かすことが、リスク本来の意味である[32]。

一般社会におけるリスクの出発点は、経済にある。リスクには利益と不利益が含まれる。株の売買に代表されるように、儲けと損がリスクとされる。経済学（経営学）の分野では、合理的に儲けるための数学的手法としてリスクの考え方を導入し、リスク管理として体系化し、企業経営などに適用してきた。

工学の分野では、各種構造物などのアセットに対して安全性を確保するため、メンテナンス（維持管理）が実施される。このメンテナンスの合理化を目的として、リスクの考え方が急速に導入され、化学、石油精製、原子力プラントなどの分野でリスクベースメンテナンスが実行されている。すなわち、合理化という付加価値の創成が、リスクという概念の導入を促進した。

科学的に考えるなら、安全と危険は、決定論的基準で１と０に割り切れるものではなく、全体がリスクであり、リスクの低い側により安全が、またリスクの高い側により危険が位置することになる。両者の境界は、確率論的基準の適用によって定まる許容値、または目標値であり、この設定がリスク管理の目的となる。ISO（国際標準化機構）によれば、「安全とは、許容可能なリスクレベル以下に抑えられている状態にあること」と定義されている。

リスク管理において、リスク値は、「災害となる事象の発生確率と、被害の大きさ（影響度）の積（掛け算）」として定義される。リスクという用語には、あいまいな部分が含まれるため、工学的応用では、数式化されたこの定義が用いられる。

リスクの指標は、このようにリスク値として、定量的に与えられる。発生確率は、純粋に工学の問題であるが、被害の大きさは社会と経済に関連する問題である。一般的な応用では、発生確率と被害の大きさをそれぞれ3つのレベルに分類して表を作成し、その組み合わせを基に、ランク付けを行う。ここで、発生確率が高く、またその結果として生ずる被害が大きいものほどリスク値が大きく、逆に確率が低く、また被害の小さい事象は、リスク値が小さいと評価される。リスク値が大きいほどリスクが高いことを示し、それに応じた対策が必要となる。

実用の際には、対象となるリスクが与える被害の大きさ（影響度）と、その発生確率を、常に精査しながらデータベース化し、信頼性を高める努力が間断なく続けられる。これにより、精度向上を恒常的に指向させた状態で、リスク値の評価が可能となる。

(3) リスクコミュニケーション

技術が社会から受容され、歓迎される時代は、古代文明からごく最近まで続き、技術はその有用性ゆえに、社会から基本的に支持されてきた。この間、技術者は個人としても集団としても自分の開発、継承している技術の社会的価値について、疑うことなく過ごしてきた[33]。

しかしながら、こうした状況は、20世紀後半以降に大きく変化した。その変化の要因として、農業汚染、公害問題などが挙げられる。水俣病に代表される公害病の及ぼす災厄は、反公害運動から、やがて技術の在り方に対する激しい非難を生んだ。さらに、大規模土木工事による環境破壊に対しても、激しい批判が広がり、医薬品産業分野では、サリドマイド事件から薬害エイズ事件に至るまで、市民の健康が損なわれた事例が、企業批判につながっている。

大規模・複雑技術の典型と見なされる原子力に関しては、スリーマイル島原子力発電所事故、チェルノブイリ原子力発電所事故が契機となって、平和利用であっても核の恐怖は見過ごされてはならないという認識が世界に広まった。2011年3月11日に発生した東日本大震災における原子力発電所の巨大事故は、さらにこうした動きを加速させ、国内・国外を問わず、世界各地で大きなうねりとなって広がった。

技術に向ける市民の警戒心は、技術を担う組織、すなわち企業や研究機関、規制担当行政機関などの健全性にも向けられている。仮に、技術そのものに対する本質的懸念は無視できると仮定しても、なお組織の行動がしばしば市民の目から見て反社会的に感じられる事態が、あらゆる技術分野で報告されている。

技術を担う組織による不適切な対応と思われる事例が、連日のように報じられる今日、市民がこうした組織に強い懸念を感じることは、当たり前の反応と考えられる。これに対して技術専門家の多くは、話題にされている事例が自分の専門とは直接関係ない業界のものであれば、無関係として見過ごしていることが多いと思われる。しかしながら、それが自分の専門分野、とりわけ所属組織の事例であれば、社会的批判を受け入れつつも、内心では身の不運を嘆いているというのが実態ではなかろうか。こうした現状の問題点を解決するには、社会全体が技術リスク、組織リスクについて理解を深め、根本的な見直しを行うことが必要である。その第一歩を進めるには、市民と専門家間で、合理的なデータに基づく真摯で、透明性の高いコミュニケーションを図ることが重要と考えられる。

技術専門家の立場からすれば、技術開発とその社会への定着過程において、ある程度の試行錯誤や、予想し得ない故障・事故の発生は、許容して欲しいという希望がある。実際問題として、どのような分野でも、新技術の開発と市場定着の過程で、一切の事故などが許容されず、すべての潜在的危険に対して防止対策を講じるような要求を受け入れることは、不可能である。しかしながら、これまでの歴史的経緯からして、市民側が技術に対して、強い懸念を持つことは自然な反応と言える。こうした、専門家と市民間に存在する不信感を改善するために、何らかの措置が必要なことは、言うまでもないことである。

一つの改善策として、技術リスクに対して、社会的な救済制度の整備が挙げられる。新技術開発に関連して生ずるトラブルの多くは、その技術が抱える負の影響に、的確に対応する社会的仕組みが整備されていないことに起因する。公害病の認定と保障問題では、制度の整備が大幅に遅れて、被害者の苦しみを増大させて来た。原子力の分野では、最近の事例を見れば明らかなように、放射線の人体への影響に加え、風評被害が大きな問題となったが、事故発生の時点で、対応する制度が十分とは言い難い状況にあった。したがって、いかなる技術であっても、負の影響が発生する可能性を考慮し、最悪の事態に備えて優先順位を付けたうえで、適切な社会制度の拡充を進める必要がある。

一方、専門家が関与すべき重要な対応行動として、リスクコミュニケーションがある。技術のリスクに関連して行われる批判や脅威論に対して、専門家は強い違和感を覚える場合が多いと思われる。しかし、そうした状況にあって、第一線の技術専門家自身が、市民と直接向き合い対話する機会は、これまでほとんどなかったと言っても過言ではない。

技術に、負の側面としてリスクが存在することは事実である。しかしながら、そうしたリスクに対する対処の可能性に関して、専門家は自分なりの判断を行っていると考えられる。すなわち、技術が社会にもたらす貢献に比べ、社会への脅威（リスク）が無視できる程度に小さくできることを確信しているからこそ、技術開発に従事したはずである。もしそうなら、事実認識や現場の実態、そして何故自らが関与する技術が社会にとって「善であり益である」のかを、専門家の側から明確に発信する必要があると考えられる。こうした行動が広まり、初めて市民は専門家が努力する姿勢自体に共感を覚え、信頼感を持つようになるのではなかろうか。

とりわけ東日本大震災以降、リスクコミュニケーションの問題が指摘されている[34]。その多くが、市民への正確な情報提供の遅れや、当局の内容に関する説明不足について指摘し、その問題点を述べているものである。しかしながら、それだけなら、リスクコミュニケーションという用語を使う必要はないと考えられる。

リスクコミュニケーションは、送り手と受け手との相互作用過程である。つまり、リスクに関する情報が、送り手から受け手へ一方向的に送られるばかりではなく、受けての反応が送り手へ、たとえば意見というような形で伝えられる。この点で、リスクコミュニケーションは、一方向的な「リスクの情報伝達」とは、明確に区別される。また、それは単なる意見や情報の双方向間の交換ではなく、相互に作用し合い、影響を及ぼし合う相互的なものである。

リスクコミュニケーションとは、専門家と市民（非専門家）のどちらが正しいかを議論することではない。また、専門家に意思決定を任せ、その結果を一方的に市民に広報することでもない。社会の構成員ひとり一人が、透明性を保ち説明責任を果たしながら、互いにどのように協調して問題を解決して行くかを議論する場なのである。

3.5.3 危機への対応

(1) 危機管理の位置づけ

リスク管理は、平時に日常的に行う管理業務であるが、危機管理は、ハザードが顕在化し、それによって危機的な状況が発生した時に実施する業務を意味し、限られた情報下で意思決定が行われる。したがって、短時間での対応処理と優先順位付けが要求されるという特徴を持つ。平時ではなく、非常時に行う業務であることから、意思決定、人員配置、指導力の発揮法、広報の仕方など、危機発生の状況により、刻々と情勢が変化し、様々な形態をとり得る。本項では、情報関連企業で起きたサイバー攻撃に対する危機管理の実例を示し、その実態を検証するとともに、危機時に必要とされる指導者の資質について論ずる。

(2) 情報関連企業におけるサイバー攻撃に対する危機管理の実例

① 危機の発生

インターネットに基盤を置く情報サイトには、事前にどうしても発見できない脆弱性の存在する場合があり、たとえ警戒を怠らなかったとしても、悪意を持つ者に、外部から侵入を許してしまうことある。新聞・雑誌などによれば、世界的に見て最も警戒が厳重とされるアメリカの軍事関係サイトにも、侵入者があったとの報告がある。したがって、情報サイトを運営していくには、常にリスクが存在し、それが全くなくなることは、決してあり得ないと考えるべきである。

当該企業の場合も、本事案が発生した時、最初は何が起こったか、全く分からない状態であった。サイト上に、本来あるはずのない文字の入力を要求する表示が現れ、サーバー内にウイルスも発見された。誰かが当社のサイトを攻撃していることは判ったが、誰が何の目的で何をしているのか全く見当もつかなかった。それから数日後、顧客がサイトを開くとウイルスに感染するという極めて悪質なプログラムが、サイトのトップページに埋め込まれていることが発見された。

状況に対応して、様々な対策を施したが、会員情報が抜き取られたことが明らかになり、事態は徐々に深刻化していき、何が起こっているかを明確につかむのに、たいへん時間がかかった。担当者にとって、見えない敵が、今もどこかで新たな攻撃を仕掛けているという恐怖で眠れない日が続いた。

サイトの運営者として、外部からサイバー攻撃があることは認識していたので、これまでの経験で対応可能な対策は講じていたが、攻撃を仕掛けるハッカーの方が技術的にかなり上手であった。

② 情報の公開

サイバー攻撃があったことを、最初にネット上で公開した。顧客に向けてサイトの閉鎖を告知し、ある期間にサイトを閲覧した人はウイルスに感染した可能性があることを知らせた。情報を掲示した翌日に、ある報道機関が聞きつけ、取材の申し込みがあった。対策を立て始めた段階だったので、サイバー攻撃対策、そして顧客への対応とは別に、メディアへの対応や、社会への対応などが一気に押し寄せ、社内は混乱を極めた。

③ 対策チームの編成と方針の決定

対策チームを、攻撃が始まった段階で直ちに立ち上げた。総勢は20人程度である。人選は、攻撃されたサイトの管理者がリーダーとなり、サイト運営部門、技術部門、法務部門、役員室、それに外部のセキュリティ専門家などを加えて編成した。社内だけではとても対応できるとは思えなかったので、外部の専門家の応援を得たが、担当者にとってこれはとても心強い支援であった。

報道機関が取材に来た段階では、サイバー攻撃の全容が判っておらず、まず事実を公表することが最重要と考え、最初にそれを行った。この段階で、サイバー攻撃が進行中であり、誰が、どこで何を目的としているのか、また現在明らかになっている事実以外に、もっと大きな攻撃が行われたのか、行われているのか、全く分らない状況であった。

④ 顧客への対応

唯一はっきりしていたのは、事実をしっかり説明し、迷惑をかけた顧客に、誠実に対応することであった。「誠実」が、こうした際のキーワードである。この一件では、当社は被害者と加害者の両方の立場に置かれていた。自分たちは、サイバー攻撃を受けた被害者であったが、その点を強調しすぎると反発を受ける可能性があった。そのため、純粋な被害者であるサイト顧客に対して、経過と事実をしっかり説明し、迷惑をかけて申し訳なかったと謝罪した。

こうした場合、しばしば対象を限定せず、とにかく誰にでも謝るという行動が日本でよく見られるが、今回はそうしなかった。本件は、不特定多数の人々に対する加害ではなかったので、責任の所在を明確にするという意味から、被害対象者のみに対して謝罪した。

当社の立場では、使用者が必ず読んで内容を確認する使用許諾契約で保護されるため、法的な責任は理論的には逃れられるが、それだけでは社会的な責任を果たすことにならず、問題を解決することはできないと考えた。

⑤ 対策チームの使命

前述したように、急いで対策チームを作り、最高責任者（社長、役員室）に説明し、対策本部を立ち上げた。複数のことが同時進行的に起こるので、非常に多くのことを並行して実施しなければならなかった。

まず原因を調査し、進行中の危機であること、また再度攻撃の可能性があることなどを確認した。こうした背景に基づいて対策をたて、事実を公表した。一時に数項目以上のことに対応する必要があった。したがって、優先順位を付けて対応するという時間的な余裕はほとんどなく、同時進行で対処せざるを得なかった。このような危機（クライシス）時には、一度に多くのことに対応しなければならないことを痛感した。

こういう状況の時は、対策チームも社内も動揺するので、対応が非常に難しい。本件で、当社が比較的問題が少なく、うまく対応できた最大の要因は、最高責任者（社長）と常に密接な連絡を取り、明確な支援を得られたことである。「誠実に対応せよ。」との社長の指示が、担当者としてとてもありがたかった。こうした支援の言葉をもらい、気持ちが落ち着き、大いに勇気が湧いた。

⑥ 最高責任者（社長、役員室）の対応

危機管理（クライシス マネジメント）がうまく行われるかどうかは、最高責任者の決断と行動次第である。最高責任者がしっかり対応するのがもっとも重要な点で、最高責任者自身が自分の役割や現場の役割を認識、見極めして、最善の行動をとる必要がある。危機時の行動には、最高責任者が前面に出てしなければならない事項と、そこまでする必要のないものがある。本件では、最高責任者が矢面に出る必要はないと考えた。実際問題として、社内のある一部門が攻撃を受けただけであり、当社は基本的にはサイバー攻撃の被害者なので、その部門の責任者が全てに対応した。

最高責任者からの、「誠実に対応せよ。」との指示を受け、担当者として自分のやるべきことが、明確に理解できた。さらに、最高責任者も担当者を信頼し、全てを任せたので、困難な中ではあったが、大きな問題を乗り越えることができた。

⑦ 外部からの支援

本件で当社にとって、非常に幸運だったのは、外部企業から、事故対応に対して援助したいとの申し出が、複数あったことである。日頃から親密な関係にあり、類似の問題に直面したことのある企業から協力したいとの提案があり、直ちに受け入れた。こうした外部企業の専門家にチームに加わってもらい、同時並行的に起こる様々な問題に対する対策を立てた。自分たちだけでは気付かず、目に見えないことが多くあるので、第三者である彼らの助言は大いに役立った。このように、非常時に社外からの知恵を活用することの重要性を痛感した。

⑧ 問題解決への道筋

こうして、外部の支援なども受け入れ、何とか対策本部を立ち上げ、攻撃がどのようにして行われたかを調べ始めた。対象となるプログラムが非常に大きく、数千ページにも及ぶため、そのセキュリティをどう確保・防御するか、そしてプログラムをどのように再構築するかという大きな問題に直面した。これには、時間的にも、費用的にも、人員的にも膨大なコストが必要となった。

この時点で可能な対策は、まずサイトをすべて止めるしかなかった。サイトを停止した場合、その時間が長ければ長いほど顧客の損失が膨らみ、苦情が日増しに大きくなってくる。しかしながら、解決には相当な時間がかかり、課題も山積している。この板挟みで、担当者として、精神的にも毎日追いつめられる思いであった。さらに、自分たちのサイトが、他社の分を含め多くのサービスを提供していたので、他の顧客企業にも迷惑をかけてしまった。最高責任者からの指示が明確で、しかも社内外から集まった20人ほどの対策チームは、「誠実に対応する」をモットーに、互いに励まし合って事に対処したため、なんとかこの難局を乗り越えることができた。

⑨ 事前のリスク管理

様々なリスク対策の一環として、サイトのバックアップシステムを準備していた。しかし、サーバーが攻撃され、攻撃に対する解決策がなかなか見つからない状況下で、バックアップシステムに切り替えることはできなかった。

この種のサイバー攻撃は、この時点までそれほど頻繁には起こっていなかった。このため、関係者の間でもその危険性についてあまり認識されておらず、不正侵入防止装置の導入や、ファイアウォール、セキュリティ対策ソフトウェアの導入など、従来ある対策の域を超えたリスク管理は実施されていなかった。したがって、インターネット時代の新たな攻撃に対する防御は、ほとんど設置されていなかったというのが実情である。すなわち、新種のサイバー攻撃に対する対策は、発展途上であったと言える。このため、外部から専門家を呼び、プログラムを防衛し、再構築しなければならず、莫大な費用を要することになった。しばらくの間、問題の収束見込みすら見えず、担当者として本当に恐ろしく感ずることがあった。しかし、幸運にもチーム内に技術系、営業系、法務系、広報系など、多様な人材が存在し、外部企業の知恵を多面的に吸収できたので、時間はかかったが何とか解決に向けて動き出した。

⑩ 対策チームの活動

よりきめ細かな対応を行うため、対策チーム内に、サイトの技術的問題解決チーム、一般顧客対応チーム、メディア対応チーム、社内説明チーム（社内の動揺を鎮静化）、企業顧客説明チーム、など専門化したユニットを設け、それぞれに専門知識を持つ適切なリーダーを配置した。問題が広範囲に渡り、また非常に複雑であったため、個人のみで対応することはほとんど不可能であり、チームワークを基に活動した。チームには総務（法的な事案に対応）などの専門家を入れた。人選は、日頃のネットワークで自然に生まれた社内コンセンサスで行われた。社内外の必死の支援で、最良の人選がなされ、何とか問題を解決する道筋が見えるようになった。

対応すべき相手は、技術的解決の困難さ、一般顧客、企業顧客、メディア、社内、警察（サイバー攻撃は犯罪事件）などである。これらすべてに対して、同時進行的な対応が必要であった。担当者は、すべての統括責任者として対応した。最終的には、最高責任者（社長）から「とにかく、あらゆることに対して誠実に対応せよ。」との指示をもらっていたので、その方針に従い、徹底的に誠実に対応した。これには、非常に莫大なコストを要した。

⑪ 一般顧客対策

対策チームを発足させた時点で、サイバー攻撃は現在進行中の危機だったため、顧客から苦情が入り続け、迅速に対応する必要があった。これに対して、最初にマニュアルを作り、電話対応をした。

技術対応チームから技術的な助言を得ながら、顧客対応チームが、顧客からの問い合わせや苦情の内容をすべてノートに記録し、可能な限り真摯、かつ丁寧に応対した。さらに、顧客にはメール、電話、はがきなど手段を惜しまず、ありとあらゆる方法で、連絡を取った。こうした案内は、メディアやインターネットサイトでも掲示した。しかしながら、それでも非常に多くの苦情が寄せられた。可能なことをすべて行い、徹底的に対応しないと顧客は決して納得しないことを痛感した。

顧客からの苦情は、とても厳しかった。「嫌がらせメールが増えたのは、すべてお前たちの責任だ。」などと、言いがかりとも思える追及がなされることもあった。場合によっては、担当者を顧客に直接会いに行かせて説明した。電話で数時間も苦情を言い続ける人もいた。このように、顧客対応はたいへん難しい側面を持つ。しかし、必ず専任の対応者を置き、常に真摯な電話応対をした。毎日記録を書かせ、責任者が必ずそれを読んで適切な対策を立てた。顧客企業に対しては、早い段階からサイバー攻撃の事実や対処の経過、今後の方針と解決の見通し（見通しが立たなかったことも含め）などを、ことあるごとに報告した。さらに、電話やメールで対応が難しい場合は、遠方であろうとためらわず出かけていき、直接説明をした。

⑫ 記者会見

問題の期間中に、記者会見を２回行ったが、事前にリハーサルを必ず実施した。記者会見などで現状を報告する際には、リハーサルを予め行い、十分な準備をすることが特に重要である。

例えば、リハーサルで、「どのくらいの人数に対して情報が漏洩したのか、すなわち被害者数はどのくらいか。」という想定質問に、「数万人だけです。」と答えたことがあったが、リハーサルのチェック役の社員から、「だけ」という表現は、自己弁護的、防衛的な内容を含む表現でまずいと指摘を受けた。何ら準備をせずに本番に臨んでしまうと、知らないうちにこうした表現をとってしまう場合が多いので、やはりリハーサルをしっかり行い、十分に準備する必要がある。本番では、事実のみを明確に伝え、その上で迷惑をかけた顧客への申し訳ないという思いを素直に表現できるように準備を心がけた。リハーサルは、社内関係者の前だけに限らず、担当者の家族を相手に繰り返し行い、納得のいくまで準備を整えた。

正式な記者会見は２回行われたが、それ以外に個別にメディアからインタビューを求められたこともある。中には、夜討ち、朝駆け的なものがあった。夜中の問い合わせなど、非常識な取材もあったが、誠実に対応すれば、新聞社の方々などはこちらの状況をよく理解してくれ、助言をもらえる場合もあった。

記者会見では、必要最低限の事実を、明確に報告し、それ以外は、質問されたことに誠実に答えることで十分であると考えた。そのために、事前にリハーサルを行い、どのような質問がでるか想定し、準備をしておいたことが、非常に有益であった。配布する資料や報告内容の選択は、責任者が技術担当者とともに練り、技術的な内容については技術者が答えるなど分担して行った。最高責任者である社長から一任されていたので、何らの不安もなくしっかりと準備ができた。

メディアへの対応は、自己防衛的にならないように細心の注意を払い、決して不信感を与えないように心掛けた。記者会見では、悪意あるハッカーの攻撃を受けた事実を述べるにとどめ、自分たち(当社)も被害者であるかのような発言は一切しなかった。

最終的には顧客への対応が最も大切、かつ重要である。顧客に対して、どういう気持ちを持って発表しているかは、記者会見の様子をテレビで観れば一目で判ってしまうので、常に誠意をもって、真摯な対応をするように最大の注意を払った。

⑬ 企業責任と自己防衛

ガス湯沸かし器に欠陥があり、連続して事故が発生した際に、製造業者が、不必要とも思えるくらい情報を流し続け、まだ気付いていない顧客に連絡をつけようとした事例がある。いったんこのような危機が発生してしまうと、こうした対応が必要になる。自己防衛のみを考えると、それ自身が自己破壊につながるという事例が、食品中毒などに起因するクライシスで、いくつか報告されている。

自己防衛は、個人対個人、あるいは個人対グループなど、比較的少人数単位においては、それなりの効果を持つ場合がある。しかし、個人対マス（大衆）ではうまく働かないことを理解する必要がある。自己防衛しようとしても、大衆はそれを見抜き、受け付けないのである。

前項で述べた記者会見の場合も事情は全く同じである。人々に対して、どういう気持ちを持って報告しているかは、記者会見の様子を観れば直ちに見抜かれてしまう。記者会見で対応に失敗し、人々の信頼を一度失ってしまうと、再び信頼を取り戻すことは至難の業であることを、危機管理担当者は十分に知り、肝に銘じておく必要がある。

⑭ 担当者の健康（精神）管理

危機管理担当の責任者を務めた期間中は、想像を絶するプレッシャーが続き、次に何が起こるか不安で、毎夜眠れない日が続いた。一時的には、文字も書けなくなり、判さえ押すことができなくなるほど精神的に追い込まれた時期がある。今思うと、健康管理のために、こうした事態をケアする医療的なバックアップシステムが必要だったと考えられるが、当時は全く思いさえ至らなかった。

幸いなことに当社では、全社を挙げて全面的な支援が得られた。対策チームのメンバーが夜遅くまで居残って仕事をしていると、差し入れをしたり、メールで応援してくれたりする社員がおり、たいへん嬉しく感じ、大いに勇気付けられた。追い詰められた状況で、こうした支援があると、担当者として本当に大きな力を得られる気がした。

⑮ 経験の蓄積と継承

21世紀になって新たに始めたインターネット事業（新たな情報革命）では、次世代の社員にとり、将来の財産となる仕事をしたいとの思いがあった。サイバー攻撃の際も、試練は次の世代に役立つものにしなければならないとの考えを当初から持っていた。したがって、本事件における全システムとしての脆弱性、社内組織の問題、解決方法、結果の検証など、可能な限り記録を残し、今後このような事件に巻き込まれないための対策を立てなければならないと考えた。そこで、対策本部を設置した段階で、議事録をとる担当者を技術陣の中から一人選定した。また、同じような考えを持つ仲間（技術者）がいたので、時系列で事件の発生から終息までをまとめるように依頼した。

危機対策に追われ、極めて繁忙な日々が続く間も、毎日の業務記録を必ず議事録として残し、対策本部関係者に回覧し、修正しながらまとめた。回覧することで対策本部のスタッフのみならず、役員室、その他社内の主要なメンバー全員が、状況をある程度認識できたと考えられる。

議事録、および時系列記録の危機管理における利点をまとめると、以下のようになる。

・議事録の利点

a. 対策本部の動き、事件の全体像の把握が比較的容易にできる。

b. 反省点なども記していたため、途中で軌道修正ができる。

c. スタッフ全員が状況を共有でき、対策への有効な手立てとなる。
d. 実質的な議論が行え、対策立案に有用である。
e. 事件収束後のサイバー攻撃全容に関する報告書のまとめ(事件の全容と問題点、対処、課題、今後の対策など）を、容易に行うことができる。

・時系列記録の利点

a. サイバー攻撃の全容、対策に関して、今後の計画立案と進捗状況の把握に、非常に有用である。
b. 記者会見の資料として、時系列記録は欠かせないものである。状況報告や今後の対策を正確に説明できる。

議事録、および時系列記録を基に、最終的に将来のリスク対応、危機管理に必要なセキュリティ ポリシー、運用マニュアル（必要に応じて適宜見直し）を作成し、それに基づいて日々の業務を行えるようになった。

危機は、何の前触れも無く突然やって来る。しかも、同じ危機が二度と起こることはなく、毎回異なる状況下で発生すると考えられる。しかし、身近で実体験した危機管理の経験は、将来発生する可能性のある危機に対して、如何に対応するべきかのヒントを与えてくれる最善の教科書である。今回の危機を契機として、データを蓄積し、将来に備えて会社の財産とするべく、経験を共有し、後年に継承するためのシステムを社内に構築することが可能になった。

⑯ まとめ、および危機の収束

このように、危機管理時に必要となる行為や行動、そしてその規範は、

a. 危機の種類、現状、進展性など状況の迅速な把握
b. 社内危機対策チームの速やかな設置
c. 社内最高責任者（社長）の適切な決断と人選、そして現場への権限移譲
d. 最高責任者と現場責任者の密接な意思疎通
e. 社会的責任の自覚
f. 社員の動揺を防ぐ適切な社内説明
g. 何が起こっても決して動ぜず、社長から一般社員まで全てが共有する、問題解決のための統一された信念
h. 顧客への適切な情報公開と誠実さ
i. メディアを対象とする記者会見時に、事前リハーサルを行うなどして、適切かつ

正確な情報を提供するための、細心で十分な準備

j. 経験の蓄積とその継承

などである。

サイバー攻撃の発生が判明した時点で、警察からサイバー犯罪担当者が、事情聴取に訪れた。当社だけではなく、同時にいくつかの企業・機関が同様の攻撃を受けており、それらの情報を捜査することにより、最終的に犯人を特定できた。犯人は、日本国内に住む外国人であり、その後警察に逮捕された。こうして、危機が最終的に収束したのは、発生後およそ半年たった後のことである。

(3) 危機管理に必要な指導者像

大きな負のエンタテインメント性を呈する危機の発生時には、通常ならほとんどの人が強いストレスを感じ、場合によりパニックに陥ってしまい、正常な判断すらできなくなることがある。しかし、時としてまれに、こうした危機状況を負から正のエンタテインメントに転化する機会と捉え、その使命感や昂揚感を基に、強力な指導力を発揮して問題を解決に導く指導者が存在する。古来より、こうした指導者を人々は英雄として称え、敬意の念を示してきた。危機時には、何らかの形でいわゆる修羅場に強い者、すなわち英雄が必要なのである。

ここで、日産自動車を危機から救い再生させた、日産・ルノーグループの最高経営責任者であるゴーン氏が述べた、指導者に関わる言葉の一部[35]を引用してみる。彼は、「平時には、誰が指導者であるかは関心を持たれない。問題が発生して初めて、その必要性が問われることになる。」と言う。このように、危機と指導者には強い関連がある。彼は、危機下で指導者に求められる資質について、次のようにまとめている。

① 極めて明確で客観的な解析、状況の判断力

② 状況を判断した後、問題を如何に解決するかの実行力

③ 危機時における権限移譲の心構え

④ 指導者として、当事者意識を持って、危機対応に参加する心構え

⑤ 危機を教訓として学ぶこと

さらに、指導力の一つとして、周囲に対する影響力も欠かせない。退屈な指導者では周囲のやる気も出ず、共感を呼ぶことは出来ない。指導者は事を成すために、周囲の人々と心を通わせ、共感を得る必要がある。このように、周囲に共感の輪をもたらすエンタテインメント力こそ、指導者が持つべき必須条件の一つであることは間違い

ない。

しかし、実際にはこれら全ての要素を満たして行動できる人材を身近に見つけることは、緊急時には容易ではないかもしれない。したがって、真の指導者に求められる能力をもう一つ付け加えるなら、自らの能力を超え、より適切な指導力を非常時に発揮できると期待される人材の発掘・育成に、平時から尽力することではなかろうか。

3.5.4 未来への言葉

負のエンタテインメント性で説明される、リスク、そして危機管理について述べてきた。人間がこの世界に存在する以上、様々なリスクから逃れることは、不可能なことである。また、リスクが存在する以上、それがいつか顕在化して変化・進展し、現実の危機として目前に表出することは、常に起こり得ることである。

現在の科学的知識によれば、対象となるリスクが与える被害の大きさ（影響度）と、その発生確率を、常に精査しながらデータベース化し、信頼性を高める努力を間断なく継続するなら、相当の精度をもって、リスク値を評価可能と考えられている。一方、リスクを回避するために、安全に対する注意をどれだけ払ったとしても、危機は何の前触れも無く、突然訪れるのが常である。危機時には、周囲に存在する負のエンタテインメント環境を、強い指導力で正のエンタテインメントに変化させることのできる、有能で強力な指導者が必要となる。

日本国民のみならず、世界中の人々を震撼させたリスク、そして危機管理の卑近な失敗例として、東北地方太平洋沖地震（東日本大震災）に起因して発生した、原子力発電所の事故がある。事前に、世界最大級の規模を持つ地震発生の可能性を想定せず、また考えられる最悪の事態（全電源の喪失）を考慮しないまま、これほどの大事故を発生させたことは、リスク管理上の大失敗と言わざるを得ない。

また、事故発生直後の原子炉内燃料棒の溶融に始まり、水素爆発、さらに被災住民の避難にまで至る過程で、誰もが目にした当事者の対応は、危機管理で必要とされる指導者の資質に照らし合わせて、お世辞にも立派と言えるものではなかった。

原子力発電所事故に関する限り、現時点において、とりあえず目前に危機があるという段階は終息している。注目すべき現前、そして将来のリスクは、事故で放出・拡散した放射性物質が人体に及ぼす影響の全貌がいまだに不明であり、将来どのような形で問題となり、顕在化するかわからないという点である。

一方、原子力発電の継続可否に関する問題の本質は、地震国日本でこれを継続した場合、再度同様の事故が起こるリスクが存在するという点にある。しかしながら、仮に原子力発電を廃止した場合には、別のリスクが発生する。例えば、エネルギー価格の上昇により日本の経済的競争力が落ち国民の生活レベルが低下する、再生可能エネルギーが十分採算性が取れ信頼性のあるエネルギー源となるかは不確実である、化石燃料の多用により地球温暖化効果を促進してしまう、化石燃料の世界的な価格上昇を招き発展途上国の成長を妨げる要因となる、などのリスクである。

科学技術発展の歴史を見るなら、新技術の適用は、度重なる失敗の連続であり、人類は常にリスクを冒しながら文明・文化を発展させて来た。リスク値は、現時点で科学的に、被害の大きさと発生確率の積として評価可能とされている。被害の大きさに関する限り、今回我国が経験した事故が、考えられる原子力事故でおそらく最大規模であるとみなして、差し支えないであろう。したがって、リスク値の評価に今必要なのは、科学的に合理性の認められる発生確率の想定値である。

地震国の日本で、将来的に今回程度の規模を持つ地震が、繰り返し発生することは、確実である。したがって、問題は同規模以上の地震に襲われた場合に、再び同程度以上の規模を持つ事故の発生する確率を、どう評価するかということになる。発電所の施設全体に十分な対策を施しておけば、大地震が起こっても今回のような事故の発生する確率を、極めて小さくすることが出来る。しかしながら、科学的知見から明らかなように、リスクが0になることは、決してあり得ない。一方、原子力発電を廃止した場合、我々は別のリスクに直面することになる。

客観的に見た場合、原子力発電肯定派、そして反対派（脱原発、及び反原発）のいずれの側も、主として自らに都合の良いデータ・資料を提示して、主張を唱えている傾向がしばしば見られるのは、残念なことである。肯定派、中立派、反対派を問わず、決して感情的にならず、人類の英知に基づく科学的知識を拠り所に、国民、そして人類全体にとって、リスクをどのように取ることが最善なのかについて、透明性を保ち説明責任を果たしながら、冷静な議論を望みたい。

3.6 エンタテインメント社会の在り方（幸福とは何か）

3.6.1 幸福の測り方

これまで論じて来たように、エンタテインメントを通して、個人、グループ、コミュニティー、地域、国などの社会活動や経済活動は広範囲に連環し、様々な形で互いに影響を及ぼし合っている。中でも、エンタテインメントと強く繋がり、高度に結びつく事柄として、人間の幸福度や満足感の問題がある。

内閣府が、平成21年度～23年度にかけて実施した「国民の幸福感の現状に関する国民生活選好度調査[36]」によると、日本人の幸福感は、10段階評価で平均値が6.5程度となり、「5」を選択する者が多かった。同時に行ったデンマークやイギリスなどヨーロッパ諸国での結果と比べ、低い点数をつける者が多いと言う特徴があった。また、男女別には、女性のほうが幸福感の高い傾向が見られ、特に10点中7点以上の幸福感があると答えた者が、男性48%に対して、女性は59%であった。年齢別には、30歳代の幸福感が最も高く、10点中7点以上の幸福感があると答えた者の割合は、30歳代をピーク（61%）に、年齢階層があがるにつれ低下（70歳代は44%）していた。

23年度の調査で、「日本は今後、どのようなことを社会の目標にしていくべきであると思うか。」との問いに対し、挙げられた項目とそれに賛同する回答者の比率は、

① 安全・安心に暮らせる社会：63.9%
② 他人への思いやりがある人が多い社会：53.4%
③ 心のゆとりがある人が多い社会：48.3%
④ この国に暮らせてよかったと思える社会：47.9%
⑤ 幸せを感じている人が多い社会：43.7%
⑥ 生活満足度の高い人が多い社会：37.9%
⑦ 環境にやさしい生き方ができる社会：36.8%
⑧ 仕事の充実感が高い社会：32.9%
⑨ 国内総生産（GDP）、所得の多い社会：31.1%
⑩ 生き心地の良い社会：19.0%
⑪ すべての者に居場所と出番のある社会：17.8%
⑫ 自由に発言ができる社会：12.3%

と言う結果が得られた。平成23年には、東日本大震災が発生したため、その影響から多くの人が「安全・安心の確保」を第一に選択したと考えられる。ここで気が付くことは、「GDPや所得」、「仕事の充実感」を挙げる人の比率が30%程度であったのに対し、エンタテインメントに強く関連する「他人への思いやり」、「心のゆとり」、「この国に暮らすことの喜び」を重要視する人が、50%程度を占めていることである。こ

のことは、人々が必ずしもGDPや所得で表される生活の物質的な豊かさを求めているわけではなく、思いやりやゆとりなど心の豊かさをより重要視していることを示していると考えられる。また、「居場所や出番」、そして「自由」が20％以下であったのは、現時点においてこれらがある程度確保されており、人々が差し迫った問題と見做していないためと推察される。

このように、人間の幸福度について考えてみると、それは必ずしも金銭の額で比較可能な富や経済力に依存するものではないことが、容易に理解できる。もし、エンタテインメントの大きさが、人間の様々な経済的・社会的活動の遂行を目的として消費される物理・化学的エネルギー（例えば、具体的に言うと、石油、ガスなどの燃料や電気などのエネルギー消費）に全て換算できると考えるなら、結果として得られる社会や個人の豊かさ（富）は、個人、グループ、コミュニティー、地域、国などが利用可能なエネルギー（大まかには経済力に相当）の大きさと相関するはずである。しかし、現実にはそうならず、心の状態を基準に考えるなら、豊かさや幸福度は、エンタテインメント力やエンタテインメント エネルギーに代表される、人間自身が本来的に持つ心的・知的状態や活動と強く関係する。

実際問題として、1950年から1964年にかけて、日本人の所得は7倍程度に増えた[37]。しかし、生活に満足している人が増えたわけではなく、物質的に裕福にはなったが、その分だけ人々の幸福感が増したわけではないと言われている。また、日本人の生活満足度は、戦後の高度成長期である1963年の63.5％から、第一次石油危機時を除き一貫して上昇したが、1995年の72.7％をピークに、以降はおおむね低下傾向にある[38]。この間、一人当たり実質GDPは、26.2万円（1963年）から403.6万円（2007年）へと15.4倍に増加している。日本経済が戦後急速に成長を遂げたにもかかわらず、幸福度（生活満足度）が上昇していないことについて、2008年度国民生活白書は、「経済的豊かさは、生活満足度の上昇に結びついていないが、こうした現象は先進国に共通している。」と指摘している。

さらに、2010年におけるアメリカの一人当たり国内総生産（46,546ドル）は、1985年当時（17,356ドル）に比べ約2.7倍になり[39]豊かさが増したにも関わらず、自分が幸せと考える人の比率は、ほとんど変化しなかったと言われる。このように、経済成長が、必ずしも幸福感や生活の満足度を高めるわけではない。

「国民総幸福量（Gross National Happiness、GNH）」を、国の在り方を示す最も重要な指標に置くブータンが、最近大きな注目を浴びている。国内総生産（GDP）を重視する他の国と異なり、ブータンのGNHは、環境と文化を守り、良き統治を目指し、持続可能な社会・経済の発展を追求するものとされる[40]。精神と物質両方について、豊かさのバランスを取ろうというこの観点は、ともすれば物質的な豊かさを最優先にする傾向の強い世界において、注目を集めることになった。

しかしながら、GNHが高いとされるブータン人ですら、最新のエレクトロニクス商品、ファッション、アクセサリーなど、美しい物、可愛い物、魅力的な物を見ると、目が輝き始め、多くの人々がそれを手に入れたがると言われる。豊かさを表す物品やサービスを目の前にすると、自分の欲求を抑え、それに抵抗することは、極めて難しいと言うのが、人間の本性なのかもしれない。

3.6.2 発展と幸福

美しい自然と仏教文化の溢れるヒマラヤ奥地の国ブータンは、「最後の理想郷」としてのイメージが、広く伝えられている。しかし、そのバラ色に見える評判に、ブータン王国の都市に暮らす若者たちは異議を唱えている。ある若者は、「我々はとても多くの課題に直面しており、多くの人が苦しんでいる。」と言う。薬物乱用、アルコール依存、犯罪率の上昇など先進国、開発途上国を問わず世界中で多くの人々を蝕む病根が、ブータンにも広がりつつある[41]。最近では、飲酒に起因するアルコール性肝疾患が、ブータンにおける死因の、上位を占めるようになったとの報告すらある。

さらに、ブータンには以前から抱える大きな政治的問題がある。それは国内に住む人々の複雑な民族構成に起因するもので、1985年の公民権法の改正そして、1988年に実施された国勢調査により、支配民族が少数派であることが判明した結果、同化政策が強化されたことである。このことが、やがて1990年に人権の尊重と民主政策をもとめる大規模なデモを生み、その後はおもにネパール系住民を対象に、弾圧や国外追放政策がとられた。このため、現在までに約13万人（当時の総人口およそ60万人の約22%）の人々が国外に逃れ、難民となった。隣国ネパールの難民キャンプに暮らしたネパール系ブータン難民の数は、1990年代において最大時には、11万人を超えたと言われる[42]。

職場や学校へ民族衣装を着て通う人々、美しい風景、そして古くから伝わる由緒ある建物が生活の一部になっているブータンは、今でも外国人にとって、別世界のような印象を与える。しかし、伝統社会が織りなす美しい布は、既にほころび始めている。

ブータンの精神科医によれば、犯罪発生率は年々高まり続け、失業がさらに後押しして、薬物とアルコール依存の問題を顕在化させている。こうした問題が、GNH を旗印にしている国で起きていることは、意外とも思われる。

GDP を重視する他国と異なり、宗教に規範を置き、精神と物質の両方に関わる豊かさのバランスを取ろうというブータンの思想は、世界の注目と称賛を集めた。しかし、GNH の概念は、国内で支持はあるものの、実際の運用に疑問が投げかけられている。ある若い学生は、現在持つ最大の懸念として、ブータン国内に、若者が望む雇用がないことを挙げている。しかも、人口構成は若年人口が多くを占め、今後さらに多くの人びとが、就業年齢に達する。民間事業があまり発達していないことから、事務職はごく限られている。一方、成長する建設業に関わる仕事は、国境を越えて働きに来る隣国の労働者が、大半を担っている。

問題の背景にあるのは、ブータンが投資や輸入などの経済活動、そして支援を隣の大国に大きく依存していることである。近年、過剰な投資の結果、大規模な信用危機が起きた。それ以来、多くの人が GNH を厳しく非難するようになった。GNH が、高度に知的な概念としてエリート層の支持を獲得する一方で、国民の大半から十分な支持が得られず、政府は悪化する国内問題を、見て見ぬふりをしているという批判すらある。

GNH は、各国に紹介された当初、GDP 主義に基づく成長至上路線から一線を画し、人間が求める幸福の本質に重きを置く概念として称えられた。それは、経済規模が極めて小さく、ほとんど自給自足の鎖国状態に置かれていた時にうまく機能したように思われる。しかし、対外的開放がなされ、より大きな規模を持つ外部の影響が及ぶようになって以降、うまく成立しなくなってしまったもののようにも見える。

逆説的に言うなら、かつてブータンにおいて幸福度が高かったのは、人々が等しく貧しく、他の世界に存在する別の価値に関する知識が少なく、より少ない物品やサービスで心の満足感、すなわちエンタテインメントを味わえたということに他ならない。GNH を標榜したブータンで、政府が急激に起こる変化に対応できず、このまま何もせずにいるなら、GNH はまるで絵に描いた餅となり、実現不可能な幻想として、霧散してしまう危惧さえ感じられ始めている。

一方、かつてすべての国民が等しく貧しい状態にあり、先に豊かになれる者はそれを許すことにより、著しい経済発展を遂げた中国社会において、取り残された貧困層ばかりか、先に豊かになった者までが、心の安らぎを得ようと、宗教に帰依する動きが広まっている。実際、中国において上位10%の所得層が、国民全体の資産の60%以上を所有するという、極めて不平等な状態の発生が近年（2014年冬）報告されている。発展を始めて以来、貧富の差が極めて大きくなったことから、社会的な軋轢が制御不能に近い状態にまで高まり、さらに社会制度のみならず、家庭崩壊など人間社会の基本単位となる家族までもが、大きな影響を被るようになった(43)。こうした様々な問題が、一気に噴出した時に、その解決法の道標として希望を与えてくれることが、宗教が注目を浴びるようになった理由の一つと考えられる。

こうした中、以前は宗教を禁じていた政府が、伝統的な中国社会の人間関係を形成してきた基盤の一つである儒教に注目し、社会の安定化や統治の円滑化を図る目的で、これを利用しようとする動きがある(44)。また、貧困層のみならず、豊かさを手に入れた富裕層の人々も、金銭を手早く得るために払った代償の大きさにようやく気付き、失った心の安らぎを取り戻すために、宗教に救いを求めるという事態が生じている。

現実の世界で、宗教が多くの人々の心や魂を救い、生きるための拠り所を与えている。しかし、宗教の違いが、しばしば世界各地で起こる様々な紛争の元になっているのも、否定しがたい事実である。宗教が、人々を幸福にするための大きな手助けとなることは間違いない。但し、全ての問題を解決可能にする万能薬には、決してならないように思われる。

3.6.3 日本の幸福度

国連児童基金（ユニセフ）と国立社会保障・人口問題研究所は、2013年12月、「先進国における子どもの幸福度―日本との比較　特別編集版(45)」を公表した。それによると、日本の子どもの幸福度は、オランダ、ノルウェー、アイスランド、フィンランド、スウェーデンなど、高福祉国として有名な北欧圏諸国に次いで、総合順位で先進31カ国中6位であった。

日本は、とりわけ教育の質と日常生活上におけるリスクの低さで1位となった。今日、教育に関して様々な議論があり、まだ多くの改善余地があるように思われる。しかし、国際的に客観的な視点に立つなら、ユニセフの指標で1位という結果が示すように、適切な教育が日本国民に幅広く提供されているとみなしてもよいであろう。

一方、物質的な豊かさや健康と安全では、下位に位置した。ここで、「物質的な豊かさ」は、「相対的貧困率」と「物質的剥奪」という、2つの要素で評価される。「相対的貧困率」とは、世帯所得が中央値の50％未満の世帯で暮らす子どもの割合で、相対的な所得の貧困度(46)を示す。日本は、「子供の相対的貧困率」が14.9％で、31か国中22位（貧困率の大きさが9位）であった。また「物質的剥奪」は、所得だけでは表されない、実際の生活水準を測る方法として広く使われている指標で、「子どもの年齢と知識水準に適した本」、「修学旅行や学校行事の参加費」、「宿題をするのに十分な広さと照明がある静かな場所」、「屋外レジャー用品（自転車、ローラースケートなど）」、「インターネットへの接続」、「新品の衣服（中古品を除く）」など8項目のうち、2つ以上が欠如している子どもの割合を表している。ここで、日本の「子どもに対する物質的剥奪度」は、20位（剥奪率の大きさが11位）であった。

貧困率や、子どもの物質的剥奪率が大きく、豊かさが下位にあるのは、最近問題になっている社会的格差の拡大と、日本が陥っている高齢社会の進展が強く関連しているように思われる。近年、若年世代の雇用不安定化により、収入格差の拡大と貧困の固定化が、大きな問題になっている。また、ベビーブーム世代のシニア化に伴い、高齢者人口は拡大の一途を続けている。政治家は、選挙権を持ち、投票率が比較的高い高齢者の機嫌を損ねないように、高齢者を優遇する政策を取らざるを得ない状況にある。一方、もともと投票権のない子どもや、投票権を行使することが少なく、日々の生活が忙しすぎて、外に向かって声を上げる機会のあまりない若い親たちを、無視してしまいがちである。

これからますます高齢化が進む日本において、いかに若い世代を育て、物質的にも、また精神的にも豊かにしていけるかが最大の課題である。高齢者が、様々な機会を通

世代を超えたエンタテインメント

じて金融資産のみならず、それまで培ってきた経験・知識など知的資産を、将来を担う子どもたちに、可能な限り広く適切かつ公平な形で、うまく移転・配分出来るかが、日本の将来を決める重要な要素となる。こうした問題を、家族のような個人レベルで全て解決することは、非常に困難であろう。高齢者が、自分の持つ様々な資産を若い世代に移転する際に、背中を後押ししてくれるような、インセンティブを与える社会的制度を、早急に設計・構築する必要があると考えられる。

3.6.4 未来社会

20世紀以降、最初は映画、続いてラジオやテレビの発達により、様々なイベントが身近なものとなって大衆化し、日々の生活にまでエンタテインメントが入り込むようになった。さらに、ここ30年あまりに間に、コンピュータ ゲームが登場し、エンタテインメントは多人数のものから、個人単位で操作可能になるという大きな変化があった。過去10年を見るなら、コンピュータ社会は、SNS（ソーシャル ネットワーキング サービス）化、クラウド化が進み、ネットワークを通じて個人と個人、あるいは個人と大衆が簡単に結びつけられるという新たな展開を迎えた。これにより、Facebook や Twitter、SNS ゲームなど、以前には全く存在しなかったコミュニケーション手段、すなわちエンタテインメント手段を手に入れることができるようになった。

現在我々は、多くのエンタテインメントを享受する機会に恵まれている。伝統的なイベント、テレビなどのマスメディアを通じた方法、そして新たに登場したSNSによるサイバーエンタテインメントなどである。こうした様々な機会の中から、どれを取り出し、どのように利用していくかは、個人に与えられた選択の問題である。将来の社会をどうするのか、また他の人々とどのように共生していくかは、エンタテインメントの捉え方や行動に大きく関わっている。人間自身の未来社会は、こうした様々な機会をどのように選択して行くのか、現在を生きる各個人の知恵に益々大きく依存して行くように考えられる。

3.6.5 文化とエンタテインメント

エンタテインメントへの対応は、その人が持つ文化的な背景で様々に異なる。個人主義が規範となるアメリカ人は、選択肢が提供される機会を重んじ、選択できる数が多ければ多いほど、エンタテインメント性が高いと感ずる。一方、日本人を含むアジア人は、あまり選択肢が多いとかえって不安になり、好ましいと思わなくなる傾向があるとされる。また、母親の選択を重要視する伝統があるとも言われる。

人々が求めるエンタテインメント性（幸福感）について言うなら、国の形態に関連して、同じ資本主義国の間でも、大きな違いが見られる。GDPや自由を重んじるアメリカでは、2013年時点で最も豊かな階級に属する人々（例えば上位5%の所得を占める富裕層）が、国民全体の資産の60%以上を所有し(47)、富を求め続けることが善と見なされ、それを勝ち得たものが最高の成功者として称えられる。これに対して、社会民主主義的な政策を取るスウェーデンでは、国が持つ富をできるだけ平等に、各国民に広く分配できるように社会制度が作られている。

たとえ文化的・社会的な背景が異なったとしても、エンタテイメントは、それに依存しない部分を持つ。なぜなら、感動や共感は、文化や社会の相違に左右されない部分を多く持つからである。真に幸福度の大きな社会を築くには、異なる個人や社会が持つ異なる価値観を互いに尊重し、共感できる点があるなら迷うことなく共感し、共有出来るものがあれば進んで共有する態度、すなわち、互いのエンタテインメントを尊重し合う社会や国同士の在り方が、最も重要である。

3.6.6 エンタテインメント社会

序論で述べたように、エンタテインメントには、正と負の部分が必ず存在する。人間が生きて行くうえで、正のエンタテインメントのみを享受することは、全く不可能である。正と負は互いに影響し合いながら揺らぎの状態にあり、たとえ現時点で正であったとしても、時間や空間がほんの少し変化しただけで負に転化してしまうことがよく起こる。このように、正と負のエンタテインメントは、互いに関連し、常に併存する。

人間が生きて行くうえで、正のエンタテインメントのみを享受し、負の部分を回避して他人に押し付けるようなことを続けるのは、基本的に不可能である。人間がせいぜいできることは、可能な限り正のエンタテインメントの機会を増やし、それと並行して、起こり得る負のエンタテインメントに対して的確に対応する能力を養い、速やかに正へと転化するための訓練を行うことぐらいであろう。

真に幸福度の大きな社会とは、正のエンタテインメントをできる限り多く提供し、避けることが不可能な負のエンタテインメントに遭遇した場合には、互いに共感し、協力しながらそれを正へと転化する力を多く持つ社会と言えるのかもしれない。実際、人間が災害など大きな負のエンタテインメントに直面した場合に、同じ境遇にある仲間や、それには巻き込まれていない部外者の協力や援助により、負を正のエンタテインメントに転化し、力強く前進する行動が、これまでに多く確認されている。このように、喜びが出来る限り多く存在し、たとえ苦しみがあったとしても、他者との共感や共有により、素早く和らげるシステムが機能する社会の構築が必要と考えられる。

常に進化・発展と成長を宿命づけられた人間にとって、未来世界における富とは、いったいどのような物であろうか。現在は、商品（物品やサービス）、そしてそれを生産するために使用する資源（原材料およびエネルギー）を買うことのできる経済力が、一つの指標となっている。将来において、従来の経済力に加え、新たな価値を創造し、人々と共有することにより喜びを提供する能力、すなわち価値創出力、さらに創造性や寛容性などで体現される「エンタテインメント力」や「エンタテインメントエネルギー（ソフトエネルギー）」が、重要な富の源泉になると考えられる。なぜなら、人々の幸福感を左右する大きな要素として、物質的なものはともかく、心的に感ずる、達成感、満足感、共有感、充実感などのエンタテインメント的要素を、十分考慮する必要があるからである。人間にとって、家族や仲間と共に過ごす時間、そして空間を共有し、共感しながら暮らすことを許容する社会の存在が、何よりも大切かつ重要である。

エンタテインメントは、社会を構成する誰もが等しく共有し、享受できるものでな

家族の水遊び

ければならない。エンタテインメントに関与する者にとって、創作、鑑賞、参加の三方面における十分な機会の提供と、社会道徳や法律に反しない限り、規制を行わず、そのままの形で許容する自由の存在が、極めて重要である。それには、自由を保障する文化的、社会的制度が基盤として整い、誰からも干渉を受けることなく機能していることが必須となる。それゆえ、エンタテインメントを提供する機会の程度は、当然のことながら、社会や国家の成熟度が大きく関係し、個人の幸福度や社会の安定度を測る尺度となり得る。エンタテインメントを、自由に提供できる社会こそ未来が必要とし、真の意味で成熟した先進国家を築くための、最重要課題と考えられる。

3.6.7 未来の在り様

今を生きる人間にとって重要な使命は、次の時代を担う子どもたちに、人間らしい心、すなわち共感性を発達させることのできる環境を、保証することである。そのためには、仲間と目標を共有し、他人と嬉しさ、楽しさを共感し、体感する経験を十分積み重ねられるように、環境を整える必要がある。子どもの頃から、他人とともに笑い、喜びあう経験を積むことこそ、他人に強い関心をもち、他人の心をもっと知りたいと思う、豊かな感性と共感力（エンタテインメント力）が育つ場なのである。

序論で述べたように、他人のために尽くすという利他性を基礎とするボランティア活動は、重要なエンタテインメント行為の一つに挙げられる。経済的に見ると、先進国に住む人々が、貧しい外国でボランティアを行う場合には費用が高くつき、むしろ現地にお金を送り、そこで人を雇った方が安く効率が良いので、こうした活動そのものが、経済効率の悪い支援活動と見なされてしまう可能性がある。しかし、個人においては、子ども（家族）、恋人、あるいは親しい友人などと過ごす時間が長ければ長いほど相手への思いやりが増して絆が深まり、幸福感が高まるというモデルが存在する。これを他人にも適用するなら、ボランティア時間が長いほど他人との絆が深まり、エンタテインメントとして感ずる利他性が増し、幸福感も高まるということになる。この場合、見掛けの経済効率は悪くても、利他性の上昇を通じて共同体を築く面で、評価を高めることが可能になると考えられる。一般的には、自分のためにお金を使うと幸福感や満足度が増すと考えがちである。しかし、実際は寄付（金銭の提供）やボランティア（時間の提供）をするなど、利他的な行為を行うことにより他人との絆が深まり、さらに幸福感が増すという実験結果がある。

幸福の概念には個人のおかれた環境や経歴・境遇に応じて様々な立場があり、一つの価値観で一元的に評価することは困難である。効用（満足度）の幸福概念と異なり、徳倫理論における充実感の幸福概念では、ボランティアや寄付で他人のために資源を使うことにより、他人への利他性が増して共同体の絆意識が深まり、幸福感が増していくと考えられている[48]。人間は、利己的態度により、自分のためにお金や時間を使うと幸福になると考えがちである。しかし、実際に家族や他人のためにお金や時間を使って絆を深めることが出来た時、予測もしなかった幸福感や充実感を味合うことが出来ることを忘れてはならない。満足度は、自己目的の消費から得られる効用に対応しているが、幸福感は効用のみによらず、ボランティアなどの活動で利他性が増加して絆が深まると、充実感の上昇として現れると考えられる。

「人々が常に直面する不安と対峙し、それを克服するための手助けができる機会を、出来る限り多く提供できる社会」、すなわち真の意味でエンタテインメント社会を、人間が生きるための社会基盤（インフラ）として構築・整備する必要がある。人間が住む地球の資源量には、全て限りがある。限られた条件下で、効率的に幸福度の高い社会を実現するには、出来る限り少ない物理・化学的エネルギー（ハードエネルギー）を利用して、出来る限り多くのエンタテインメント機会（ソフトエネルギー）を創造・提供可能な、自由で柔構造の社会を設計・構築し、それを正の資産として次世代に受け継いでいかなければならない。

＜ 参 考 文 献 ＞

(1) 湯山茂徳 編著（三枝成彰、渡辺 謙、吉田 都、吉田 類、澄川喜一 共著）：
エンタテインメント ビジネス マネジメント講義録II 芸術・観光編（京都大学経営管理大学院）、株式会社 朝日出版社、2017年1月10日発行

(2) 日本政府観光局（JNTO）、NEWS RELEASE：平成24年1月20日付

(3) 清水慶治：私信

(4) 柳田国男：日本の祭、角川文庫17792、株式会社 角川学芸出版、昭和44年8月20日改訂初版発行

(5) 監修・神社本庁：日本の祭り（神社検定公式テキスト⑥）、企画 一般社団法人 日本文化興隆財団、平成26年2月28日初版発行

(6) 監修・神社本庁：神社のいろは（神社検定公式テキスト①）、企画 一般社団法人 日本文化興隆財団、平成24年2月20日初版発行

(7) 宮中祭祀：宮内庁ホームページ（http://www.kunaicho.go.jp）

(8) 新田一郎：相撲の歴史、株式会社 講談社、2010年7月12日発行
(9) 桜井万里子、橋場弦 編著：古代オリンピック、岩波新書901、株式会社 岩波書店、2004年7月21日発行
(10) Stephen Wisdom and Angus Mcbride: Warrior 39 Gladiators 100 BC-AD200, Osprey Publishing Ltd., Elms Court, Chapel Way, Botley, Oxford, OX2 9LP, UK., (2001)（ステファン・ウィズダム著、アンガス・マックブライド／彩色画（斉藤潤子訳）：グラディエイター（古代ローマ 剣闘士の世界）、株式会社 新紀元社、2002年7月15日発行）
(11) 工藤庸子：宗教vs. 国家：フランス〈政教分離〉と市民の誕生、講談社現代新書 1874、2007年1月20日発行
(12) 小泉洋一：政教分離の法：フランスにおけるライシテと法律・憲法・条約、株式会社 法律文化社、2005年9月30日発行
(13) 表 章、天野文雄：岩波講座 能・狂言、I 能楽の歴史、株式会社 岩波書店、1987年3月27日発行
(14) 太田牛一著、中川太古訳：現代語訳 信長公記、新人物文庫 952、株式会社KADOKAWA、2013年10月13日発行
(15) 公表資料「教育基本法改正の経緯」：文部科学省ホームページ
(16) 教育基本法：平成18年12月22日法律第120号
(17) 幼稚園教育要領：平成20年3月28日、文部科学省告示第26号
(18) 小学校学習指導要領：平成20年3月、文部科学省
(19) 中学校学習指導要領解説　総則編：平成20年7月、文部科学省
(20) プラトン：国家（上）、第3巻、及び4巻、藤沢令夫訳、岩波文庫（青601－7）、（株）岩波書店
(21) 多極化におけるグローバリゼーション、第一回全国大会予稿集、グローバルビジネス学会、2013年3月16日、17日、早稲田大学国際会議場
(22) ヒップホップで若者支援、日本経済新聞記事「世界、今を刻む」、2013年9月29日
(23) 特集、消費人口急増、シニアマーケットの正体：流通情報誌、月刊「激流7月号」、2011年7月1日
(24) 産業活動分析（平成24年1～3月期）：経済産業省大臣官房調査統計グループ経済解析室資料
(25) 明和政子：まねが育むヒトの心 、岩波ジュニア新書、岩波書店、2012年11月
(26) 老いを背負う5、「ここにはみんながいる」、日本経済新聞記事（平成24年10月26日）
(27) 矢野美千代：高齢者のコスメティックセラピー. 一橋出版社, 東京, pp. 36－71, 2000
(28) 上戸環：「化粧療法」開始から1年を経過して. 耕仁会学術研究論文集第11号（2004年度）, 札幌太田病院、pp. 30－34, 2005
(29) 八木ありさ：ダンスセラピーの理論と方法（舞踊心理療法へ向けての序説）、株式会社　彩流社、2008年2月
(30) 関根和喜：「2. リスクマネジメントの基礎」、技術者のための実践リスクマネジメント、関根和喜編著、コロナ社、2008年

(31) 湯山茂徳:「第8章 リスク評価」、インフラ資産のアセットマネジメントの方法
(小林潔司、田村敬一 編著)、理工図書株式会社、2015年11月30日発行
(32) 小林秀男編著:リスクベース工学の基礎、㈱内田老鶴圃、2011
(33) 北村正晴:「6. リスクコミュニケーション」、技術者のための実践リスクマネジメント、
関根和喜編著、コロナ社、2008年
(34) 吉川肇子:リスクコミュニケーションのあり方、科学、Vol. 82、No. 1、pp. 48-55、岩波書店、2012
(35) ゴーン氏が語る危機打開のリーダーシップ5条件:日本経済新聞、電子版、2012年6月19日
(36) 国民の幸福感の現状:国民生活選好度調査(平成21年度〜23年度)、
内閣府(http://www.cao.go.jp)PDF資料
(37) 国民総所得と総支出勘定(昭和24、25年度および26〜39年度):
内閣府(http://www.cao.go.jp)PDF資料
(38) 大竹文雄、白石小百合、筒井義郎 編著:日本の幸福度(格差・労働・家族)、株式会社日本評論社、
2010年7月25日発行
(39) 世界の統計 2012:総務省統計局刊行, 総務省統計研修所編集、
総務省(http://www.soumu.go.jp)PDF資料、91ページ
(40) Kinley Dorji: WITHIN THE REALM OF HAPPINESS, Kuensel Corporation, 2008
(キンレイ・ドルジ(貞崎克彦・菊地めぐみ訳):「幸福の国」と呼ばれて
(ブータンの知性が語るGNH)、コモンズ(発行所)、2014年7月5日発行
(41)「幸福の王国」ブータンで苦しむ若者たち、AFPBB News
(http://www.afpbb.com/articles/-/2952394)、発信地:ティンプー/ブータン(2013年6月26日)
(42) 根本かおる:ブータン(「幸福な国」の不都合な真実)、株式会社 河出書房新社、2012年9月30日発行
(43) 王 文亮:格差大国 中国、株式会社 旬報社、2009年6月1日発行
(44) 小長谷有紀、川口幸大、長沼さやか:中国における社会主義的近代化:宗教・消費・エスニシティ、
勉誠出版株式会社、2010年12月30日発行
(45) ユニセフ イノチェンティ研究所・阿部彩・竹沢純子(2013)
「イノチェンティレポートカード11 先進国における子どもの幸福度—日本との比較 特別編集版」、
公益財団法人 日本ユニセフ協会(東京)
(46) 阿部 彩:子どもの貧困 - 日本の不公平を考える(岩波新書)、株式会社 岩波書店、
2008年11月20日発行
(47) 分断深まる米社会:日本経済新聞記事、2015年1月13日
(48) 大垣昌夫、田中沙織:行動経済学(伝統的経済学との統合による新しい経済学を目指して)、
株式会社 有斐閣、2014年3月30日発行

第 4 章

クリエイティブ・サービスとエンタテインメント

4.1 エンタテインメントのビジネスへの貢献

4.1.1 はじめに

20世紀後半の世界を席巻し、産業を支えた日本の製造業が大きな困難に直面し、転機を迎えている。とりわけ日本の家電・エレクトロニクス産業は、現在きわめて厳しい状況にある。かつて世界に強さを誇った業界にも関わらず、世界的に名を知られた複数の有力日本企業が、2012年度決算で大きな赤字を計上した。一方、2013年度以降の業績は、円安効果、事業の整理・統合・集中化などにより、大幅に収益の改善した企業が出始めた。しかし、まだ多くの企業は本来あるべき姿から程遠い状況にあり、日本企業が持つ根本的問題が、解決されたと言えるような状態にはない。

こうした状況を産んだ原因は、近年の超円高、そしてディジタル技術革命に起因する新興国の追い上げと台頭などの複合的要因で説明される。しかし、真の原因はそれだけではないように思われる。かつて英米などの欧米先進諸国がたどった道のりを、日本もたどっているにすぎないのかもしれない。すなわち、過去の成功体験にこだわり、それから容易に脱することが出来ないために生じた、産業構造の根本的変革、および産業戦略の見直しに対する致命的な遅れが、その原因とも考えられる。これは、技術のみを重視しすぎ、顧客の求める使いやすさ、デザインなどのエンタテインメント性を無視し、独善的な殻に閉じこもり、いわゆる技術のガラパゴス化を自ら招いてしまったことと無縁ではない。20世紀に大きな成功を勝ち取った日本企業の多くが、21世紀に入り増々グローバル化するビジネスの世界で、人間特有のコミュニケーション手段であるエンタテインメントの重要性を、認識することが出来なかったのである。

かつて日本のお家芸とまで言われた造船、鉄鋼、機械などの分野でも、新興国の追い上げにより、日本企業は恒常的に厳しい状況下に置かれている。ついこの間まで、誰もが世界最強と認め、日本の製造業の中では唯一強い競争力を保っているとも言われる自動車産業でさえ、安閑とはしていられない状況が垣間見えている。自動車産業において、素材や機械工業部品が占める付加価値の比率は低下し続け、今やその定義は、「素材＋機械＋電器・電子＋通信＋情報＋ソフトアプリケーション＋デザイン＋エンタテインメント」と見なすべきと考えられる。このうち、素材と機械を除いた分野、とりわけ「情報、ソフト（自動運転などAIを含む)、デザイン、エンタテインメント」の比率が今後ますます高まることは必至である。したがって、近未来の自動車産業では、出来る限り低コストで共通化した部品モジュールを製作して世界各地に供給できる体制を整え、グローバルな市場で様々に異なる消費者、すなわち市場の嗜好に合わせて付加価値を創造し、出来る限り高価格で購入してもらえるシステムを築ける企業が、グローバル大競争の勝者になると考えらえる。

こうした事実は、今後の世界で日本が従来型の製造業のみを主たる糧として生きていくことが如何に難しく、おそらくほとんど不可能であることを如実に示している。しかし、世界を見渡すと、製造業であっても、付加価値を高めて成功している事例がいくつか見られる。ドイツの自動車、スイスの時計、フランス、イタリアのブランド品産業、フランスのワイン産業などがその代表格である。いずれも、製造業に分類もしくは関連するものの、とりわけ付加価値の高い高級品の分野で強い競争力を持ち、好不況の影響をそれほど受けることなく、大きな収益を上げている。これは、長い間に培われた技術力に、ブランド力を合わせ、所有することを喜びとするエンタテインメント性を追求し、好不況の影響を比較的受けにくい、富裕層の根強い支持を保ち続けた結果と考えられる。

付加価値創造力を成長の糧とし、大きな成功を収めているもう一つの例が、アップル、Alphabet（グーグル）、Microsoft、アマゾンやFacebook社 に代表される、アメリカのIT関連企業である。自ら築いたITシステムで採集した大量のデータを活用し、世界中の誰もが求める、新規性、革新性、エンタテインメント性を提供することにより、生まれて10年もたたない企業が、IPO（株式公開）後の株式時価総額において、最も有力な日本企業を圧倒的に凌駕するほどの力を持つことになった。

翻って日本を見ると、幸いなことに、製造業であっても、一部の素材・部品産業、あるいは機械産業などのように、高い付加価値創成力を持つ企業であれば、極めて強い世界的競争力を持つことが明らかになっている。したがって、最も重要なことは、製造業の分野で、如何に付加価値創成能力を取り込み、新たな価値を創造し高度化するかということである。

4.1.2　21世紀のグローバルビジネス

21世紀においてグローバルにビジネスを展開し、少なくとも今後1～2世代（30～60年の期間）程度は事業を継続でき、世界的な大競争の中で存在し得るグローバルビジネスの産業モデルとは、一体どのようなものであろうか。

その第一として、エネルギー産業がある。人間の近代文明や文化は、人間自らが自分の意思で取り出したエネルギー資源を、自由にほぼ制限なく使えるようになったこと（例えば化石燃料や原子力など火の利用）により発展してきた。これは、地球上の他の動物が、生命を維持するために必要なエネルギー源として、太陽の恵による自然のエネルギーサイクルの中で、食物を摂取するに留まっているのとは、全く異なっている。したがって、18 世紀末の産業革命に始まり、20 世紀初頭までに組織化された「人間が使用するためのエネルギーを供給する産業」すなわちエネルギー産業は、21 世紀以降も間違いなく存在すると考えられる。

残念ながら日本は、エネルギー源のほとんどを輸入に頼る無資源国である。したがって、エネルギー源を自然から採取するという、極めて大きな付加価値（富）の得られる一次的な意味のエネルギー産業は、基本的に存在しない。現状で国内にあるのは、原油や LNG などの原料を、実生活に利用できるようにガソリンや軽油、都市ガス、水素などの形に精製し、それを効率的に供給・分配する、付加価値創生力の小さな、エネルギー中間加工分配業である。

21 世紀において、経済のグローバル化、そして続いて起こる異なる地域間の経済的富の平準化は、ますます加速されると考えられる。20 世紀に大きな問題となった、富める国（先進国）とそうでない国（開発途上国）との格差是正の圧力は、グローバル競争の中でますます大きなものとなり、地球全体を巻き込む動きとなることは間違いない。現在、そして未来において、地球に存在する資源には限りがある。したがって、その利用はできる限り効率的に行わなければならない。そうした中で、エネルギーを節約し、できる限り効率的に利用するための付加価値を提供する省エネルギー産業は、人類にとり極めて重要な役割を果たすことになると考えられる。こうした産業の中には、自動車、機械、エレクトロニクス、エネルギー中間加工分配業、建設業、さらに省エネルギーで発生する価値を商品と見なし、それを取引するビジネスなどが含まれ、これに関する日本企業の技術力は、世界的にみて最高レベルにある。したがって、エネルギー源が持つ価値を、最終的に高めることのできる二次的なエネルギー産業として、省エネルギー産業を挙げるなら、21 世紀においてもグローバルビジネスとして、日本企業が貢献し発展する機会は大いにある。

21 世紀型産業の第 2 として、製造・インフラ建設／サービスの融合型産業が考えられる。前述したように、かつて多くの日本企業が得意とした 20 世紀型製造業や建設業が、21 世紀以降もそのままの形で生存できる可能性はほとんどない。グローバル競争を戦う中で、性能がよく、品質が高くても世界の製品市場や建設市場で、必ずしも成功するとは限らない。製品や建設物の持つ特徴や能力について消費者に発信し、主張し、消費者の共感が得られ、経済的に合理性があると説得できる場合のみ成功を手にすることが出来る。

残念ながら今日の時点で、世界市場において、値引きしなくても売れるだけのブランド力を持つ日本製品は、それほど多くない。日本企業は、「安くて良い製品」を作ることは大得意であるが、消費者の心をとらえ、感動を与え、それに見合う価値として余分に払っても所有したい気持ちを起こさせるエンタテインメント力のある製品を作ることに、多くの努力を払ってこなかった。

第2次大戦後に設立され、世界的ブランドとなった家電・エレクトロニクス業のA社や、自動車業のB社は、かつて多くの人々を引き付け、ワクワクさせるような魅力を持つ製品を世界市場に提供し続けた。21世紀になると、そうした何とも言えない色っぽさを持つ製品は、瞬く間に消え去り、大衆化され特徴の無い製品を大量に販売することを目的とした、全く普通の企業に変身してしまったように見えるのは、非常に残念である。それに引き替え、かつてA社を模範とした米アップル社は、創業者の強い指導力により、技術ばかりか文化を重んじ、製品に機能性と同時に美を求め続け、両者が見事に融合し、21世紀の消費者が求める製品とサービスを市場に次々に供給して大成功を収めた。アップル社が生み出す製品は、利便性を超えて人々の心に直接訴えかけ、余分に支払ったとしてもそれだけの特別な価値と満足感を与えるエンタテインメント力を持っている。

このように、21世紀に要求される製造業やインフラ建設業とは、製品や建設物の持つ利便性や機能性と、エンタテインメント力を融合した「製造・建設／エンタテイメント サービス業」と考えられる。こうした分野には、機械、自動車、家電・エレクトロニクス、電機、インフラ建設、そして人間に安全と豊かさを提供する食品や医薬品業など、ありとあらゆる製造･建設関連産業が含まれる。さらに、安全性が高く、高品質でブランド力があり、エンタテインメント性の高い作物（例えば、日本でしか作ることのできないリンゴやナシなどの果物、また和食に欠かせない米や牛肉）を生産する、日本型先端農業もこの分野に入れることが出来かもしれない。

21世紀型産業の3番目は、従来のサービス業において、さらにエンタテインメント力を高め、様々な分野で誰もが世界最高のサービスとして認める感動と共感を提供できる、サービス／エンタテインメント業であると思われる。サイバー空間において、多くの情報が溢れ、誰でも自由かつ任意に情報を発信・受信可能な近代民主主義社会であれば、単なるデータとしての情報は、消費者にとってそれほど多くの魅力や価値を持たないであろう。大量のデータ（ビッグデータ）から特徴を抽出（統計解析）して有意な内容を導き出し、人々が共に感動し共有できる価値を付加した情報のみが支払う価値のあるサービスとして、21世紀の消費者に認められることになる。

また、突出したエンタテインメント力を持ち、その先見性や革新性により、大衆の間に瞬時にエンタテインメント エネルギーを誘引・連鎖させることのできる才能を持つ個人、もしくはグループが提供するサービス（例えばFacebook、動画配信、SNSゲームなど）は、それまでたとえ無名であったとしても、突然爆発的な注目を世界的規模で喚起し、極めて短時間のうちに、ビジネス上の大成功を収める可能性を持っている。

4.1.3 アメリカ・韓国企業の成功例

一例として、21世紀型の製造／エンタテインメント サービス ビジネスを先取りして大成功を収めているアップル社について取り上げ、その成功の秘密について分析してみよう。アップル社の特徴は、2011年に他界した創業者であるS. ジョッブスのカリスマ的指導力と、先見の明にあったことは疑い無い。死後に出版された彼の伝記[1]によると、現在まで続くアップル社は、1977年1月に起業された。その後およそ4年という短い期間で、1980年12月に株式公開し、ビジネス上の大成功を収めた。しかしながら、公開企業となったアップル社の経営に関して、個性が強く他人との協調性に欠けるジョッブスは、やがて社内で孤立し、居場所を失うようになり、1985年9月には彼以外の役員すべての合意により、同社から追放されると言う憂き目を見た。しかし、それに負けることなく1986年にピクサー社を買収し、新たなディジタル映像時代の到来を見据えて全力をかけて経営を行った。その結果大成功をおさめ、同社をディズニーに売却することで巨万の富を再度勝ち取ることができた。

一方、アップル社はジョッブスが去った後、普通のパーソナルコンピューター企業として、発展していたが1990年代半ばに大きな危機を迎え、経営がほとんど立ち行かない状況にまで落ち込んだ。そうした中で、経営者として再登場したのがジョッブスである。彼は、1997年1月アップル社に復帰し、9月には暫定CEOに就任して経営の中枢に戻ることになった。彼は無報酬（実際には年収1ドル）で再建に取り組み、極めて個性的で強い指導力のもとに、スマートフォンと連動するモバイル型パーソナルディジタル音楽配信装置を開発し、世界に先駆けてそれを市場に投入した。アップル社が提案した新しい生活スタイルは、まさに21世紀の世界が求めていたもので、直ちに消費者に受け入れられ、続けざまにヒット商品を生み出すことにより、10年もたたないうちに、世界中の市場で主導権を握り、旧来型機器の販売に主眼を置いていた日本企業から、市場を完全に奪い取ってしまった。一度死にかけたアップル社を生き返らせ、ビジネスの頂点に立たせたこの成功は、奇跡とも称される。その全てがジョッブスの持つ、新しい時代を見据える先見性、美（デザイン力）や喜びといったエンタテインメント性を重要視し、機能性の高い機器に組み入れ融合させた革新性とそれに基づく新しい生活様式の提案、そしてこれらを可能にした指導力とカリスマ性によっていると考えられる。

ジョッブスは、次の信条に従って、経営を行ったと言われる。

1. 共感：アップル社は、他の企業よりも顧客のニーズを深く理解し、重んじる。
2. 優先度の決定：決断したことをうまく実行するためには、優先順位を見定め、重要度の低いものには手間をかけない。
3. 印象：会社や製品が自ら発する様々な信号がその評価を形成し、価値を創成する。

ジョッブスは、「人間が表紙で書籍を評価するように、たとえ最高の製品、最高の品質、最高に便利なソフトウェアがあったとしても、それを不十分な形で提示すれば、消費者にはその程度のいい加減なものと思われてしまう。しかし、プロフェッショナルでクリエイティブな形で提示するなら、評価してほしいと思う特性を人々に強く印象付け、その価値を十分に認めてもらうことができる。」と述べている。彼は製品開発に当たり、とりわけデザインにこだわり、自分が提案するのは、単なる器械や装置ではなく、それが生み出す革新的な文化や生活様式であることを強調した。

また彼は、自らが開発した新製品を、人々に提示するプレゼンテーションで、独特の才能を見せた。場の雰囲気を掴み、その一挙一動が注目され、そこにいる聴衆やマスコミが、彼の発するメッセージをひとつ残らず聞き漏らすことのないよう、すべての関心を自分に集中させる能力を持っていた。彼にとって、俳優やダンサー、音楽家、スポーツ選手などが大舞台を踏む時のように、プレゼンテーションの場こそ、プロフェッショナルとしての気持ちを奮い立たせる舞台の役割を果たしていたのである。

また、会社経営を行う際に、人事などマネジメントでも、独特の方法で相手を魅了し、瞬時に自分の側に取り込むと言う才能があった。自分が必要とする意中の人を引き抜いて雇用する際には、その人を強く揺り動かす「魔法」を唱えることで知られた。例えば、彼の後をついでアップル社のCEOとなるスカリーをペプシから引き抜く際に、「君は一生、砂糖水を売るつもりか。」と言って、瞬く間に彼を虜にした。後にスカリーは、「ジョッブスは、ビジネスマンというより、ショーマンのようだった。その瞬間のために、一挙一投足、すべてが計算され、練習されているのではないかと感じた。」と語っている。

会社の日々の運営に関しては、何の予告もなしに、自分の感覚のみに従い、突然方向を180度変えることもあり、しばしば従業員を困惑させた。従業員に対して、高い目標を提示し、精力的に優れた仕事へと導くため、理想の上司として評価されることが多いが、方針変更の奔放さと、一見傲慢ともとれる対応により、批判的に捉える人々もいる。しかし、何よりもこれまでの実績が示すように、彼のカリスマ性、人心掌握力、そして商品開発力は群を抜いたもので、誰にも真似のできない、アップル社発展の原動力であった。

次に、2013年時点において、スマートフォンなどの分野で、アップル社と世界市場で覇を競うサムソン社発展の経緯について見てみよう。よく知られているように、1990年代に入るまで、サムソン社は他社（とりわけ日本の家電各社）の後追いを繰り返す、単なる物真似企業として有名であった。その製品に関して言うと、外形は日本製品とそっくりであるが性能や品質は著しく劣り、価格が日本製と比べて安いため、かろうじて日本品が浸透していないマーケットで売り上げを期待すると言う、世界的に見れば2流、あるいは3流とされる企業であった。

転機が訪れたのは、90年代の初頭である。デザインの重要性についてまとめた報告書を読んだ会長の号令のもと、デザインの持つエンタテインメント力をイノベーション創造の源泉と捉えて活用し、工業製品におけるデザイン戦略を積極的に推し進めることにより、消費者の心を掴むことに成功した。今や日本企業はこの分野で、見る影もない存在となっている。その理由として、80年代の成功に酔い、90年代以降製品の付加価値を高めるデザインを軽視し、消費者が求めるものを忘れ、技術が全てであると誤解したことによると考えられている。

かつて日本にも、アップル社のように、イノベーションを創造し続け、常に新しい生活様式を提案することにより、消費者の心を掴むことのできる企業があった。しかし、多くの日本企業は、過去の成功体験から、独りよがりの無益な高仕様化競争や、顧客無視の態度により、ワクワク感、ゾクゾク感の欠落した製品を作り続け、いつの間にか先頭集団から取り残されてしまうことになった。21世紀の市場において、技術的に優れた製品が売れるとは限らず、エンタテインメント性の高い、感触や感覚が良いもの、使いやすいものが爆発的に売れることに気付かなかったのである。

日本には、長い伝統と高い技術力に裏打ちされた数多くのソフト／ハード コンテンツが存在する。これらは、産業戦略さえ正しければ、世界市場に打って出ても十分な競争力を持ち、世界中の人々から求められ、愛される価値を発揮できるものである。残念ながら、これまで日本は、工業国として欧米に追い付き発展していくために必要な、既存産業に対する戦略のみを重んじ、付加価値を尊重し、具体的な物品ではなくソフト製品に意味を置く産業に本腰を入れた政策を打ち出すことはなかった。それが、21世紀になって表出した日本産業全体の沈滞感、出遅れ感を生んだ大きな原因の一つと思われる。

4.1.4 日本における取組

今日東京の六本木一体を中心とする地域において、心の高揚感や満足感を追及し、食、ショッピング、映画、美術、観光などエンタテインメントの発信と、様々な先端ビジネスを融合させた一大拠点を開発し、国内外から多数の人々を集めることに成功している事例が見られる。都内には、国際ビジネスの中心でありながら、多くのエンタテインメントを提供し、多数の人々を集客する拠点が、他にも複数存在する。

また、サイバーエンタテインメントの分野における成功例として、2012年度の売上高が、前年比2.6倍にのぼり、売上高営業利益率が60%にも至る、スマートフォン向けゲーム制作会社がある。売り上げの約90%を、一つのゲームソフトが占めているが、一回限りの成功で終わらないために、国内外で水平展開を進めているとされる。さらに、国外の有力ゲームメーカーの製品と連携するなど、他社との協力戦略により、より広い層の顧客獲得を図ろうとしている。自社や他社のゲーム間でキャラクターを融通し、広告を出し合うことで相互に利用者を誘導するなど、「面白さ」への追及に、大きなこだわりを持ってビジネスを展開している。このように、現在の短期的な成功のみならず、将来を見据えてビジネスそのものをデザイン化することにより、国際的なエンタテインメント企業への脱皮を図ろうとしている。こうした様々な試みこそ、日本が再度活性化するために必要としているものであり、如何にその機会を増やすかが、現在日本の直面する最重要課題と考えられる。

普段の業務において，やる気が持てず、積極的な気持ちが湧かないまま、漫然と目の前に与えられた義務としてこなしていくことは、どの職場でおいても、しばしば見られる現象であろう。しかし、興味を持てない仕事であっても、その中にエンタテインメント性を見出し、熱中して行うなら、遊んでいる時のように、ワクワクする気持ちを、継続的に持てるようになることが期待される。一つの成功が、次の挑戦に結びつき、さらなる意欲や活力を生み出す源泉へと導くことが可能になるかもしれない。

安全・安心が最も重要視される食品会社で、遊び心（エンタテインメント性）を、いたるところに取り入れ、活用して成功を収めている例がある[2]。工場で働く従業員に、失敗しないように「頑張れ」とか、「きれいにしておけ」と言ったとしても、その場限りのこととして終るなら、本来の意味はなくなってしまう。見つけた不都合を改善し、その運動を自主的に継続して行けるかどうかが重要である。

この会社では、人の心理や習性を考えながら、色々なものが見えるようにルール化し、道具立て、名前立てを行い、さらに競争心を刺激することによりチャレンジ精神を持たせるなどして、全員が楽しみながら事態を改善させるという、全社的な活動を継続的に実施している。このように、人間が本来持つ「エンタテインメントを求める心」に働きかけることにより、従業員が活き活きと楽しそうに職場で仕事をしながら目標を達成し、その成果を糧として、毎年業績を向上させている。こうした経営方法は、我国の産業界が現在直面する困難な状況に適合した新鮮で興味深いものの一つであり、長い間成長力の鈍化に苦しんできた我国の企業が再生して行くための、参考になると考えられる。

4.1.5 国や都市が持つエンタテインメント力

一般の企業や個人に限らず、様々な意味で事業（ビジネス）を展開する国や都市にとっても、その活性化には、エンタテインメント力が大きく関わっている。すなわち、国や都市においても、発信力の質と量、そして受信能力の感度とそれに対する応答が、成長力や発展性を大きく左右する。まさに、国や都市が持つエンタテインメント力の評価が事業の遂行能力に影響し、将来の行方を決定するのである。

2020年には、世界最大級のエンタテインメント イベントの一つとされる、オリンピックが東京で開催される。失われた20年の後に、ようやく手に入れたこの世界的イベントこそ、21世紀の新しい日本を形作り、その能力を世界に発信するまたとない機会である。その成否は、既存、あるいは新設されるエンタテインメント／ビジネス拠点を、世界から求められる需要に対応して、如何に充実させ、グローバルビジネスの中心としてイベント終了後に渡って、どれだけ活性化させられるかに強く依存する。東京が、世界最高のエンタテインメント、そしてビジネスの機会を提供可能な都市として、世界中の人々の信頼と確信を獲得するためには、イベントに必要な空間、施設を整えるばかりか、何よりそのマネジメントを支える、グローバルな人材を育成することが重要である。2回目となる東京オリンピックは、21世紀における日本のあるべき姿をより具体的に示すうえで、恰好の舞台になることは間違いない。

既に、「3.2　政治（祭り事）とエンタテインメント」において取り上げているが、ここで再びスイスを例に挙げ、国の持つエンタテインメント力について考える。スイスはヨーロッパのほぼ中央にある厳しい山岳地帯に位置し、大国の狭間にあって、産業のための自然条件にはそれほど恵まれていない。しかしながら、周りの国々と比べ経済的に豊かで、国際的に認知度の高い国である。主な産業は、金融業や高度な技術力に支えられた食品業、製薬業、そして高級時計に代表される世界的なブランド力を誇る精密機械工業など、付加価値に重きを置く分野である。このように、スイスは自らが持つエンタテインメント力を最大限発揮し、合理的に計算された戦略に基づき、独立独歩の道を歩むソフトパワー国家である。

スイスの経験や知略を、日本にそのまま適用することはできない。しかし、少なくとも国民生活のさらなる向上のためには、国家戦略、外交戦略としてエンタテインメント力をはじめとして、様々なソフトパワーの充実を図り、知性としなやかな共生に重きを置く高度文化国として、日本の国際社会に占める地位と認知度を高める努力が必要と考えられる。

今後日本が、高品質の生活に裏打ちされた先進文化国として国際社会で発展していくためには、古より独自に持つ、様々なジャンルの技術や文化を深く掘り下げ、その価値について分析し、融合し、また再結合するなどして、新たな価値を創造し付加価値を高める以外に方法はないと考えられる。日本が先進工業国としてのみならず、先進文化国として高品質で豊かな生活を提供することにより、世界から尊敬と賞賛を受ける国となるためには、文化を尊び付加価値創成と高度化を重要視する産業、すなわちエンタテインメント産業を、効率的に育成していくことが何にも増して必要と思われる。

4.1.6 グローバルビジネスのマネジメント

マネジメントにおいて、エンタテインメントの概念を如何に理解し、活用して行くかは、21 世紀のグローバルビジネスにとって、必須の課題である。既に序論で述べたように、エンタテインメントの基本行為の一つとして、「権力を持ち、それを行使する行為」がある。具体的には、マネジメント（経営あるいは統治）全般、例えば予算、人事などの運営全般に関する決定権の行使であり、それは個人、法人や政府に関わらず、事業（ビジネス）を実施して行くうえで、その形式を問わない。こうした権力を使うことができるのは、それを任された一握りの指導者に限られる。個人の場合なら、そうした権利を自分自身のために使用できる立場にある人（例えば自由業や自営業）、企業のような法人の場合なら経営者、政府の場合なら選挙によって選ばれた政治家、および政府などの公的部門に勤務し、権力の行使を預託された一部の公務員ということになるであろう。

これらの人々は、マネジメントを効果的、また効率的に進めていくうえで、従業員や国民など、その影響下にある人々から、同意そして共感を得なければ事業を遂行することはできない。そのためには、自らが時代を切り開く指導力を発揮し、対象となる事業に物語性を持たせ、具体的なイメージを提示しアイコン化を図るなどして、誰でもが理解できる判り易い説明を行わない限り、決して成功は得られない。こうした時に、強いメッセージ性を持つコミュニケーション手段の一つであるエンタテインメントは、様々な意味で、極めて重要な役割を果たす。

このように、エンタテインメント力は、マネジメントを成功させるために欠くことのできない要素である。エンタテインメントの基本となる感動や共感、そしてその連鎖は、人間（ホモサピエンス）であれば、人種、文化、年齢、地域などに関わらず、誰でもが共有する部分がほとんどである。しかし、生後人間が置かれた環境（文化、気候など）によって左右され、教育や習慣などに大きく依存する部分もかなりある。

人々の幸福感や満足感は、環境や社会的な背景で異なり、文化、地域、歴史など様々な要因に依存する。マネジメントを行う際に最も重視するべき点は、衆愚政治に陥らない範囲で、できるだけ感度よく人々の求めるものを理解し、合理的な方法に基づいてなるべく多くの人々を満足させる決断を下し、それを速やか、かつ果敢に実行することであろう。

4.1.7 おわりに

著者は、かつてアメリカに本社を置く多国籍企業に籍を置いていた。この会社は、電子計測システムを用いた構造物の検査・評価技術に関わるハードウェアやソフトウェアを供給し、またそれを用いた検査や評価業務、そして総合エンジニアリングなどの高度技術を世界市場に提供している。同社は、1978年に設立されたベンチャー系の企業で、およそ30年後の2009年にニューヨーク証券取引所に上場し、本来の企業設立の目的を果たすことが出来た。ここ10年余りの間に上場されたIT系企業に比べると、上場までに数倍程度の期間を必要とした。これはIT産業に比べ、この分野における市場の成長速度が、かなり小さいことに起因している。

国際的に有力な資本市場に上場という、起業家としての成功を収めたCEOは、口癖のように次のことを言っている。“Have fun, doing business! Unless you have fun, you will never be successful in business.”「仕事を楽しめ！楽しめないようなら決して成功しない。」。この言葉こそ、ビジネスの本質が、エンタテインメントと一体のものであることを明確に表している。

国や都市、企業を問わず、21世紀型ビジネスを成功させるには、エンタテインメント力をいかに磨き、発信し、また応答するかが大きな鍵となる。これはまさに、俳優、ダンサー、音楽家、スポーツ選手達が自分の舞台で観客にメッセージを発信し、それに共感した観客からの応答に対してさらに応答すると言う、正のエンタテインメント活動の連鎖を、最大限重視することと同じである。

20世紀の成功を象徴する従来の日本型モデルは、企業が社員に明確な目的とその成功報酬を提示し、社員同士の家族的人間関係、自己犠牲の精神、非個人主義、合議制、会社主義、すなわち一言で言うなら個人が持つ主権の会社への一方的委任に基づき、会社と社員が一丸となって同じ方向へ進むことで効率的なビジネス環境を作り上げ、世界市場で成功を収めるというものであった。しかしながら、21世紀に必要なモデルは、エンタテインメント力を基礎に置き、指導者の強いリーダーシップとそれに呼応する社員の共感と共有による、全員参加型のビジネスに他ならない。そこでは、公開可能な情報は基本的に全て公開され、意見表現の自由が保障され、個人主義とグループ主義のバランスがとれていなければならない。そうして初めて、自主的活動、喜び・感動の共有、そして個人が持つ主権の尊重が達成され、関係者全てがエンタテインメントを感ずることができるようになり、その参加意識と達成感を原動力として目的を完遂させることが出来るようになると考えられる。

東京六本木に存在する、あるゲーム開発会社のオフィスには、人工的に作られたアメリカの街並みが存在すると言われる。ゲーム開発などの創造的（クリエイティブ）な仕事を進めるには、若くて極めて優秀な人材が多数必要である。そうした人材を集めるには、彼らを満足させる「遊び心」がどうしても要求される。ゲーム業界における競争力は、開発要員の能力に依存する度合いが非常に高い。有能な人材を集めるうえで、従業員が楽しく快適に働ける環境、すなわちエンタテイメントが欠かせない。

21 世紀の経営者に必要とされる要件の一つは、個人個人の能力を十分引き出すための動機を各人に与え、共に働くことの喜びを仲間全員に共有してもらい、共感できる環境を提供することの出来るマネジメント能力である。もう一つは、グローバル市場において、消費者の嗜好を十分に理解し、市場が求める価値を予め予測し、それを最高のタイミングで供給するという戦略的な決断ができる判断力である。いずれもが、「エンタテインメント」に直接的、あるいは間接的に強く関連するものであり、その本質を理解しない限り、21 世紀型のグローバルビジネスを遂行していくことは不可能と考えられる。

今日、ビジネスを進めるうえで、指導者が仲間に与える感動と、それに呼応して起こる共感の連鎖こそ、マネジメントが成功していることの証しとなる。とりわけ、文化的な背景が様々に異なる人々が協力して行うグローバルビジネスにおいて、各人各様のエンタテインメントを考慮した環境が極めて重要であり、それを育む工夫と努力が常に必要となる。

4.2 サイバーエンタテインメント

4.2.1 サイバー空間におけるエンタテインメント

エンタテインメントは、地球上に住む生物の中で、人間のみが持つコミュニケーション手段の一つである。人間は、原始の時代からこの特殊な能力を、絶え間なく発展させて来た。エンタテインメントに深くかかわる基本要素は、コミュニケーション力である。自分が感動しそれを他者に伝え、それを共有した者がさらに別の他者に伝えるという、感動と共感の連鎖こそエンタテインメントが持つ最も重要な本質の一つである。エンタテインメントは、感動や共感という心理作用に由来する。それ故、たとえ近年になって急速に発生・発展した仮想（サイバー）空間にあっても、感動や共感を与えるものであれば、実空間と同等なエンタテインメント事象として認識されるとみなすのが妥当である。

20世紀末に登場したインターネット、そしてこの10数年あまりの間に登場し、爆発的に発展したFacebook（FB）などに代表されるSNSは、誰もが持つ、「共感したい、共有したい、参加したい、知りたい、知って欲しい、繋がりたい」という欲求を満足してくれる、新しいエンタテインメント媒体・システムである。実空間に存在する従来型ネットワークとの相違は、言うまでもなく、相手が直接目に見えないサイバー空間におり、実際に触れることができない、仮想の世界に存在することである。もう一つの特徴は、従来型ネットワークでは、互いにやり取り可能な人数に制約があり、構築可能なネットワークの大きさに制限があるのに対し、インターネットやSNSではこうした制限が無く、互いの合意があるなら、ネットワークに所属する仲間の数を、理論的には無限大にまで拡大できることである。このことは、互いに見たことも会ったこともない者同士であっても、サイバー空間を通じて多数の疑似的な友人関係を構築し、仲間意識を醸成しながら様々な人間関係を容易に形成し、情報を共有できることを意味している。

実空間とサイバー空間には、さらにいくつかの大きな違いがある。その一つは、人間の存在する実空間でのエンタテインメントにおいて、感動や共感は、言葉、目、仕草など人間同士の相互表現により、直接的な触れ合いを通じてなされるのに対し、仮想空間では大小のモニター画面を通じて行われるという点である。モニターは機械であり、そこを通じてなされるコミュニケーションは、生身の人間が行うものと異なり、単なる信号を入出力する装置を通したやり取りに過ぎない。したがって、伝えることのできる情報の量と質には、実空間の場合に比べ大きな差がある。例えば、情報のやり取りの過程で、それに関わる人間の意図が意識的、あるいは無意識的に反映され、極端に強調されたり、矮小化されたりと言うように、何らかの操作が組み込まれる場合や、機械が持つ性能の制約により、本来伝えたい情報が正確に伝わらず、歪曲あるいは無視されてしまうということも起こり得る。今、日本の映画市場を見た場合、10年前は70%以上が外国映画であった。しかし、現在は30%程度にまで落ち込んでおり、その理由として外国映画で多用されるCGなど真実味の薄い画像が観客に飽きられているのではないかとの指摘がある。まさにこれこそ、現実味の少ない仮想空間での出来事が、現実に生きる人々から共感を得ることのむずかしさを示す一例とも考えられる。

サイバー空間は、仮想世界であるが故に自由度が大きい。したがって、ある意味で夢・想像を任意に育み、発展させることにより、自分が主役になったかのような感覚を、誰にでも起こさせる機会を提供する。だからこそ、多くの人々が受け入れ、爆発的な発展を見た。しかし、実空間ならプロフェッショナルのみが味わえる夢の世界である舞台（創造物）を、普通の人々に対して、まるで自分自身が作り上げた舞台であるかのような錯覚を起こさせ、しばしば誤認識を起こさせる原因ともなる機能である。ここで気を付けるべき点は、サイバー空間の出来事は、あくまで現実と仮想が混在したものであり、自分が生きる実空間そのものではないという事実である。

4.2.2 サイバーエンタテインメントの問題点

今日多くのインターネットやSNS愛好家が、仮想の夢空間にのめり込み、自らが住む実空間と見分けがつかない状況に陥ることにより、社会問題になる場合さえあることが報告されている。プロフェッショナルが提供する実在の夢空間には、必ず終わりがあり、それを迎えると誰もが実世界に戻らなければならないことを知っている。それに対し、サイバー空間では、しばしば夢と現実の区別がつかず、終わりを自覚することができないという問題が発生する。これはあたかも、薬物が疑似ドーパミン的効果を及ぼし、脳内の報酬系に混乱を及ぼし、快感を求め続けることにより中毒症状を起こすことに類似している。近年報道される、ゲーム中毒、インターネット中毒、FB中毒などがこれに対応するとも考えられる。

2013年8月1日に、厚生労働省の研究班が公表した調査結果によれば、携帯電話やパソコンに没頭する「インターネット依存」の中高生は全国で推計41万8千人にも上るとのことである。依存が強いほど睡眠時間が短くなる傾向が判明しており、ネット依存が健康に与える悪影響について、警鐘が鳴らされている。中高生が最も多く使うサービスは、情報やニュースなどの検索、動画サイト、メールなどであり、ネット使用者の60%程度が利用している。続いて、SNS、ブログが30%程度を占め、またチャットやオンラインゲームは20%程度となっている。報告書には、「既にネットを使用することは若者の文化になっており、健康的な使い方ができるように指導や教育をしていく必要がある。」と記されている。

さらに、2018年の初頭、世界保健機関（WHO）が、オンラインゲームやテレビゲームのやり過ぎにより、日常生活が困難になる症状を新たな疾病として定義し、WHO

の「国際疾病分類」に加える見通しであることが報道された。スマートフォンの普及などに伴い、ゲーム異存は日本のみならず各国で問題化しており、WHO は新たな疾患とすることで、各国政府が予防や治療、患者の社会復帰などの対策を進める際に有益であると期待している。

4.2.3 サイバーエンタテインメントの可能性

このように、未解明で複雑な、多くの問題を抱えているにもかかわらず、ここ10数年余りの期間に人類が作り上げたインターネットやSNSで代表されるサイバー空間は、多くの利便性、有用性、そして何にもまして大きな将来性を持っている。だからこそ、人類の将来に希望と可能性を与える、素晴らしい道具になると期待される。ここで、サイバー空間が提供する優れた特徴を列挙するなら、

・誰もが自由に利用可能
・迅速、且つ積極的なコミュニケーション（情報伝達）手段の提供
・過去や未来との自由意思による出会いや遭遇
・個人やグループ間における自由で任意な表現手段の提供
・情報共有の自由と任意性
・隠れた才能の発見と発掘
・時間や国・地域を選ばず、いつでもどこでも利用可能
・参加する不特定多数参加者の一体感の醸成
・共感に対する自由で任意の意思表示（例えば、FB における「いいね」の表示）
・無料、もしくは極めて安価にサービスや機会を提供

こうした、インターネットやSNSが持つ特徴を表すキーワードは、「自由」と「任意性」である。サイバー空間が取り扱うのは、ありとあらゆる情報コンテンツであり、近代化された民主社会であれば、情報は基本的に誰もが発信したり受信したりできる状況にある。すなわち「自由」と「任意性」が、民主的な社会システムの原則となっている。こうして、毎日大量に供給され消費される情報は、たとえ政府であっても制御することが難しく、いったん発信された情報は世界中に様々な形で伝わり、受け手となる個人の自由な解釈と判断により、予想もつかない二次的・三次的作用を引き起こすことがある。こうした行動は、例えば「アラブの春」として知られているように、しばしば大きな政治的運動を誘引し、一国の政治体制さえ変革する力を持つ。

近世に至るまで、エンタテインメントのほとんどが、特権階級に属するものであった。しかし、サイバー空間における主役は、誰でも容易に入手、発信できる情報と、それを道具として駆使する人間である。したがって、サイバー空間の発達により、人類史上初めて、特権階級や指導者階級以外の人々が、新たに人間が築き上げる文化的遺産の創生・創造に、最初から直接関与できる機会を与えられたと言っても過言ではない。現代社会において、人類全体が、年齢、性別、貧富、人種、文化的背景などに関係なく、ほぼ平等に自らの創造性を発揮し、新たなエンタテインメントを創成できるという、またとない機会を与えられたのである。

具体的な例を挙げるなら、誰でもが参加できる動画投稿サイトが、最新のエンタテインメント媒体として、大きな注目を浴びている。例えば、日本の素人ダンサーが、サイトで話題となった曲に、自ら様々な振付をして踊った動画を繰り返し投稿した結果、これまでに1200万回も再生され、国内のみならず国際的にも大きな共感と反響を呼んだという報告がある。また、ヴァーチャル合唱団が、アメリカに住む作曲家によって結成され、世界中に住む個人音楽愛好家が参加することにより、数千人もの歌い手で構成される合唱が行われ、それがさらに共感を呼び、成長し続けているという例がある。さらに、日本に住む外国人が、自ら興味を持った日本文化に関する投稿を継続的に行い、それに対して世界中にファンが生まれ、外国に住む多くの人々に日本を知ってもらう良い機会となっていることなどが報告されている。こうしたネットエンタテインメント（コミュニケーション）は、サイバー空間が持つ特徴、すなわち同じ高さの目線でものを見る平等性、双方向性、同時性、関与の自由と任意性にその基盤を置き、日々発展を続けている。

4.2.4 サイバーエンタテインメントの課題

サイバー空間が扱うのは、様々な有用情報、無価値（不用）情報、個人情報、社会情報、機密情報、有意な統計的資料を内包するビッグデータなどである。こうした情報は、使用法さえ正しければ、人間に限りない恩恵をもたらす可能性がある。しかし、一歩間違えれば、以下のような様々な問題を引き起こすことも事実である。

・一方的な情報発信に起因する弊害
・個人情報の無許可使用によるプライバシーの侵害
・信憑性の欠落（偽情報やデマ、あるいは無責任情報の発信）

- 虚実判定の困難さ（情報の品質のバラツキ、情報過多や洪水）
- 人間同士のコミュニケーションの欠落に起因する人間性の喪失
- SNS ゲーム依存症
- 情報の一方的採取とその無許可利用
- 悪意に基づく利用（サイバー攻撃、他者攻撃）
- 自分のコミュニティーに属さない他者への非寛容性（いじめ）
- 異質文化や思考への非寛容性（差別）
- 相互間の過剰な情報提供や干渉
- オン、オフや、所在地、友達関係の解除、非解除、あるいはメッセージの既読、未読などの自動送信による個人情報の一方的流出
- 繋がり喪失に起因する恐怖感の醸成（一人で考えるべき時間の喪失）
- 公私混同
- 機密情報の漏洩

以上に掲げた問題の大部分は、サイバー空間が持つ最大の特徴である「自由」と「任意性」に何らかの関連性を持ち、そこから派生したものである。我々はサイバー空間において、基本的に「自由」と「任意性」を好きなだけ無意識に享受することを期待している。しかし、一歩使用法を誤るなら、それによって失う代償が非常に大きくなることを、常に自覚しなければならない。

サイバー空間では、自分の属するコミュニティー内で、見掛け上相手の情報を全て得られたかのような錯覚を生じさせる恐れがあるため、事実を認識する機会も能力も失ってしまう可能性がある。ここでは、実際に起こっている事実が判然としないために、任意の想像力が勝手に働き、結果として真の想像力を喪失してしまうと言う欠点もある。また、サイバー空間に表示されたデータのみが真実かつ全てであると誤解することにより、事実の誤認を容易に生じさせる場合がある。このように、人間が新たに創造したサイバー空間は、「自由」と「任意性」と言う優れた特徴により、無限の可能性を提供する。しかし、そうであるが故に、多くの問題点を新たに発生させてしまうという逆作用もある。

例えば、「FB を利用する若者は、状況をチェックすればするほど、友人たちの日常の方が素晴らしく思え、気分が落ち込み悲しい気分になる。」というような研究結果が、米ミシガン大学の研究チームにより発表されている。FB は表面上、社会と繋がりたいという、人間の基本的な欲求を満たしてくれる貴重な道具に思えるが、使用

者の幸福度はむしろ低下している可能性があると警告している。この調査によれば、多くの人が「FB を利用した後、気持ちが落ち込んだ」と答え、利用頻度が増えるほど、生活における満足感が下がっていたことが判明した。研究チームではその理由について、他人の生活と自分の生活を比べ、他人の生活の方が自分より楽しそうだと感じ、落ち込んでしまうと分析している。これとは逆に、実際に人と会い、交流した使用者は、その実像を見ることにより、気分が良くなっていた。

一方、知らない人から友達申請が来るのを煩わしく感じ、既に知っている人だけの閉じたコミュニティー内におけるコミュニケーション手段として、チャットアプリケーションが、最近大きく成長している。こうした動きも、開かれた系として存在する従来の SNS が抱える問題点を解決するための、一つの対応策と考えられる。

サイバー空間を利用するのは、あくまで人間である。この新しい道具は、まだ登場して 10 数年あまりしかたっておらず、使用法に関するルールも確立していない状況にあると言える。現在、サイバー空間を形成する中核技術として、クラウドコンピューティングが凄まじい勢いと速さで発展しつつある。様々な意味で、クラウドコンピューティングの安全性は、現時点で決して確保されているわけではない。10 年前には、現在の SNS の状況すら全く予想もできなかった。同じように、クラウドコンピューティングに基礎を置くサイバー空間の未来も、全く予想できない状況にある。場合によっては、将来プライバシーの基本が、全く変化してしまう可能性すら考えられる。したがって、今後サイバー空間を利用する何十億人もの人々が知恵を出し合い、その利用法に関する適切なオペレーティングシステム（OS）やルールを、試行錯誤しながら確立していくことが極めて重要と考えられる。

4.2.5 サイバー空間利用の現状と将来

現在日本、そして東アジアの若者を引き付け、熱狂させるエンタテインメントグループに、AKB48 とその派生グループがある。その成功の原理は、従来のメディアと並行して新たなメディアとなったサイバー空間を巧みに組み合わせて有効利用するプロデュース力にあると思われる。成功物語は、毎年のように CD 売上トップ 10 の上位を独占し続けることや、2005 年に秋葉原の小さな劇場でたった 7 人のお客を前にして始まった活動が、2013 年には総選挙と言う形で、7 万人もの観客を動員したという事実で語られる。

AKB48は、何故これほどの成功をおさめることが出来たのであろうか。グループの構成員は、決してプロフェッショナルとして独り立ちできるほどの技量をもった歌手、あるいはダンサー達とは限らない。一方、それなりの訓練を積んでいることから、全くの素人でもない。したがって、ファンにとっては、遠からず、近からず、手が届きそうで届かない、それでいて親しさを感じさせる、極めて微妙かつ巧妙な距離感をうまく保っている。彼らは、ファンが求めるものすべてを与えることは決してせず、常にある程度の欲求不満状態に置く。そのことがさらなる追っかけを生み、人気を保つための原動力として働いている。また、新たに編み出した握手会や総選挙などの仕組みは、様々なイベントを、一方的な情報発信から双方向コミュニケーションの場に変え、参加型、触れ合い型へと導くことにより、身近に感ずるエンタテインメントを創出した。そして、ファンとタレントが共に成長する楽しみを提供し、エンタテインメント エネルギーを効率的に掻き立てている。

当初は7人しかいなかった観客も、秋葉原と言うサイバー空間に基盤を置く潜在的信望者が多数出入りする地の利を得て、サイバーネットワークを通じて徐々に知名度を高め、やがてはファンクラブの設置などにより、爆発的な広がりを見せた。統計データによると、AKB48のファンは、10代～40代の男性がおよそ80%、さらに様々な年代の女性ファンや子どものファンも、合わせて20%弱は存在することが明らかになっている。これからわかることは、ファンの大多数はサイバー空間に最も慣れ親しむ比較的若い世代の男性であり、最近では女性のファンも増え始めているということである。この事実から、サイバーエンタテインメントの特徴を最大限利用し、ファン獲得を極めて有効に進めて行った過程を垣間見ることができる。

グループの持つ大きな特徴は、構成員数が多いことである。多人数であれば、ファンは好みのアイドルを、ほとんど間違いなく見つけ出すことができる。こうした選択肢の多様性により、ファンが自分の好みのアイドルを育て、盛り立てる機会をうまく提供し続けていることも、成功の大きな秘訣であるように思われる。まさにこれこそ、サイバーエンタテインメントの持つ双方向性をうまく利用し、参加型イベントをより身近なものとして盛り上げることに成功した事例であろう。

大きな話題を集める「総選挙」は、ファンが納得する方法による主役の交代でグループの新陳代謝が図られ、グループ内の競争が生まれ、構成員の技量の向上が自然と促される機会を与える。また、毎回の選挙結果がいったいどんな方向に進むのか、皆目見当がつかないという意外性（ワクワク感、ドキドキ感やハラハラ感）、すなわち筋書きのないドラマと言う、スポーツとの類似性を持つエンタテインメントを提供する。

さらに、ファン獲得に有力と判断される地域に類似のグループを次々に創設し、地域密着型のファンクラブを作って地域間の競争を煽ることで注目度の増加が図られる。現在ではファン層の中核をなす 10 代～ 40 代のサイバー空間型男性の他に、女性や親子のファンを巻き込んでさらにマーケットを拡大し、全員参加型のお祭りを開催することで、大きな注目と関心を集めている。そして、こうした活動を、国内ばかりに限らず、インドネシア、台湾、中国など広くアジア文化圏諸国に展開しつつある。

AKB48 の持つエンタテインメント性の特徴は、鍛え抜かれたプロフェッショナルの持つ凄さではなく、どこか危うい素人くささの残る、幼さ（幼児性）にあるように思われる。日本が提供するエンタテインメント コンテンツであるクールジャパンに共通する特徴として、一見プロフェッショナリズムとは相いれない、幼児性、素人くささを売り物にしている点がある。これは、これまで日本が最も得意とし、世界に大いに受け入れられて来たアニメーションの世界にも通ずるものである。AKB48 においては、さらに多くのファンを獲得してビジネスを発展させるために、幼児的なエンタテインメント性を残しつつ、プロフェッショナルへの階段を一歩一歩上る姿を見せることにより、身近な存在と感じさせるなど、極めて巧妙に計算された戦略が用いられている。

京都で今日まで伝えられる日本伝統文化の一つに、舞妓がある。その始まりは、およそ三百年前とされ、八坂神社の門前町である祇園で、お参りする参詣人にお茶をふるまうために水茶屋で働いた、10 ～ 20 歳程度の若い女性達が起源と言われている。時代の流れとともに、やがて酒食の席で舞うなどして芸を披露するようになり、エンタテインメントの場を盛り上げ、彩りを添えるために、なくてはならない存在となった。近代にいたるまで、小学校教育を終える 12 ～ 13 歳程度（現代では義務教育を終

現代の舞妓さんと女将

える15～16歳）になると置屋に直接住み込み、置屋が提供する疑似家族の庇護のもと、年功序列が厳しく支配する特殊な伝統社会の中で芸事のほか、祇園の習慣や言葉の修行に励む。やがて20歳前後で、舞妓から一人前の芸妓へと、独り立ちする仕組みとなっている。

舞妓として過ごす修業期間は、古より伝統的に12歳～成人程度の年齢であり、これはAKB48の構成メンバーの年齢層とほぼ一致している。したがって、素人くささを残したまま、その成長過程を売り込むAKB48は、ある意味でこうした舞妓システムの要素を、現代化して取り入れたエンタテインメントとして機能していると言っても過言ではない。舞妓の支援者が、限られた人々を対象としているのと異なり、AKB48はサイバー空間を通じて、参加者を広く一般の人々にまで拡大し、大衆化した。このように、日本の伝統的価値を受け継ぎながら、サイバー時代の新型舞妓システムを体現し、大成功をおさめているのは、今後のエンタテイメントの発展を考えるうえで、たいへん興味深い。

4.2.6 日本型エンタテインメントの特徴

日本のエンタテインメントが持つ幼児性と言う特徴は、現在世界に流行するクールジャパンに限られるものではなく、伝統芸能・芸術として名高い歌舞伎の世界にも見られる。阿国歌舞伎から始まる歌舞伎には、歴史的に上方歌舞伎と江戸歌舞伎の2つの伝統がある。両者の一般的な特徴はそれぞれ、上方歌舞伎は「和事、色事、色っぽさ」であり、また江戸歌舞伎は「荒事、童心、幼心（例えば稚児の幼さ、可愛さ、色っぽさ）」であると言われる。とりわけ、江戸歌舞伎の荒事の本質が、夢想と現実のどちらともいえない荒唐無稽な世界、すなわち童心、幼心に強い関連性を持ち、その中に潜む可愛さ、何ともいえない色っぽさ（これは例えば稚児の可愛さに通ずる）を、舞台上で実現し、我々が現実では味わえない世界を提供することであるとの説がある。3歳程度の幼児は、夢とも現実ともつかない夢想の世界に住むと言われるが、大人にとってもエンタテインメントの一つが、自分が既に失ってしまい、現実には手に入れることができない、こうした非現実性、童心、無邪気さに代表される舞台上の夢の世界であることは、容易に理解できる。上方、江戸歌舞伎の両者に共通しているのは、エンタテインメントの本質の一つを成す「色っぽさ」であり、上方ではそれが男女のむつみ合いとして表現され、江戸では幼さや童心からくる可愛さ、色っぽさであると言われている。

このように、アニメーションや、コスプレ、様々なSNSゲーム、芸能など、クールジャパンの中核を成すかなりの部分は、ある意味で日本が伝統的に発展させ、得意分野とする荒唐無稽さを楽しむ幼児性に関連したものであると考えられる。幼児性は、既に日本やアジア諸国では大いに受け入れられている。しかしながら、文化的背景の異なる西洋諸国など、その他の地域でそのまま歓迎されるかどうかは未だ不明である。しかし、日本のアニメーションなどは、クールジャパンの代表的存在として、世界中ほとんどの国で、大きな人気を得ているという事実がある。日本発の幼児性に基づくエンタテインメントは極めてオリジナル性が強く、ある意味では現代におけるジャポニズム発信の核ともなり得る潜在力を持っている。

サイバー空間において、日本的特徴が十分なエンタテイメント性を提供し、世界中の人々が受け入れてくれるものなら、ビジネスとして大成功を収める可能性はいくらでも期待できる。かつて、19世紀の後半に、ジャポニズムがヨーロッパを席巻した。今日、荒唐無稽さや幼児性を基とする日本発のエンタテインメントが、新たなジャポニズムとして世界の人々に迎え入れられ、大きな成功を収めることが大いに期待される。サイバー空間は、活用法さえ間違わなければ、そのための極めて有効な手段になることは、間違いないと思われる。

一方、日本には伝統と技術に裏付けられた、真の意味でプロフェッショナリズムも多く存在する。和食や各地に残る優れた伝統職人による工芸、伝統芸能などの素晴らしさは、幼児性とは全く無縁なものであり、成熟した知識と知性、そして感性を持つ大人が感動し共感する様々なコンテンツを提供する。これらは、発信の方法さえ正しければ、世界的なブランドにもなり得る潜在力を持っている。そして、何よりも日本には伝統的なサービス精神に支えられた世界に誇るべき「おもてなしの心」というソフトウェアが存在する。サイバー空間を利用して、こうした成熟した文化から成るコンテンツを発信し続けることは、クールジャパンの幅を広げ、日本の持つエンタテインメント力を高めるうえで、大いに有効であるに違いない。最善の戦略に基づき、サイバー空間を最大限有効利用し、日本が持つ独自のコンテンツを世界中に広める努力を続けることが、人類の文明を支える石油、天然ガスなど化学エネルギー資源をほとんど持たない日本が世界の中で存在感を高め、さらに尊敬される文化国家として発展していくための唯一の方法と考えられる。

4.2.7 仮想空間と実空間の融合

サイバーエンタテインメントに対する期待には、非常に大きいものがある。しかし、エンタテインメントが、発展を続けるサイバー空間のみに存在するようになることは、将来的に決してあり得ないであろう。なぜなら、我々が住む実空間における、人と人との心の触れ合いや感動、共感、そしてその連鎖こそが、人間が本来築き上げてきたエンタテインメントの本質だからである。

近年、サイバー空間を主な活躍の場とする、漫画、ゲーム、アニメーションなどのコンテンツビジネスにおいて、キャラクターの競争力を高め、確実に収益を上げる手段として、原作の舞台公演（ライブ）が増加している。普段はサイバー空間の中におり、触れることのできないキャラクター達に、劇場という現実の空間を提供することにより、同じ空気を吸い、その存在を確認し、より大きな感動と共感を得られる機会をファンに与えて、ビジネス上の競争力を高めようとの狙いがうかがえる。例えば、もとは女性向けのゲームとして登場した物語をミュージカル化し、その舞台公演を行うことで多数のファンを呼び込み、関連グッズの販売促進を図るなどの試みが大成功を収め、高い収益を上げている。

人気漫画やアニメーションの舞台化は、以前からあったビジネスモデルの一つである。しかし、近年この動きが急増し、観客動員数は2011年に比べ、13年には3倍に増加したとの報告がある。こうした状況を生んだ背景には、ゲームや漫画など、コピー可能なものはやがて飽きられ、価値が薄れる運命にあるが、可視化された好みのキャラクターと、劇場で同じ空気を吸い、空間、時間を実際に共有する機会は、何物にも代え難い喜びと感動をファンひとり一人に芽生えさせ、再度その体験を繰り返したいという願望が、継続的なビジネス機会を与えるからであろう。サイバー空間に存在する仮想のキャラクターを、舞台上で現実化するこうした試みこそ、サイバーエンタテインメントと、劇場の実空間エンタテインメントを融合させるものであり、未来のエンタテインメントの在り方を示す、良い例になると考えられる。

< 参 考 文 献 >

(1) Steve Jobs I, II：Walter Isaacson（井口耕二訳）、株式会社講談社、2011年10月24日発行

(2) エンタテインメントで職場活性化"縁もゆかりも一期一会の三島食品を事例として"：標準化と品質管理、日本規格協会、Vol. 66、No. 11、pp. 2 – 27、(2013)

第5章

終　論

5.1 エンタテインメントに依存する社会

経済状況を示す指標の一つであり、企業の実力を反映する株式時価総額を見ると、世界のベスト5は、アップル、アルファベット（グーグル）、マイクロソフト、アマゾン、フェイスブックとなり、その額は50～90兆円（2017年7月末時点）に達し、アメリカの先進IT企業が上位を独占している。これらの企業は、ありとあらゆるデータの採取・解析・評価を最も効率的に実施し、ビジネスに有効なシステムを設計・構築・確立することにより、他国企業の追随を、全く許さないほどの経営的実力を有するに至った。彼らが扱う業務の多くが、人々の心を掴み、楽しみや喜び、利便性を提供するための情報収集、データ解析、ビジネス活用であり、エンタテインメント産業に深く関係し、その範疇に入ると言ってもいい過ぎではない。脳科学、心理学、認知科学、教育学、行動経済学、そして人間の遊び行動などに関する知識を総動員し、科学的データ解析を行うことにより、極めて効率的で収益性の高いビジネスを展開している。

かつては世界トップ10の座を狙う立場にあった、売上高、利益とも最高水準の日本企業ですら、最近の情勢を見ると株式総額は約20兆円程度に留まり、世界ランクで45位に位置している。また、アメリカの代表的メーカーであり、かつて常にトップ10に入ったGE社も、そのランクは22位（25兆円）となり、IT企業に比べ、伝統的製造業の停滞が顕著となっている。これは、21世紀以降、ディジタル通信・情報技術の急速な発展とともに、人々の求める経済的価値が、モノから情報・データ、そこから創造されるエンタテインメント的な付加価値へと、急激に変化したことを端的に物語っている。

近年、経済、経営、金融、マーケッティングなどの分野で、ビッグデータという用語が頻繁に使用されるようになった。古くから大量のデータを取り扱っている科学技術において、データは目的を明確に定め、理論的裏付けや推測を基に採取されるのが一般的であり、専門用語として「ビッグデータ」が用いられることはほとんどない。しかし、経済、経営、マーケッティングなどで、今まであまり注意が払われてこなかった、例えばIT（サイバー空間）で得られる多様性と複雑な構造を持つ大量のデータから、何らかの有意な情報を得るために、統計的処理を施して特徴を抽出（Feature extraction）し分析するなど、科学的手法（データサイエンス）の適用が進みつつある。そこから得られる様々な情報は、人間個々の行動様式や、それらを総合した社会的反応や行動に大きな影響を及ぼす力を持ち、もはや個人や社会がこうした21世紀に生まれた新しい技術への依存を断ち切ることは不可能である。それゆえ、現代そして未来はエンタテインメント的要素に強く関連する情報・データに支配され、依存する社会であると見なしても、大きな間違いではないと思われる。

5.2 日本の優位性と課題

日本には、長い伝統と高い技術力に裏打ちされた数多くのソフト／ハードウェアコンテンツが存在する。これらは、戦略さえ正しければ、世界市場に打って出ても十分な競争力を持ち、世界中の人々から求められ、愛される価値を発揮できるものである。残念ながら、これまで日本では、工業国として欧米に追い付き、発展していくために必要な既存産業に対する戦略のみを重んじる傾向が強く、新しく付加価値を発見・創生したとしても、それを尊重することが少なく、具体的な物品ではなくソフトウェア製品に重きを置く産業、そして文化の育成や振興に、あまり努力を払って来なかった。

日本は、近代科学技術のほとんどを、欧米先進国と共有する先進工業国である。それにもかかわらず、文化や社会的制度は、欧米諸国と異なる、極めてハイコンテクスト（共有性が高く、伝える努力や技術がなくても、お互いに相手の意図を察しあうことで、言語を用いずに無意識的にコミュニケーションが可能な社会構造）な日本的特徴を持つ国・地域である。ここで、日本のハイコンテクスト社会に基づく優位性と、課題を列挙してみる。

(1) 優位性：現場主義、緻密性、進取性、先進性、好奇心、潔癖主義、完全主義、職人気質、豊かな感性と勘、オタク精神、和の心（チームワーク）、おもてなしの心、教育重視の精神

日本の持つ優れた特徴は、上述した言葉に象徴される、真摯な探究心と協調心に裏付けされた完璧なモノづくり、そしてサービスの精神である。日本人の持つ職人気質は、どの国にも見られない緻密で美しいモノを造り続けている。また、「おもてなしの心」に代表される和の精神は、日本の持つ美徳であり、今後経済的に重要性の増すインバウンドビジネスを発展させていくうえで、世界からの旅行者を引き寄せるため

の、貴重な資源・財産である。

(2) 課題：

① 少子高齢化

② 合理性の欠如：非合理的精神主義の蔓延、客観性の欠如、データベースの軽視（資産として正当な評価の欠如）、エビデンス軽視、経験主義、実績主義、技術優位主義、ソフトウェア軽視

③ マネジメントシステムの軽視：組織の硬直性（縦割り主義）、形式的権威主義（形式的権威の尊重）、自己責任に対する自覚の欠如（責任所在の不明確さ）、視野狭窄（専門主義、たこつぼ主義）、リスク回避主義、標準化の軽視（ISOなど一般化・標準化の遅れ）、戦略性の欠如、ネットワーク化の遅れ、自前・身内主義、フルライン主義

④ 舶来信仰（自己否定、欧米への妄信、自己・他者評価能力の欠如）

⑤ 個人主義の欠如

⑥ 教育軽視：情勢変化への機敏な対応力の欠如

⑦ 情緒的・感情的

⑧ 異端の排除

「データベースの軽視、実績主義、技術優位主義、ソフトウェア軽視」などで代表される合理性の欠如、そして「縦割り主義、自己責任に対する自覚の欠如、標準化の軽視、戦略性の欠如、ネットワーク化の遅れ、リスク回避主義、自前・身内主義」などマネジメントシステムの軽視や欠如は、新しい革新的技術を開発、実用化していくうえで、大きな障害となり得る。かつて、携帯電話でメールを送り、インターネットにアクセスするというエンタテインメント性の高い革新的技術（iモード）を生み出したにもかかわらず、その後の展開を誤ったため、携帯電話ビジネスの世界で、日本市場のみが完全に孤立（ガラパゴス）化してしまい、日本製電話機の世界市場における存在感が、全く消失してしまったのは、つい最近の出来事である。

現在注目を浴びる様々な高度技術においても、一歩対応を誤るなら、全く同様の結果を生みかねない状況にあることを、肝に銘じておくべきである。先進国、新興国が入り混じり大競争が展開されるグローバル市場において、20世紀型の製造業が生き残れる機会はほとんどないと言ってよいであろう。21世紀に繁栄し、成長を続けら

れるのは、かつての製造業とサービス業、そしてエンタテインメントの重要性をよく理解し、合理的なマネジメントを融合させた製造／サービス業であることを忘れてはならない。

日本は、教育を重んじる国である。1980年代前後、大学の技術者（工学）教育に大きな問題を抱えていたフランスや、初等、および中等教育の改革を迫られたイギリス、アメリカは、日本の教育制度を参考にして、自国制度の刷新を図った。今日、日本の教育制度が揺れている。2015年に起こった、文系・理系騒動はその典型的なものである。21世紀型製造／サービス業において必要とされるのは、単に理系あるいは文系のみの知識を持つだけでは全く不十分で、プログラミングなどITやAIに関連して有効な科学技術的知識や素養を持ち、優れたマネジメント能力を有する文理融合型人材である。このことを理解しない限り、無益な論争に時間を費やすばかりで、実質的な解決策を導き出すことは困難になる。

日本は、エネルギー資源など、天然資源をほとんど産出しない無資源国である。産業や文化を発展させるための資源と言えるものは、優れた人材しかない。適切な教育で育つ人材が、エンタテインメントを上手く取り入れた21世紀型産業・文化を支える最大の力となることを忘れてはならない。

5.3 データが創るエンタテインメント社会

21世紀の世界において、「データ」が価値を生むことを強く認識する必要がある。それゆえ、「データ」こそが、日本の経済·社会、そして文化を支える最大の糧となる。日本には、見えないものに価値を認める習慣が、伝統的に存在してこなかった。しかし、採取されたデータにこそ大きな価値があり、それをどう活用するかが最大の課題である。今後ハードウェアにソフトウェアをうまく組み込むことにより、様々なモノからなるシステムは急速に高付加価値化、高知能化していく。こうしたソフトを考慮したモノづくりこそ、21世紀型製造・サービス業の基本形になるであろう。

イノベーションを起こすためには、失敗する機会を与えることが重要である。日本人や日本の社会は、新しいイノベーションを起こそうとする際に、リスクを回避したがる傾向が強い。しかし、失敗を恐れて挑戦を避けていては、何も新しいものは生まれない。それゆえ、失敗に対する寛容さを目に見える形で与えることにより、挑戦を促すシステムを構築する必要がある。

新たなビジネスを起す際に、「問題は機会となる。」ことを忘れてはならない。日本には、少子化、超高齢化に加え、サービス業や医療、農業など、さまざまな分野で他の先進諸国に比べ、生産性が著しく劣るという社会的課題がある。これらの課題は、そのまま企業にとって機会になるとも考えられる。なぜなら、採取されるデータの価値は、組織に属する一部の者のみが受益者になるわけではなく、利用の仕方次第で、組織全体に多くの利益をもたらす可能性が存在するからである。

もはや、モノづくりのみでグローバル競争に勝つことが出来ないことは明白である。モノをネットワーク化、プラットフォーム化し、そこで採取される「データ」を活用（データベース化）して新たな価値をどのように創造するかが、課題解決の最短・最善の方法と考えられる。

エンタテインメントというと、日ごろの生活を豊かにするための行楽、スポーツ、歌、映画鑑賞など、娯楽一般のことを思い浮かべるのが普通であろう。しかし、本書で述べているように、エンタテインメントについて深く掘り下げてみるなら、その意味するところは深く、人間の築いてきた文化・文明の根源にまでたどり着く。

日々の生活において、よいこと（正のエンタテインメント）も悪いこと（負のエンタテインメント）も、毎秒、毎時間、毎日、毎週のように繰り返し経験する。毎日楽しくて心地よいことのみ起こるなら、それは理想のように想像される。しかし、そうしたことは実際にありえず、必ず何らかの負の出来事が発生する。もし、楽しいことのみ起こり続けるなら、やがてそれが当たり前になり、もっと楽しいことを求め、中毒症状に陥ってしまうであろう。物理学の法則に基づくなら、人間の存在そのものが不確定なものであり、物事が安定し、一つの状態を保つことは、人間の時間的尺度においてすらあり得ない。したがって、避けることのできない負の事象を、いかに乗り越えて正の状態に転化するかが生活の質を決める、最も重要な要素である。

エンタテインメントは、負の状況を正の状況に転換し、人間が本来あるべき姿、すなわち発展と成長に礎を置き、たゆまない挑戦を続ける行動をとるために、必要欠くべからざる推進力となる。人間が社会を作る以上、他の多くの人々と喜びや感動の気持ちを共感・共有し、そこから抽出される情報・データを基に共通の社会的意思を明らかにしなければならない。エンタテインメントが、個人にとって重要であるように、社会にとって必要欠くべからざるものであることを忘れることは出来ない。

編 著 者 紹 介

湯山茂徳　略歴

東京大学工学部卒業（1976年）、フランス国立原子力研究所にて研修（1977－1978年）、工学博士（東京大学 1982 年）、MISTRAS Group, Inc. 日本法人設立とともに代表取締役に就任（1983年）、博士（学術）（熊本大学 1999年）、MISTRAS Group, Inc. のニューヨーク証券取引所上場により日本担当VP就任（2009年）、京都大学経営管理大学院特命教授（2011 年 4 月－2018 年 3 月）、現在日本フィジカルアコースティクス株式会社代表取締役会長

共 著 者 紹 介

苧阪直行（おさかなおゆき）　略歴

1976 年京都大学大学院文学研究科博士課程満期退学、1979 年「周辺視に於ける明るさ受容機構の精神物理学的研究」で文学博士。追手門学院大学助教授、1987 年京都大学文学部助教授、1994 年教授、文学研究科長・文学部長、2010 年定年退任、名誉教授。2012 年日本学士院会員に選ばれる。日本学術会議会員、日本ワーキングメモリ学会会長。専門は意識の社会脳科学。

明和政子（みょうわまさこ）　略歴

京都大学教育学部卒業。同大学院教育学研究科博士後期課程修了、博士（教育学）。京都大学霊長類研究所研究員などを経て、現在、京都大学大学院教育学研究科教授。日本学術会議連携会員。ヒトとヒト以外の霊長類の心のはたらきを胎児期から比較し、ヒト特有の心の発達とその進化的基盤を明らかにする「比較認知発達科学」という分野をあらたに開拓した。著書に『まねが育むヒトの心』（岩波書店）、『心が芽ばえるとき』（NTT 出版）、『なぜ「まね」をするのか』（河出書房新社）など多数。最新の科学的知見をふまえ、現代の子育てにかんする様々な問題を解決する活動にも力を注いでいる。

佐藤由香里（さとうゆかり）　略歴

幼稚園教諭、保育士。1996 年東京家政大学短期大学部保育科卒。元けやの森学園幼稚舎 (埼玉県狭山市) 教諭。富士登山、クロスカントリースキー、川遊び、日々の虫探し等、自然の遊びや体験を通して育つ幼児の力に魅了される。2006 年渡米。元米国非営利学校法人ニューヨーク育英学園幼児部主任、サマーキャンプディレクター。同校で自然をフィールドとした保育活動「森のようちえん」に取り組む。2012 年帰国。都内の国立大学附属幼稚園非常勤講師、インターナショナル・プリスクール教諭を経て、現社会福祉法人五月会おがやの里しもだ保育園 (埼玉県川越市) 保育士。幼児と畦道を歩き、カエルを探す日々を送っている。

エンタテインメントの科学

2018年9月25日　初版発行

編　著　湯山茂徳
発行者　原　雅久
発行所　株式会社　朝日出版社
〒101-0065　東京都千代田区西神田 3-3-5
電話（03）3263-3321（代表）

装　丁　カズミタカシゲ（こもじ）
ＤＴＰ　カズミタカシゲ（こもじ）
編　集　田家　昇／近藤千明（第7編集部）
印　刷　協友印刷株式会社

万一落丁乱丁の場合はお取替えいたします。

ISBN:978-4-255-01067-0